Online Trust:

The Psychology and Behavior in Social Networking

谢英香 / 著

网络信任

在线社交心理与行为

上海教育出版社
SHANGHAI EDUCATIONAL
PUBLISHING HOUSE

序
作为网络社会纽带的信任

哲学家洛克早在17世纪就将信任视为社会的纽带,认为社会的维系离不开人与人之间的信任。但是,较早对信任进行系统研究的是德国社会学家齐美尔,他在《货币哲学》一书中指出,金钱是一种对交换能够兑现的许诺,货币的功能兑现在于其作为一种抽象符号获得了社会一致的默认,这样才能具有社会实在性,因此具有社会实在性是货币能够在日常交易中畅通无阻的关键。“信任使得社会交往在一个简单又可依赖的基础上进行,大量的社会事物因为信任获得了其实在性”,他通过货币这种信任媒介向人们揭示了社会信任的巨大作用。

尼古拉斯·卢曼和吉登斯接续了齐美尔的思想,开始系统研究信任问题。他们认同齐美尔将信任作为社会关系一个重要维度的观点,将信任视为一种“社会关系”而非心理感受,这给予信任强大的解释力。在社会学的视野中,信任绝不仅是一种道德品质或者心理感受,而是与社会行为联系在一起,是一种对其他社会主体将要实施其社会行为的预期。所以卢曼在《信任》一书中强调,“并非所有期望都包含信任,只有那些与行为有关的期望才包含信任”,信任的重要之处在于它是一种社会行为与社会关系,超出了心理学和道德哲学的范畴。因此,卢曼将信任理解为“对产生风险的外部条件的一种纯粹的内心估价”。“信任具有简化社会复杂性的功能”,制度信任其实质是“对信任的信任”的机制在起作用,即“从众的简化机制”,每个人的信任都是建立在大家信任的基础之上,近似于“多米诺骨牌效应”。卢曼将信任分为人际信任和系统信任,前者基于人与人的熟悉程度和情感联系,嵌入在人际关系中;后者依赖社会规范、制度、系统,以简化社会交往的复杂性。卢曼认为系统信任取代人际信任将是历史发展的趋势。

而吉登斯则认为信任是对其他人的连续性的相信以及对客观世界的相信,它产生于儿童的早期经验,信任在日常生活中起到自我保护功能,他将信任定义为“对一个人或一个系统之可信赖所持有的信心,在一系列规定或实践中,这种信心表达了对诚实或他人的爱的信念,或者对抽象原则(技术知识)之正确性的信念”。但是,他也提出了“脱域”概念,以往受制于时间和地点的人际交往突破了时空界限,交往由“在场”向“不在场”发展,这也使得社会信任出现了大概率的不确定性。德国社会学家乌尔里希·

贝克更是将现代社会命名为“风险社会”，他认为现代社会无法回避风险，因为这种风险是制度性与技术性的风险，信任与怀疑、安全与风险无法达成长期平衡，因此只有对风险进行管理而无法消除它。而“风险社会”的不确定性影响广泛，首当其冲的就是社会信任。

根据波兰社会学家什托姆普卡的分析，信任有两个主要的组成元素：信心(belief)与承诺(commitment)。信心即对未来明确预期的信心，承诺即行动并承担义务或打赌。他对信任的界定比较激进，认为“信任是相信他人未来可能行动的赌博”。今天来看，对信任的研究主要可以分为微观研究与宏观研究。前者视信任为一种“关系”，从社会关系和社会交往的角度出发，认为信任是社会关系与社会交往的产物，代表有卢曼、科尔曼、李维斯、布劳等；后者视信任为一种“结构”，认为信任是与社会结构、文化、规范、习俗紧密联系的社会现象，着重研究宏观层面的信任现象，代表有福山、巴伯尔、祖克尔等，他们用制度信任、社会信任、系统信任等术语区别于人际信任。宏观层面的研究者中，一部分认为信任是法规制度的产物，一部分认为信任是文化的产物。帕特南等人进一步从社会资本理论角度证实了信任对于推进民主政治与政府治理的重要功能，指出社会信任可以有效促进政府与民众的沟通理解，减少冲突，帮助两者建立良好共生关系。

由于人的任何行为都是嵌入在社会关系中的，现代人具有社会嵌入的特征，因此现代人的社会信任是与社会关系、社会结构联系在一起的。所以，信任既是个人的心理活动，是“个人事件”；也纠缠在社会结构中，成为“社会事件”。所以要深刻把握信任，就必须从社会与心理两个层面进行探索。

谢英香博士的著作《网络信任：在线社交心理与行为》正是从社会与心理两个层面展开对信任问题的探索尝试，只是她所面对的是网络社会，相当于一个虚拟的现实社会。她将网络信任的基本构成要素界定为四个，分别是“谁信任谁”“何种信任”“何处信任”“为何信任”；认为在现实社会中，信任关系的主体是切实存在的社会个体，发生情境是真实的社会场景；而网络信任关系的主体是由现实社会个体在网络空间形塑出来的虚拟角色，发生情境是网络上的某个虚拟空间。“90后”大学生与其不同网络社交对象建立的网络信任明显呈现出“差序格局”的特点，这点与现实社会中的人际关系格局类似。因子分析的结果显示：网络信任大致可以分为四类，强度由高及低依次是亲人间的网络信任、朋友间的网络信任、熟人间的网络信任、社会性网络信任。

谢英香的研究进一步提出：网络信任是社交双方在互动中反复博弈的结果，这个过程中不断涉及并改进双方的认知与判断。其中，个体之间的相互依赖性及与信任相伴的风险是网络信任发生的前提条件，而个体在互动过程中的熟悉是网络信任得以建立的基础。随着网络信任的建立，个体之间网络社交的深度与广度也会朝着更深、更广的方向发展，而这种发展反之也促进了网络信任的进一步发展。研究发现，网络信任大致经历了初步建立、维持与深化、破裂等发展阶段，极少部分的网络信任有走向现实信任的趋势。由于个体之间存在差异性，网络信任不同发展阶段的转折点也因人而异。在网络社交的不同发展阶段，网络信任在维度及程度上表现出一定的差异性。

总之，网络信任是网络社会的重要议题，是维系网络社会良性发展的基础。对于该问题的探索，不仅可以丰富现有的社会信任理论，发展新的网络社交理论，而且可以使我们更理智地看待人们的网络社交行为。对在线社交中信任关系的研究和探索，将有助于指导网民进行良好的网络人际交往，提高民众对网络社会的认同度，更好地发挥网络社会与现实社会的互补作用，完善社会信用体系，构建诚信社会。今天，互联网已成为现实社会的延伸，网络沟通与网络交往已成为年轻一代普遍的生活方式，因此网络信任必将受到越来越多的关注，而本书作为一个开端，也许还比较粗浅，却一定会引发更多后继者别开生面的探询。由此，提出一个问题也许比解决一个问题更重要，因为前者会激发更多的探索。

是为序。

华东师范大学教育高等研究院副院长、教授

吴　刚

Content 目录

绪　论

信任是个古老而又常新的话题。自人类社会出现以来,信任问题就一直存在于人类的各种关系之中。随着社会历史的发展,信任的形式也随之发生变化。在不同的时代及历史条件下,由于社会交往的范围、规模及性质的不同,相应的也就出现了不同的信任形式。网络信任是伴随着网络社会的来临而出现的一种新的信任形式,与现实社会中的信任同属于信任的范畴,但又有别于现实社会中的信任。信任是人类一切社会活动的基石,维系着社会的正常有序运转;网络信任更是网民"数字化生存"* 的必需品,是维系持久稳定在线人际关系的重要因素。虽然信任对于网络活动如此重要,但它却是"稀缺品",也是"易碎品",难以建立且又极易破裂。"数字化生存"时代,网络信任的重要性日益凸显,但学界却极少有专家学者关注。本研究选取了网络社交情境下的信任作为研究主题,探讨在线人际关系中的信任问题,剖析网民的在线行为与心理。本章首先陈述了研究问题及其所包含的三个关键内容,其次界定了研究中所涉及的两个核心概念,最后详述了研究方法、研究对象及研究思路等。

一、问题陈述

人天生就是社会性动物,与他人交往、生活在一起是与生俱来的本能,没有哪个人可以脱离社交而生存。[①] 在马斯洛(Maslow)看来,人具有社交需求,而且社交需求对后续的尊重需求和自我实现需求的发展有着重要的意义。[②③] 然而,生产力的发展水平大大制约了人类的社会交往能力,使得人类的社交范围及规模往往受到诸多现实因素的

---

* "数字化生存"(Being Digital)最初由美国学者尼葛洛庞帝(Negroponte)在其1996年出版的《数字化生存》一书中提出。根据他的解释,人类生存于一个虚拟的、数字化的生存活动空间,人们在这个空间里应用数字技术(信息技术)从事信息传播、交流、学习、工作等活动,这便是"数字化生存"。本研究认为,"数字化生存"是一种社会生存状态,也就是应用数字技术,在数字空间工作、生活与学习等全新的生存方式,是在数字化环境中所发生的行为的总和及其体验与感受。

① (美)威廉·麦孤独.社会心理学导论[M].俞国良,雷雳,张登印,译.杭州:浙江教育出版社,1997:译序8.

② 彭聃龄.普通心理学[M].北京:北京师范大学出版社,2008:327.

③ 车文博.人本主义心理学[M].杭州:浙江教育出版社,2003:135.

制约。例如，地理距离、时间、语言等。其中，地理距离和时间一直是制约人类社交范围的重要因素，而交通工具和通讯工具等的出现则在很大程度上拓宽了人类的社交范围，激发了人类的社交潜能。马车时代，人类的社交范围呈现为以城市为中心的团状。航海、航空时代，人类的社交范围扩展至洲际。文字的出现，鸿雁传书带来的是跨越时空的异步社交，而电子通讯则实现了跨越时空的同步交流。[①] 网络时代，网络和计算机技术的迅猛发展，更是实现了异地同步面对面社交，将人类的社交潜能发挥到极致。只要你愿意，足不出户即可交遍天下朋友，省时又省力。网络为人类的社交提供了一个全新的空间，人们在这个空间进行着与现实世界类似的社会活动，借助网络进行人际交往已经成为人们使用网络的众多目的中的主要目的之一。[②③]

在现实世界的社交活动中，社交双方近在咫尺，可以触摸到彼此，需要“身体在场，灵魂亦在场”，而对于发生于网络虚拟情境中的社交而言，我们无法知晓对方身处何地，更无法触摸彼此，“身体不在场，灵魂在场”是常态。在网络社交中，网民以全新的“虚拟自我”的身份与他人进行着“身体不在场的交流”。这种匿名交流不仅隐去了“我”的本来面目，掩盖了现实世界中“我”的道德底线及束缚等，而且借助把“我”的一切“简化”成“符号”的方式，使“我”进入一种开放、无所顾忌、为所欲为的生存状态之中，这与发生在现实世界中的社交活动呈现出极大的不同，也就衍生出了很多问题。例如，我们该如何判断对方的可信性？实际上，这个问题并非一直存在于网络社交的整个发展过程之中。

在互联网发展的初期，由于网络只针对特定人群开放，网络社交只是现实社交的补充与延伸，网络社交对象就是现实社会中的熟人，人们无法以“虚拟自我”的身份进行互动，这就省却了很多麻烦。人际关系是在现实社会中形成的，只是借助网络进行了迁移，因而在网络社交中也就没必要判断对方的可信性，放心大胆地交流互动便是了。然而，随着互联网的飞速发展，这种情况已经彻底不复存在了，大量的人群涌入互联网世界，现在互联网已经构筑了一个极度逼真于现实世界的环境，已经发展成为一个功能齐全、政治化的自由社会，不仅吸引了不同生活背景、不同行业、不同年龄的公民，而且也吸引了不少的坏人、诈骗犯和故意破坏分子。[④] 因此，我们已经彻底无法知晓我们的网络社交对象是谁了，更不用说判断对方的可信性了，这无疑增加了我们与他人建立关系

① 谢英香.非言语信息在网络视频交流中的功能与尴尬处境[J].开放教育研究，2012(6)：33－39.

② Kraut, R., Patterson, M., Lundmark, V., et al. Internet Paradox: A Social Technology that Reduces Social Involvement and Psychological Well-being[J].*American Psychologist*, 1998, 53(9): 1017－1031.

③ Bonebrake, K. College Students, Internet Use, Relationship Formation and Personality Correlates[J].*Cyberpsychology & Behavior*, 2002, 5(6): 551－557.

④ 鲁兴虎.网络信任——虚拟与现实之间的挑战[M].南京：东南大学出版社，2003：4.

时的难度。“在互联网上，没人知道你是一条狗”正是这种情况的真实写照，这句话不仅描述了人们试图在网络上建立关系时所面临的关键困难，而且也基本涵盖了虚拟社会中人与人之间的关系特点。

在虚拟社会中，人们“相见不相识”，人与人之间是平等的，人们可以根据自己的喜好来进行交往的选择与取舍，这为网民之间建立平等的人际关系提供了基础，极大消除了现实世界中的社交障碍。例如，帕克斯（Parks）和弗洛伊德（Floyd）就认为人与人在互动中形成的关系在网络情境中非常常见，而且随着时间的推移及互动频率的增加，还可能会发展到其他情境之中。① 如此看来，在网络空间中，人们似乎可以跨越现实社会人际信任危机的羁绊，更容易建立信任关系。

但实际上，在网络社交中，网民之间建立的关系常常因为缺乏足够的信任而显得很脆弱，随时都可能中断。早在 1991 年，斯皮罗（Sproull）和基斯勒（Kiesler）就特别强调了信任在网络人际关系发展中的重要性。他们认为，在网络上，人们注意力的焦点由人与技术之间的关系转向了人与人之间的关系。② 在网络上，每个人都可以利用网络的虚拟性、自由性来装扮自己，进行身份的伪装。不过，一旦这种伪装被戳穿，就意味着关系可能会走向终结，但这并不会带来多大的损失。这说明网络世界的虚拟性使得现实社会中形成的道德和行为规范及运行机制并不完全适用于网络世界，现实世界中许多原有的观念和规范受到了极大的挑战，网络空间中的信任没有因稳固的社会关系而带来的义务关联，也没有因对方的身份、地位等背景特征而带来的信任保证。③ 这就衍生出了一系列棘手的问题。例如，在如此复杂的网络世界中，素未谋面的陌生人是否可以信任？在信息大量缺失的情况下，人们如何决定在网络上是否信任他人？哪些因素会影响人们在网络上与他人建立起信任关系……

有学者认为，网络信任一方面产生于网络声誉，另一方面源于某种先验性的“预设性信任”，即网络社交的双方都会先验性地认为他人是可信的。但是，这种先验性的信任却一次又一次地遭受质疑与挑战。信任缘何会先验性地存在于人类的互动之中？因为信任既没有内置于我们的基因当中，也并非自古以来就是人类习以为常的行为。事实上，直到 200 多年前，信任陌生人才成为人类的普遍行为。在此之前，谁帮助我们活下来了，谁就赢得了我们的信任。④ 即便信任陌生人已经在近来成为人类的普遍行为，

---

① Parks, M. R., & Floyd, K. Making Friends in Cyberspace[J]. *Journal of Communication*, 1996(46): 80 - 97.

② Sproull, L., & Kiesler, S. *Connections, New Ways of Working in the Networked Organization*[M]. Cambridge, MA: MIT Press, 1991.

③ 白春阳.现代社会信任问题研究[M].北京：中国社会出版社，2009：19.

④ （美）克里斯·布洛根，朱利恩·史密斯.信任代理[M].缪梅，译.北京：北方联合出版传媒（集团）股份有限公司 & 万卷出版公司，2011：74.

但当前我国信任问题频发，大量的欺骗、欺诈等恶性事件再次促使我们在与他人互动时变得小心翼翼，并在内心构筑起一道厚厚的围墙，时刻告诫自己与他人保持安全距离。如此，信任怎么可能先验性地存在于人类的互动之中呢？另外，如果信任先验性地存在于人类的互动之中，那么为何人类在进行各种社交活动的时候需要签署合同作为保障抑或者是需要作为监督机构的第三方介入？例如，淘宝之类的个人与个人之间的电子商务之中又为何需要"支付宝"作为支付中转，而不是买卖双方之间直接交易？此外，就现象的解释而言，"预设性信任"无法解释彼此陌生的人在从事网络活动时，为了自己的安全，所采取的小心谨慎的态度，或采取一系列的伪装手段来进行自我保护，例如，身份伪装、虚假信息等。

实际上，即使在互联网发展的初期，网络社交也难逃网络欺骗的魔掌。就人际交往关系的本质而言，网络社交是现实社交的翻版。网络空间从来就不是，也永远不可能是一片本质上有别于现实社会的干净的社交沃土。换句话说，网络是现实的延伸与映射，网络技术本身的虚拟特性放大了人类的某些邪恶。网络空间中不曾存在且将来也不会出现无条件的信任。网络上的信任是人们通过不断的互动，在彼此相互熟悉的基础上逐渐发展而来的，是网络社交双方多次主观判断的结果，而且网络信任的形成与发展受到诸多因素的影响。据此，本研究试图解决以下三个具体问题。

第一，网络信任是什么？现实世界中的信任发生于真实的社会个体之间，而在网络上，由于网络的虚拟性，网络社交主体发生了变化。除此之外，社交环境也发生了变化。这就引发了网络信任内涵的变化。因此，在探讨网络信任问题之前，有必要厘清网络信任的本质及其构成要素。

第二，网络信任是如何形成的？网络为人们提供了交往平台，便捷了人们之间的交往，拓展了人们之间的交往范围。然而，受到网络的虚拟性、开放性，网络社会秩序的滞后性及很多人为因素的影响，网络社交中也存在各种各样的社会问题，信任问题便是其中之一。而信任却是网络社交关系得以维系的重要因素之一。本研究认为，网络信任并不是先验性的存在，而是网络社交发展到一定阶段的产物。网络信任的形成和发展过程与现实世界中的信任存在着相似性，也是建立在交往双方相互熟悉并对对方有所预期的基础之上的，也是一个"路遥知马力，日久见人心"的过程。

第三，网络信任发展受哪些因素的影响？与现实世界的社交活动不同的是，网络社交不是直接的、面对面的互动，也不是建立在直接的物质基础上的，因而影响网络信任关系建立的因素也就不完全相同于影响现实世界中信任关系建立的因素。在网络世界中，网民之间普遍存在着不信任，到底是哪些因素影响了网络信任关系的形成和发展？这是一个值得我们深思的问题。

二、核心概念界定

（一）网络社交

社交在不同的历史时期有不同的表现形式及内容。历史上每次交通工具和通讯工具的变革都会对人类的社交产生极大的冲击，不仅拓宽了社交范围，而且也改变了社交方式。马车时代，人类的社交范围呈现以城市为中心的团状。航海、航空时代，人类的社交范围扩展至洲际。文字的出现，鸿雁传书带来的是跨越时空的异步社交，而电子通讯则实现了跨越时空的同步交流。[①] 网络时代，网络和计算机技术的迅猛发展，更是实现了异地同步面对面社交，将人类的社交潜能发挥到极致。全球化时代，人类通过网络和计算机中介开展的社交活动日益增多。[②] 这种在多种媒介的支持下进行的新型社会交往方式就是网络社交。

由于研究焦点不同，研究者们从各自的研究视角出发，赋予网络社交多种称谓（例如，有学者将其称为“网络交往”）。在西方学界，学者在术语的使用上以“计算机媒介交流”（Computer-Mediated Communication，简称 CMC）[③④]、互联网交流（Internet Communication）[⑤⑥]、计算机中介互动（Computer-Mediated Interaction，简称 CMI）[⑦⑧]、以计算机为中介的社会交互（Computer Mediated Social Interaction）[⑨]及人机交互（Human-Computer Interaction，简称 HCI）[⑩]等概念为主。虽然由于研究焦点的不同及用语习惯的差异，研究者们在概念的使用上比较混乱，而且对网络社交概念的界定也不尽相同，但

---

① 谢英香.非言语信息在网络视频交流中的功能与尴尬处境[J].开放教育研究，2012(6)：33－39.

② Bargh，J. A.，& McKenna，K. Y. The Internet and Social Life[J].*Annual Review of Psychology*，2004，55(1)：573－590.

③ Abdul-Gader，A. The Impact of User Satisfaction on Computer-Mediated Communication Acceptance：A Causal Path Model[J].*Information Resources Management Journal*，1996（1）：17－26.

④ Walther，J. B. Computer-Mediated Communication：Impersonal，Interpersonal，and Hyperpersonal Interaction[J]. *Communication Research*，1996，23(1)：3－43.

⑤ Mann，C.，& Stewart，F. *Internet Communication and Qualitative Research：A Handbook for Researching Online*[M]. London：Sage Publication，2000.

⑥ December，J. Units of Analysis for Internet Communication[EB/OL].http://onlinelibrary.wiley.com/doi/10.1111/j.1083－6101.1996.tb00173.x/full.［2011－10－20］.

⑦ Walther，J. B. Interpersonal Effects in Computer-Mediated Interaction：A Relational Perspective[J].*Communication Research*，1992，19(1)：52－90.

⑧ Walther，J.B. Impression Development in Computer-Mediated Interaction[J].*Western Journal of Communication*，1993，57(4)：381－398.

⑨ Castelfranchi，C.，& Tan，YH. The Role of Trust and Deception in Virtual Societies[EB/OL].http://ieeexplore.ieee.org/stamp/stamp.jsp? tp=&arnumber=927042.[2011－12－21].

⑩ Riegesberger，J.，Sasse，M.A.，& McCarthy，J.D. Trust in the Mediated Interaction[A].Joinson，A.N.，McKenna，K. Y. A.，Postmes，T.，et al.(Eds.) The Oxford Handbook of Internet Psychology[C].New York：Oxford University Press，2007：53－69.

不可否认的是这并没有改变网络社交的内涵，那就是网络社交是一种人与人之间以网络为基础，以计算机及其他网络交流媒介等为媒介的社会交往方式，是伴随着网络的诞生和发展而发展起来的新型社会交往方式。

当前，网络社交主要包括两种发展相对成熟、完善的方式：（1）以物质交换为主的网络社交，即电子商务（E-commerce）范畴中的网络社交；（2）以思想、情感交流为主的网络社交，或者称为网络交流。以物质交换为主的网络社交的主要目的就是促使买卖双方在不谋面的情况下，借助因特网实现各种商贸活动。例如，网络购物、各种金融活动等，这是一种新型的商业运营模式。而以思想、情感交流为主的网络社交的主要目的就是作为现实世界中人际沟通的辅助手段，强化人与人之间的情感联络，拓宽人际交往的范围与规模等。

这两种网络社交方式之间存在着极大的差异。以物质交换为主的网络社交，其最终目的是为了实现交易双方的利益最优化。人是逐利动物，为了实现自己的利益最大化，往往会损害他人的利益，甚至不择手段。因而，交易过程中往往会存在第三方监督保障机构，由可信程度较高的机构担任第三方中介①，以确保交易双方的交易活动能够顺利进行，一旦交易一方做出了损害另一方利益的行为，第三方中介将采取必要的措施以保证交易顺畅。相比较之下，以思想、情感交流为主的网络社交中极少存在第三方监督保障机构。网络社交活动的开展全靠社交双方的意愿，任意一方都可以随时中断社交关系，而且不会有多少损失或者是受到一定的惩处制裁。受研究焦点所限，本研究并不探讨以物质交换为主的网络社交，即电子商务范畴中的网络社交，而是聚焦于以思想、情感交流为主的网络社交。当然，就网络社交的发展趋势而言，随着双方交往及信任程度的加深，可能会在后期涉及物质交往。本研究认为这是在线人际关系发展中的高级阶段，出现的概率不高，不具普遍代表性，故在此不进行深入探讨。

最初，网络社交的媒介主要是计算机及其他网络交流媒介等。而近年来，随着手机的智能化发展和无线网络的逐步覆盖，越来越多的人使用手机随时随地上网。各种智能化网络终端（例如，平板电脑和手机等）的出现使得网络社交的媒介不再单一，呈现出多样化的趋势。本研究无意于探讨网络社交媒介的多样性及网络社交概念的复杂性，故而在概念的界定上采取了简单化的策略，将网络社交界定为一种人与人之间以网络为基础，以智能化网络终端为媒介，通过专用软件实现的新型社会交往方式。这种社会交往方式是建立在物质基础上的精神交往。其物质基础是网络及其基础设施、网络

---

① Castelfranchi, C., & Tan, Y. H. The Role of Trust and Deception in Virtual Societies[EB/OL].http://ieeexplore.ieee.org/stamp/stamp.jsp? tp=&arnumber=927042.[2011-12-21].

交流平台或软件、平板电脑和手机等智能化网络终端等，交往的内容是思想、情感等信息，偏重于交流层面。

根据网络社交过程中信息通道的介入程度、非言语信息电子化再现的种类及数量的多少，本研究认为网络社交大致分为基于文本的网络交流、网络语音交流及网络视频交流三种形式。① 其中，基于文本的网络交流（例如，E-mail）是至今应用范围最广、时间最久的一种网络交流形式，而网络视频交流则是近年来获得突飞猛进发展的一种网络交流形式。有学者宣称，网络视频交流日后很有可能取代以文本交流为主的网络社交，成为网络社交的主要形式。②

（二）网络信任

网络信任（Cybertrust，Trust Online）究竟是什么？定义此概念很重要，但却是一件很困难的事情。③ 这是因为虽然网络信任可以存在于千千万万的网民间，但却不能用一种定义来解释各种信任。④ 就本研究而言，我们将网络信任定义为网民在网络交流过程中形成的一种人际信任关系。由此，网络信任确切地说应该是网络人际信任。在后续的章节中，如未特殊说明标注，本研究中所提及的网络信任就是网络人际信任。网络环境中的信任与现实社会中所提到的信任有极大的相似之处。目前，学界对网络人际信任概念、构成要素的界定还未达成共识。由于没有在概念及构成要素上达成共识，致使很多宣称研究网络信任的学者实际上研究的是网络信任的不同方面。

国内学者鲁兴虎在综合多位学者对网络信任的界定的基础上认为，网络人际信任与现实世界中的人与人之间在交往过程中建立起来的人际信任类似，指的是在网络环境中借助交往工具在交往过程中形成的人际信任关系，主要表现为网民之间相互的心理认同。⑤ 此种观点实际上是将网络信任视为网民在网络社交中表现出来的一种心理态度，即心理认同。何明升、白淑英等认为，网络人际信任是“在网络互动中，彼此不相识的陌生人之间在意识到风险存在的情况下，仍旧相信对方能够完成自己所托付之事，并将自己献身出去的投注性行为”。⑥ 在这个界定中，网络信任被研究者视为一种有风险的非理性行为。从概念的适用范围上来看，研究者关注的仅仅是陌生人之间的信任，

---

① 谢英香.非言语信息在网络视频交流中的功能及尴尬处境[J].开放教育研究，2012(6)：33－39.

② Kappas, A., & Krämer, N. C. Face-to-face Communication over the Internet[C].New York: Cambridge University Press, 2011: ix.

③ Husted, B. The Ethical Limits of Trust in Business Relations[J].*Business Ethics Quarterly*, 1988, 8(2): 233－248.

④ Corritore, C. L., Kracher, B., & Weidenbeck, S. On-line Trust: Concepts, Evolving Themes, A Model[J]. *International Journal of Human-Computer Studies*, 2003, 58(6): 737－758.

⑤ 鲁兴虎.网络信任——虚拟与现实之间的挑战[M].南京：东南大学出版社，2003：100－103.

⑥ 何明升，白淑英，等.虚拟世界与现实世界[M].北京：社会科学文献出版社，2011：255.

是个人与个人之间的信任，就这种个人之间的信任而言，并没有涉及双方相互了解或者是一方对另一方有所了解的情形。

以上关于网络信任的两种不同界定，即心理态度与非理性行为，实际上源于信任研究的两种不同取向，即信任的“态度说”与“行为说”。本研究认为，信任不仅是一种人际关系，而且还理应包含态度与行为两部分。在心理态度的支配之下，信任行为往往要表现于外，诉诸一定的行为，并以一定的行为作为确证。信任不仅生成于人类社会活动的过程之中，而且必然表现在人类社会活动的过程之内。

由于信任概念本身的复杂性，本研究无意于界定“网络信任”的明确定义。为了更好地理解网络环境中的信任问题，本研究试图在前人大量研究的基础上整合信任研究中的几个重要主题，尤其是那些能够揭示信任本质的主题。综合有关信任的多维观点，本研究在借鉴卡斯特弗兰克（Castelfranchi）及法尔科内（Falcone）所界定的“信任的社会认知模型”（Socio-Cognitive Model of Trust）①（本研究的后续章节将会简要介绍该模型）的基础之上，认为网络信任可以描述为：在网络社交过程中，如果施信者信任被信者，则可能是因为被信者实施了某种行为或执行了某种任务，所产生的结果（部分）符合施信者的预期。网络信任概念的此种界定包含了以下几层含义：（1）网络信任的基本含义是施信者指向被信者的心理态度或意向，包含了认知与情感两个维度（本研究的后续章节对此进行了详细描述），即施信者对被信者具有某些良好品质且能实施某种行为来完成自己所需的预期，同时，这也是某种社会关系；（2）网络信任是心理态度或意向基础之上的决策；（3）施信者的信任行为取决于其对被信者及其行为的预期。网络信任归根结底就是一种心理状态，是某种情境中施信者对被信者某种行为及其相关结果的复杂态度。这种态度建立在施信者对被信者及其行为的信任基础之上。因此，虽然关于网络信任的界定中包含了行为因素，但是行为是建立在态度基础之上的，前期的态度直接引发了后期的信任行为。因而，本研究在后续章节的分析中，并不涉及行为方面的分析。

本研究中所指的网络信任是一种在人际交往过程中由特定人际关系类型衍生出来的与之相适应的信任形式。这是一种在网络社交过程中建立起来的“非对称”的、具有风险性的切实存在的信任。这种信任主要表现为网络社交主体在长期的交往过程中，经过多次重复博弈后形成的一种价值判断。这种价值判断是一种借助一定的行为表现出来的具有确定性的意识活动。在适用范围上，本概念并不适用于所有网络情境。

---

① Castelfranchi, C., & Falcone, R. *Trust Theory: A Socio-Cognitive and Computational Model*[M]. Chichester: John Wiley & Sons Ltd., 2010.

三、研究方法

社会科学研究方法经历了漫长的发展与演变过程。纵观社会科学研究方法的发展史，定量研究（Quantitative Research）和定性研究（Qualitative Research）是迄今为止发展较完善，应用范围较广的两类研究范式。在这两类研究范式的发展过程中，历来存在着孰优孰劣的争论。后来，在这种争论及对既往研究方式偏颇反思的基础上诞生了一种新的研究范式——混合方法研究（Mixed Research）。在研究路径上，本研究选择了混合方法研究，即在一项研究中综合运用定量研究和定性研究的方法、技术、手段来收集与分析资料。研究中使用混合方法研究的优势在于增加交叉性优势、压缩非重叠性弱势、提高研究的信度和效度。①

混合方法研究是一种以实用主义为基础，以研究问题为核心的多元化交叉研究方法，诞生于20世纪50年代的实证主义与建构主义之争，60年代实用主义哲学基础奠定了其理论根基，80年代在研究方法及研究步骤上出现了很大的突破，最终受到中西方学者的一致认同。混合方法研究应用于人文社科领域的时间较晚，这种在一项研究中综合使用多种方法探究同一问题的理念源于1959年坎贝尔（Campbell）和费斯克（Fiske）的多特质多方法研究，他们在人格特质的心理学实验中使用了多种方法测量、评估被试的人格特质。他们鼓励其他人使用“多方法矩阵”（Multimethod Matrix）来检验他们在研究中所使用的资料收集方法。由于研究者意识到所有研究方法都存在局限性，考虑到一种研究方法的不足可能在其他方法中得以中和或消除，由此诞生了“资料来源三角法”（Triangulating Data Source），即综合使用定量和定性方法收集资料的方法。②

在此后的一段时间内，越来越多的学者投入到混合研究方法的研究中，使得混合研究方法经过一段时间的发展，日臻趋向成熟。2004年，美国教育研究方法论学者约翰逊和奥屋格普兹（Johnson & Onwuegbuzie）在《混合方法研究的时代已经来临》（*Mixed Methods Research: A Research Paradigm Whose Time Has Come*）一文中将混合方法研究范式称为继定量研究范式与定性研究范式之后的“第三种教育研究范式”或教育研究运动的“第三次浪潮”，并明确提出“混合方法研究的时代已经来临”。也有学者认为混合方法研究是教育研究的“第三条道路”“第三次方法论运动”。实际上，不管是何种称谓，学界都认可了混合方法研究在教育研究中的合理性和重要性。

---

① 田虎伟.混合方法研究：美国教育研究中的新范式[J].高等教育研究，2006，27(11)：74－78.

② （美）约翰·W.克雷斯威尔.研究设计与写作指导：定性、定量与混合研究的路径[M].崔延强，主译.重庆：重庆大学出版社，2007：12－13.

20 世纪 80 年代初，推崇混合方法研究的学者确立了实施混合方法研究的八个基本步骤，分别是：（1）明确研究问题；（2）确定研究目的，即判断混合研究设计的合理性；（3）选择研究策略；（4）收集资料；（5）分析资料；（6）解释资料；（7）数据合法化，包括评估质性和量化材料及解释的可信度；（8）得出研究结论并撰写研究报告。[①] 其中，第三个基本步骤“选择研究策略”是重中之重，亦是 20 世纪 80 年代以来众多学者的研究热点。众多学者从不同角度划分出了多种研究设计类型，比较典型的是克雷斯威尔（Creswell）的关于研究设计类型的划分。根据研究中研究方法实施先后顺序的不同，他认为混合方法研究的设计类型可以采用六种策略，分别是顺序性探究策略（Sequential Exploratory Strategy，质性研究优先）、顺序性解释策略（Sequential Explanatory Strategy，量化研究优先）、顺序性转换策略（Sequential Transformative Strategy）、并行三角互证策略（Concurrent Triangulation Strategy）、并行嵌套策略（Concurrent Nested Strategy）、并行转换策略（Concurrent Transformative Strategy）。[②] 这六种策略的适用范围不同，各有侧重点，同时在数据收集与分析步骤、研究结论呈现方式等方面亦存在差异。

综合考虑多种因素，在研究设计策略上，本研究选择了并行三角互证策略，其可视模型如图 0－1 所示。这种策略既可以直接比较定量统计结果与定性发现，又可以用定性数据验证或推广定量研究结果。[③] 该研究设计一般是让独立的定量研究或定性研究之间相互补充，扬长避短，其目的是“为了更好地理解研究问题而获取关于同一问题的不同的、而又相辅相成的数据”，在较短的时间内能够得出充分有效和确切的结果。[④] 因此，在实施研究的过程中，定量数据和定性数据的收集是同步进行的。在理想状态下，研究者赋予量化数据和质性数据同等重要的地位，同时收集两类数据，并独立分析两类数据，比较数据分析结果，确认两类数据的结果是相似、相悖还是互补的，并作出合理的解释。由于两类数据在研究中具有同等重要的地位，因而两种研究范式的优先是对等的，但是在实际操作中，两种研究范式并不是对等的，必有一种研究范式优先，要么是定性研究，要么是定量研究。该研究策略通常在解释说明阶段将两类数据结果

---

① Johnson, R. B., & Onwuegbuzie, A. J. Mixed Methods Research: A Research Paradigm Whose Time Has Come[J]. *Educational Researcher*, 2004, 33(7): 14－26.

② （美）约翰・W.克雷斯威尔.研究设计与写作指导：定性、定量与混合研究的路径[M].崔延强，主译.重庆：重庆大学出版社，2007：168－171.

③ 蒋逸民.作为“第三次方法论运动”的混合方法研究[J].浙江社会科学，2009(10)：27－39.

④ Morse, J. M. Approaches to Qualitative-Quantitative Methodological Triangulation[J].*Nursing Research*, 1991, 40(2): 120－123.

加以整合,这种解释不但可以深化对既往认识的认识,而且可以解释对既往认识的修正。[①]

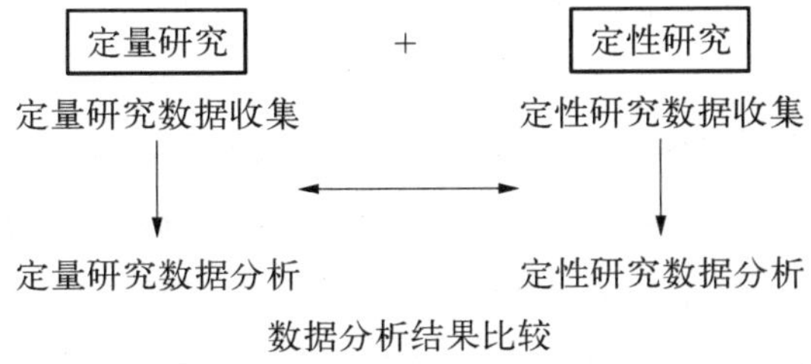

图 0-1　并行三角互证策略的可视模型

*资料来源:(美)约翰·W.克雷斯威尔.研究设计与写作指导:定性、定量与混合研究的路径[M].崔延强,主译.重庆:重庆大学出版社,2007:169.

本研究虽然选取了并行三角互证策略,但是在实际的数据收集过程中,优先使用了质性研究方法收集数据。这主要体现在编制正式施测问卷之前,由于无法确定相关要素,故而先借助面对面访谈法、网络访谈法就相关研究问题收集数据并借鉴已有的相关调查问卷,对所收集到的问题进行了归类,然后对数据进行分析以确定相关要素并逐步筛选符合条件的题项,藉以完成问卷的开发与设计。在此后的资料收集过程中,尽量同时使用了问卷调查法及访谈法等量化与质性研究方法从多渠道收集与研究相关的资料,尽可能让数据之间可以做到互证、互补,多角度分析问题,以提高研究的信度与效度。

(一) 研究设计

在具体研究方法的选择上,本研究主要采用了社会科学研究中最常用的一些方法,希望能够较好地实现理论与实践、定量与定性、吸收与创新的有效结合,最主要的目的就是希望通过使用多种研究方法切实提高研究的信度与效度。

1. *研究方法*

问卷调查法是本研究中资料收集的主要方法之一,问卷调查法能够在较短的时间内获得大量数据,效率较高。匿名作答使得被试能够尽可能真实地回答问题,同时亦能避免了人为因素的干扰。[②] 在问卷调查中,概率抽样法是最理想的抽样方式,最终得出的结论具有普适性,适用范围比较大。然而,就本研究而言,实施概率抽样法的可能性很小,因而选择了非概率抽样法来抽取研究的被试。在使用问卷调查法时,本研究使用

① (美)约翰·W.克雷斯威尔.研究设计与写作指导:定性、定量与混合研究的路径[M].崔延强,主译.重庆:重庆大学出版社,2007:171-172.

② 风笑天.社会学研究方法[M].北京:中国人民大学出版社,2005:176.

了就近抽样法抽取样本，以班级作为抽样单位，由任课教师在上课期间发放问卷。这种问卷发放方式既有效降低了被试偏向，也不会耗费被试的额外精力，错答或漏答的可能性较低。[①] 采用该抽样方法的优点在于，不仅可以简化抽样程序，节省时间，而且便于问卷的发放与回收，还可以大大降低问卷发放与收集的成本，提高问卷的回收率。另外，这种抽样方法还能扩大抽样的应用范围。问卷采取匿名作答的方式，且问卷题项涉及的是被试比较熟悉的内容，题项的选项亦不存在对错、好坏之分，这也就意味着被试如实回答问题的可能性比较高。在发放问卷时纳入考虑范畴的变量因素包括性别、年级、学科、学校等可控变量。问卷调查法主要用于调查大学生的网络社交现状、网络信任现状以及影响其网络信任建立的因素。本研究中，问卷调查共分两个阶段进行。2012 年 5 月上旬，于扬州大学选取两个年级，共计 150 人进行了问卷的试测。2012 年 5 月下旬至 7 月上旬，在扬州大学、上海第二工业大学、镇江高等职业技术学校以及华东政法大学四所高校进行了问卷的正式测试，共计发放问卷 800 份。

虽然问卷调查法可以在短时间内收集大量数据，但是这种方法自身也存在一定的缺陷，考虑到问卷调查法资料收集中存在的不足，有必要在研究中采用其他方法（例如，访谈法）多渠道收集资料，以保证资料的完整性及真实性。本研究在数据及资料的收集过程中，还使用了非结构访谈法（以下简称"访谈法"）。利用访谈法收集资料时，被访谈者的回答率比较高，而且调查质量比较好。[②] 访谈样本来源范围比较广，一是从以上四所高校的被试中选取部分样本，围绕研究问题确定问卷中的具体题项并在实施问卷调查之后继续跟踪访谈，开展深入调查；二是从网络上随机选取部分愿意参与本研究的"90 后"大学生。对于第一部分的被访谈者，研究者使用的是面对面访谈法，在取得相关负责人及被访谈者本人的同意后，与被访谈者协商访谈地点和时间，由访谈者记录被访谈者的作答。访谈时间是 2012 年 12 月，主要使用的是小组深度访谈，每组 3 至 5 人，每次访谈时间持续 40 至 60 分钟。由于条件所限，第二部分的被访谈者无法使用面对面访谈法，只能借助于网络社交工具（例如，QQ），向被访谈者发送问题，请被访谈者以文字的方式作答，待回答完毕一个问题再发送下一个问题。网络访谈持续时间比较长，始于 2012 年 3 月，止于 2012 年 11 月。每次访谈时间因被访谈者问题回答情况不同而不同，时间最长的近 2 小时，最短的 15 分钟左右。在本研究中，访谈法主要用于深层探讨大学生对网络信任的认识、研究网络信任的形成与发展过程、确定影响网络信任的因素等。

---

① （美）肯尼斯 · S.博登斯，布鲁斯 · 阿博特.研究设计与研究方法（第 6 版）[M].袁军，等，译.上海：上海人民出版社，2008：224,235.

② 风笑天.社会学研究方法[M].北京：中国人民大学出版社，2005：181.

除此之外，本研究中还使用了其他研究方法。例如，田野考察、文献分析等。研究中量化研究方法的使用目的在于从整体上对问题的各个方面进行统计学分析，从整体上把握问题的实质。然而，就本研究问题所涉及的某些现象的特点而言，不可完全依赖于量化研究方法。因此，质性研究方法的合理使用既有助于该研究问题的探索也有助于描述不同对象对各种问题的不同方面的关注程度，偏重于个案的解释。在具体研究方法的选择上，考虑到没有任何一种研究方法自身不存在缺陷，因此本研究尽量同时使用了多种量化与质性研究方法。多种研究方法的结合使用可以相互印证资料的真实性及可靠性，亦可以从多角度深层探讨研究问题，有助于透彻分析并解决问题。

2. 研究对象

网络对不同年龄段的网民有着不同程度的影响，而且不同年龄段的网民也表现出不同的网络行为。当今的青少年与他们的父辈不同，他们自出生伊始就面临着一个全新的“数字化”环境，他们注定要在“数字化里成长”。现在，网络已经且将继续对青少年的生活经历产生重大影响。[①] 这种“去中心化”的网络虚拟生活引发了青少年思想观念、价值观念、生活方式等的改变。全球著名新经济学家和商业策略大师、“数字经济之父”唐・泰普斯科特（Don Tapscott）在《数字化成长 3.0》一书中指出，1977 年后出生的青少年是第一批在网络化环境中成长的世代（他将其称作“N 世代”，Net Generation），其生活与行为方式明显体现出“网络化”“数字化”的生存逻辑。[②] 这些青少年越来越多地将自己的生存与网络捆绑在一起，无论是 BBS、QQ、微信，还是人人网、微博、网络游戏等网络社交媒介都从不同方面体现了他们全新的生存方式和社交方式。网络在青少年生活中的重要性不断凸显，并在一定程度上扮演了促进青少年社会化的角色，成为青少年社会化的重要场域。[③] 因此，相对于其他年龄段的网民，青少年这个群体在网络社交方面更有发言权，以青少年群体为例探讨人类的网络信任心理与行为更有价值与意义。

在研究对象的选择上，本研究基于三点考虑将研究对象聚焦于青少年群体中的“90 后”大学生。

首先，出生于 20 世纪 90 年代的大学生伴随着中国互联网的发展而成长，他们自出生伊始就面对着一个无处不在的网络世界，他们在“数字化里成长”，“数字化生存”是他们从小就要面对的生存方式。对于出生于 20 世纪 90 年代的这代人，有人将其称为

---

① （美）F.菲利浦・赖斯，金・盖尔・多金.青春期——发展、关系和文化（第 11 版）[M].陆洋，陈磊，陈菲，译.上海：上海人民出版社，2009：6.

② （美）唐・泰普斯科特.数字化成长 3.0[M].云帆，译.北京：中国人民大学出版社，2009：17－23.

③ 黄少华.网络空间的社会行为——青少年网络行为研究[M].北京：人民出版社，2008：8.

"N世代"，也有人将其称为"数字化一代""网络一代"。对他们来说，网络是他们生活中的重要部分，甚至可以说除了日常生活的世界、知识世界、心灵世界之外，网络虚拟世界是他们需要面对的第四个新世界。[①] 1997年底，即中国公用计算机互联网(CHINANET)全国骨干网建成并正式开通提供服务*后的两年，中国互联网络信息中心(CNNIC)发布的第一次《中国互联网络发展状况统计报告》指出，截至1997年10月，在62万网民中，青少年人数达到3.5万人，占网民数量的5.6%之多。[②] 在此后的若干次报告中，青少年占网民数量的百分比持续增加。网络似乎没有经历多少坎坷就进入了青少年的生活。置身于数字技术与屏幕媒介的程度，让"90后"大学生成为一个与众不同的群体。网络在他们身上留下了明显的"数字化原住民"的痕迹，让他们身上有着不同于生于其他年代网民的"数字化移民"的特征。网络在他们身上留下了深深的烙印，他们身上明显有着网络时代的特征：他们不仅知识贫乏，恐惧读书，而且在他们的世界中，书籍早已被互联网取代，他们的时间越来越多地停留在屏幕上；他们崇尚在线学习，却注意力极易涣散，湮没在各种信息的浪潮之中，且记忆力严重退化，最终所获无几。

其次，每个人在成为大学生的同时也成了网民。大学良好的软硬件设施为学生提供了便捷的上网环境。即使之前较少接触网络的学生，在升入大学之后也获得了足够的接触网络的机会。处于这个年龄阶段的大学生好奇心强，勇于尝试并接受新鲜事物，对他们中的某些人来说，网络使用始于网络社交并不为过。目前，网络社交已经成为大学生生活与学习中的重要组成部分，他们时时刻刻都在网络社交，公交车上、地铁上、餐馆里、图书馆里……随处可见他们忙于网络社交的身影，他们熟练跳转于各种网络社交工具之间。不少学生拥有多个网络社交账户，每天在各个社交网站上流连数个小时。甚至，有的学生每天开启计算机后的首要任务就是打开网络链接开始网络社交，即使处于学习或工作状态，他们也不忘浏览网络社交工具(例如，QQ、微信等)中传递过来的信息。显然，网络社交已经成为大学生生活中不可或缺的一部分，可能对于某些"90后"大学生而言，网络社交的重要性绝不亚于甚至胜于现实世界中社交的重要性。毫无疑问，"90后"大学生是网络社交的资深体验者，拥有绝对的发言权。由此，选取"90后"在校大学生作为研

① 胡泳.网络一代的兴起及其影响(上)[J].中国计算机用户，2006(46)：56.

* 1994年4月20日，我国在国际上被正式认可真正拥有全功能的互联网；1996年1月，中国公用计算机互联网(CHINANET)全国骨干网建成并正式开通提供服务。

② CNNIC.中国互联网络发展状况统计报告(1997/10)[EB/OL].http://www.cnnic.cn/hlwfzyj/hlwxzbg/200905/P020120709345374625930.pdf.[2012-06-27].

究对象探讨网络信任问题不仅在研究结论上具有一定的代表性，而且便于实施问卷调查法和访谈法等研究方法，利于收集大量数据信息。

最后，“90 后”大学生现在正处于人生中的重要时期，从心理学研究的视角看，这部分大学生目前正处于人生中的青春期，确切来说是青春期的晚期，他们当前正经历着生物性、认知、社会性等的过渡变化。在这个阶段，他们的成长环境也发生了很大的变化，几乎所有的大学生都离开生活了十几年的家庭生活环境，开始进入学校宿舍与同龄人一起生活，生活变得相对独立，同龄人群体开始在他们的发展与社会化过程中扮演着日益重要的作用。大学是他们人生的转折点，成长环境的变化、多元的大学教育都会对他们的人生产生深刻影响。选取游走于现实世界与网络世界之间的“90 后”大学生作为研究对象，除了可以从社会学、心理学及教育学等诸多学科领域探讨网络信任问题之外，还可以探讨网络环境中成长起来的“数字化一代”的社会生活价值取向。

在混合方法研究中，抽样方法非常关键。理论上说可以采用所有的概率抽样和目的抽样技术，但是目前鲜有文献探讨混合方法研究的抽样策略，也没有被普遍接受的混合抽样方法。在抽样策略的选择上，由于研究者能力有限，无法实施严格的概率抽样，因此在选取样本时，研究者遵循了便捷取样的原则，最终选取扬州大学、镇江高等职业技术学校、华东政法大学、上海第二工业大学（下表及后文中所使用的简称分别为：“扬大”“镇江高职”“华政”“二工大”）四所高校的一、二、三年级三个年级的多个专业的部分“90 后”大学生共计 950 人作为本研究的问卷被试样本，其中试测被试 150 人，正式施测被试 800 人。此外，本研究还选取了部分大学生作为访谈对象，探讨网络信任的建构过程及影响因素。访谈对象的来源主要有两个：一是从以上四所高校的被试中选取部分样本，确定问卷中涉及的具体问题并在问卷施测之后继续跟踪访谈，开展深入调查；二是从网络上随机选取部分愿意参与本研究的“90 后”大学生。

本研究中问卷调查对象的部分人口统计学信息如表 0－1 和表 0－2 所示。其中，试测调查发放问卷 150 份，被试均为扬州大学“90 后”大学生（平均年龄 20.8 岁，SD＝0.87），回收有效问卷 133 份，问卷有效率为 88.7％；正式调查发放问卷 800 份，被试为四所高校的“90 后”大学生（平均年龄 20.7 岁，SD＝1.16），回收有效问卷 681 份，问卷有效率为 85.1％。美国社会研究方法大师艾尔·巴比（Earl Babbie）指出，在实施问卷调查过程中，问卷回收率很关键，问卷回收率至少要达到 50％。① 因此，本研究中问卷回收率符合研究标准。

---

①（美）艾尔·巴比.社会研究方法（第 11 版）[M].邱泽奇，译.北京：华夏出版社，2009：262.

表 0－1　试测问卷调查对象的部分人口统计学信息（单位：人）

学校	年级		性别		专业		年龄				
扬大	一	二	男	女	理科	艺术	19 岁	20 岁	21 岁	22 岁	23 岁
133	50	83	70	63	103	30	6	50	51	23	3

表 0－2　正式问卷调查对象的部分人口统计学信息（单位：人）

统计项目＼各校人数		学校				总计（681）
		扬大（273）	镇江高职（104）	华政（114）	二工大（190）	
年级	一	97	104	0	75	276
	二	77	0	52	71	200
	三	99	0	62	44	205
性别	男	37	62	48	140	287
	女	236	42	66	50	394
专业	文科	207	0	114	0	321
	工科	0	104	0	190	294
	艺术	66	0	0	0	66
年龄	18 岁	3	0	0	5	8
	19 岁	30	12	4	27	73
	20 岁	68	68	32	64	232
	21 岁	66	21	46	50	183
	22 岁	68	3	25	34	130
	23 岁	38	0	7	10	55

3. 研究工具

（1）自编自填式调查问卷

自填式调查问卷主要包括三部分。第一部分是被试的基本信息。例如，学校、年级、性别、专业、年龄等；第二部分是被试网络社交现状，如网络社交中个人信息的使用；第三部分是被试网络人际信任现状，如大学生对不同网络社交对象的信任情况。

（2）问卷编制借鉴的量表和调查问卷

本研究在编制网络信任调查问卷时部分借鉴了如下量表：

人际信任量表（Interpersonal Trust Scale，ITS），由罗特尔（Rotter）于 1960 年编制，用于测试受试者对他人的行为、承诺或（口头和书面）陈述之可靠性的估计。该量表共包含 25 个题目，内容涉及各种环境下的人际信任，涉及不同社会角色，因子分析发现该量表有两个因子,其一是对同伴或其他家庭成员的信任,其二是对无直接关系者的信任。多数调查项目与社会角色的可信赖度有关,但有些调查项目与对未来社会的乐观程度有关。该量表采用五级对称评定分法,其中,1 分表示完全同意,5 分表示完全不同意。量表总分从 25 分至 125 分,中间值为 75 分,测查时间 10~15 分钟。编制者 20 世纪 60 年代用该量表对 4 605 名大学生进行测试。该量表的劈半信度为 0.76,其中男性为 0.77,女性为 0.75,平均间隔 7 个月的重测信度为 0.56($P<0.01$,$n=24$),平均间隔 3 个月的重测信度为 0.68($n=42$)。有关结构效度的研究揭示:该量表得分反映出了家庭背景、社会阶层、宗教信仰的差异,但与人性的哲学量表不同,该量表得分没有反映出性别的差异。由于选择项目时该量表避免了与其他量表显著相关的项目,因而保证了该量表的区分效度。

同伴信任量表(Company Trust Scale, CTS),由伦佩尔(Rempel)和霍姆斯(Holmes)于 1986 年编制,又称人际信任量表,用于勘测关系密切者的相互信任。该量表共包含 18 个题目,涉及信任的三种内涵:可预测性、可依靠性及可信赖性。可预测性指我们能够预见到的特定行为,包括我们欢迎的行为及不欢迎的行为;可依靠性是信任的核心成分;可信赖性使人们毫无保留地确信同伴将继续负起责任并关心自己。该量表采用七级评分法,其中,1 分表示完全不同意,7 分表示完全同意。量表总分从 18 分(信任度最低)至 126 分(信任度最高),中间值为 72 分。该量表在国内外得到了广泛的应用,具有良好的信度和效度。

本研究中所使用的网络人际信任问卷的编制除部分借鉴了以上量表外,还借鉴了"问卷星"网站(http://www.sojump.com)及其他网站上有关网络信任的调查问卷。例如,"网络信任调查问卷""网络信任情况及影响因素调查"等。而调查问卷中所涉及的网络社交现状,由于目前没有可以借鉴的相对成熟的调查问卷,因此在问卷编制过程中多是借鉴了其他研究者通过网络投放的相关调查问卷及既有文献中提到的相关问题,遗憾的是所借鉴的网络问卷并没有给出信度测量值。

(二)数据收集与分析

1. 数据收集

社会科学数据的最一般特点是根植于文化价值及符号体系之中,通过意义、动机、定义和类型化建构起来。[①] 斯科特(Scott)认为社会科学研究中的数据大致可以分为"关系数据"(Relational Data)、"观念数据"(Ideational Data)和"属性数据"(Attribute Data)三大类。其中,"关系数据"隶属于关系的双方,将关系的双方联络在一起,不能

① (英)约翰·斯科特.社会网络分析法[M].刘军,译.重庆:重庆大学出版社,2007:2.

还原为单个行动者本身的属性。“观念数据”描述的是意义、动机、定义及类型化本身，居于社会科学的核心地位，但是这类数据的分析技术相对不够完善。“属性数据”指的是涉及研究参与者的态度、观点及行为方面的那些数据，通常可以被视作个人或群体所有的性质及特点等。一般而言，通过调查及访谈所收集到的资料常被视作特定个体的一些属性。① 本研究中主要使用了问卷调查法及非结构访谈法等方法收集数据，收集到的数据多是被试对某个事件的态度、观点，或让被试就具体问题选取的事实选项等。由此可见，就本研究所采用的收集数据的方法而言，本研究所收集的数据为“属性数据”。“属性数据”可以利用许多现有的统计软件（例如，SPSS、Excel 等）进行量化分析。适用于分析“属性数据”的方法主要是“变量分析法”（Variable Analysis），该分析方法通常是将各种属性测量为一些特定变量的取值。

在对既有文献及调查问卷进行梳理的基础上，研究者于 2012 年 4 月就本研究中不明确的问题抽取部分被试进行了非结构化访谈，初步明确了试测问卷中的部分问题。学者殷（Yin）指出，如果条件允许，有必要实施试测，试测有助于明确与数据内容及其后的程序相关的数据收集计划。② 本研究在试测的基础上，进一步明确问题，最终形成了与研究项目相关的正式问卷。本研究于 2012 年 5 月上旬至 7 月下旬实施了问卷调查，问卷调查共分两个阶段进行，分别是试测问卷的施测（5 月上旬，时间为两周）及正式问卷的施测（5 月下旬至 7 月上旬，时间为五周）。本研究对试测问卷进行了严格的筛选，剔除了无效问卷，对有效问卷进行了编号。回收后的试测问卷按统一规律进行数据编码并录入数据库，对所有数据进行分析，剔除不符合条件的题项，将剩下的符合条件的题项编制成正式问卷。正式问卷的数据处理过程类似于试测问卷，但是在数据分析技术的选择上更全面、更复杂，分析手段更加多样化。

另外，除在研究初期利用访谈法收集资料之外，还在研究的其他阶段使用了访谈法。比如，在收集问卷数据的同时，选取部分被试（约 50 人）进行了历时约 45 分钟的面对面的访谈，在访谈的时候取得被试的同意，以录音的方式记录下他们对问题的回答。访谈的问题主要是被试所经历的网络信任事件、影响网络信任形成与发展的因素、对后续事件的反应等。访谈数据的收集除包括对访谈过程进行录音外，还包括将访谈录音转录为文字材料。访谈录音的文字转录工作由研究者完成。每段访谈录音的文字转录工作都分为三个独立的环节，分别是仔细倾听访谈录音、文字转录、录音与文字的校验。该过程结束后，每位被试都收到了一封致谢信及访谈记录的书面材料。另外，所有的书

① （英）约翰·斯科特.社会网络分析法[M].刘军，译.重庆：重庆大学出版社，2007：2－3.

② （美）罗伯特·K.殷.案例研究：设计与方法[M].周海涛，李永贤，李虔，译.重庆：重庆大学出版社，2010.

面材料都由研究者保存备份。

除使用以上方法收集资料之外，文献也是本研究的资料来源。梅里亚姆(Merriam)曾经在相关文献中明确指出公开文件、私人文件等都属于研究者可以用于数据分析的资料来源。① 就本研究而言，文献资料主要源于各种数字化图书文献资料库。例如，"John Wiley+BlackWell 全文期刊数据库""中国学术期刊/优秀博硕士论文(网络)数据库""google 学术搜索"等。另外，本研究中还有源于各大门户网站的网络资料等。在线数据及文献均被保存为电子文档并标注日期。这些资料有效辅助了研究者对研究问题的分析。

为了更好地完成数据收集阶段的工作，研究者还准备了一个进入研究场所、形成初稿并进行数据分析阶段的时间安排的详细说明，以用于与研究中的实际时间及进度安排进行比较，并及时调整研究时间及进度安排。

2. 数据分析

数据分析的主要目的是为主要问题提供佐证材料。数据分析与研究问题紧密相依。本研究中数据分析包括对问卷调查的数据、访谈及文献资料数据、网络资料数据等进行分析。对于定量研究方法而言，数据收集与分析是单独进行的。就本研究所使用的问卷调查而言，必须在数据收集结束之后才能进行数据分析。在分析问卷调查法收集到的数据时，本研究使用了 SPSS16.0 软件包。SPSS(Statistical Package for the Social Science)社会科学统计软件包是世界著名统计分析软件之一。20 世纪 60 年代末，美国斯坦福大学的三位研究生研发了最早的统计分析软件 SPSS，并于 1975 年于芝加哥成立了专门研究与经营 SPSS 软件的 SPSS 公司。此时的软件主要在中小型计算机上运行，统称 SPSSx 版，主要面向企事业单位。后来，随着微型计算机的出现与发展，SPSS 公司相继开发了适用于 DOS 及 Windows 操作系统的版本。② SPSS 统计分析过程包括描述性统计、均值比较、一般线性模型、相关分析、回归分析、对数线性模型、聚类分析、数据简化、时间序列分析、多重响应等几类，每类中又分多个统计过程。本研究中使用了 SPSS16.0 for Windows 版本来分析问卷调查收集到的数据。主要的统计分析方法为描述性统计、单因素方差分析、主因素分析等。

本研究中除使用了定量研究方法之外，还使用了定性研究方法。多位研究者认为，在定性研究中数据收集和数据分析必须是同时进行的。③ 莎茨曼和斯特劳斯(Schatzman & Strauss)指出定性研究数据分析的主要作用是将事物、人、事件及其相关

---

① Merriam, S. *Qualitative Research and Case Study Application in Education*[M].San Francisco: Jossey-Bass, 1998.

② 薛薇.SPSS 统计分析方法及应用[M].北京：电子工业出版社，2009：2.

③ Marshall, C., & Rossman, G.B. *Designing Qualitative Research*[M].Thousand Oaks, CA: Sage Publication, 1996.

特性进行分类。通常，在数据分析过程中，研究者会对数据进行分类与编码，反复检查并连续编码，按照一定的规则将一些主要的观点编排成表。这种分类法能够消除数据中反复出现的类别。[①] 而这些类别将会形成后文中出现的不同主题。本研究中使用了反复比较法来构建研究主题。使用这种数据分析方法，可以使研究者从特定事件开始，然后与相同数据或其他数据中的其他事件进行比较。

（三）信度与效度

信度（Reliability）与效度（Validity）是所有研究中的两个重要因素，两者直接反映了研究的可重复性及可推广性程度。信度指的是研究结果的一致性、稳定性及可靠性，反应的是研究的可重复性程度。效度即有效性，指的是测量工具或手段能在多大程度上准确测出所需测量的对象，反应的是研究的可推广性程度。[②] 其中，信度是效度的前提条件。信度较高的研究才会有较高的效度。本研究中使用了三种方法来确保研究的信度。第一，研究者对研究的重点、研究者的角色、研究者的偏见及数据收集文本提供了详细说明并详细记录了研究过程；第二，研究采用了数据收集与分析的并行三角互证策略来提高研究的信度优势及内部效度；第三，研究详细呈现了数据收集与分析策略，在此基础上形成一个可用于本研究的比较准确、清晰的研究思路图。

效度测量包括建构效度、内部效度和外部效度的测量。为了保证研究的建构效度，殷认为可以通过三个方法来实现，分别是：（1）采用多元的证据来源；（2）形成证据链；（3）要求证据的主要提供者对研究报告草案进行检查与核实。[③] 为了确保研究的建构效度及内部效度，研究中使用了以下策略：（1）数据的三角互证——通过问卷调查、访谈及文献分析等多种渠道收集数据，多角度分析问题；（2）人员校验——整个分析过程中，被试发挥了校验作用。通过研究者与被试的访谈，确保研究者对被试现实意义和具体行动意义的理解的真实性；（3）对等检验——在本研究的实施过程中邀请了三位教育技术学专业的硕士研究生，作为研究中的对等检验员，帮助研究者录入问卷调查数据并检验录入数据的准确性等；（4）研究的参与方式——本研究中，部分被试参与了从方案设计到检验解释再到得出结论等大部分研究过程；（5）澄清研究者的偏见——在研究中，“研究者的角色”部分清楚地列出了研究中不可避免带入的研究者自身的偏见，而这些偏见将会对研究的信度与效度造成一定程度的影响。

---

① Merriam, S. *Qualitative Research and Case Study Application in Education*[M].San Francisco: Jossey-Bass,1998.

② （美）肯尼斯·S.博登斯，布鲁斯·B.阿博特.研究设计与研究方法（第6版）[M].袁军，等，译.上海：上海人民出版社，2008：106-123.

③ （美）罗伯特·K.殷.案例研究：设计与方法[M].周海涛，李永贤，李虔，译.重庆：重庆大学出版社，2010：46.

研究的外部效度指的是研究结果应用到其他人群或环境的程度。本研究中，为了确保研究的外部效度，使用的主要策略是尽可能保证调查问卷的效度并进行丰富、详细的描写，任何对该研究感兴趣的人都可以尝试将该研究迁移至其他调查对象。由于本研究在选取样本时并没有做到随机取样或者是概率抽样，在抽样上存在一定的不足，因此虽然他人可以复制本研究，但这并不意味着研究迁移后所获得的研究结果与本研究结果完全一致。

(四) 研究者的角色

克雷斯威尔认为，在陈述质性研究中研究者的角色时，有必要阐述研究者与研究主题相关的经历，而这些经历将有助于研究者熟悉研究主题、环境及资料提供者。① 另外，在阐述研究者的角色时还须说明研究者、参与者及研究地点之间的联系②以及获准进去研究场所的步骤和进行信息及情境研究的可靠保障。③ 就研究与学习经历而言，首先，研究者近几年来一直从事与该论文选题紧密相关的研究工作，研究聚焦于网络社交及社会化媒体的传播影响力。2009 年至 2010 年独自承担过与网络社交主题相关的江苏省普通高校研究生科研创新计划项目“基于社会网络理论的博客位置影响力测评”。自 2012 年开始，研究者作为主要成员参与了与本研究选题相关的国家社会科学基金项目“社交网站(SNS)传播特性及影响力研究”(项目编号：12BXW048)，并围绕网络社交及社会化媒体的传播影响力于 CSSCI 检索源期刊发表过多篇学术论文。前期的这些研究经历及所取得的研究成果，为本研究的顺利开展奠定了坚实的研究基础。其次，研究者自身就是资深网络社交用户，在网络社交的过程中接触过或关注过形形色色的由网络信任引发的欺诈事件以及网络信任危机。这些经历不仅使研究者比较熟悉该研究主题，而且使研究者形成了对网络信任的初步认识，这就为本研究的顺利开展提供了良好的素材。

在本研究中，研究者还承担着数据与资料的收集工作。研究者在问卷发放时根据样本选择的便捷性原则，选取熟悉的上海市及江苏省的四所高校作为样本范围，在取得了相关负责人的允许之后进入学校发放问卷。由于本研究并不是一项“后院研究”，所以就研究主题所涉及的信息而言，这也就不会导致研究者在发现信息能力和解决问题的力量之间形成妥协。因而，也就不会产生大量的被污染的不可用数据，有效保证了数

---

① Creswell, J. W. *Research Design: Qualitative and Quantitative Approaches*[M].Thousand Oaks, CA: Sage Publication, 1994.

② (美) 约翰·W.克雷斯威尔.研究设计与写作指导：定性、定量与混合研究的路径[M].崔延强，主译.重庆：重庆大学出版社，2007：146－147.

③ Marshall, C., & Rossman, G. B. *Designing Qualitative Research*[M].Thousand Oaks, CA: Sage Publication, 1996.

据的可用性。另外，研究者在该研究中还充当了主要的数据分析工具、数据分析结果解释的角色。

洛克(Locke)等人认为，研究者的个人经历可能会对研究产生积极的、有用而非有害的作用。在本研究中，研究者的个人经历已然促使研究者形成了对网络社交、网络信任等概念的初步认识。而网络社交的某些经历亦使研究者产生了一定的偏见，这些偏见不可避免地被研究者带入了研究之中。尽管每一次努力都是为了保证研究的客观性，但这些偏见终究会在一定程度上影响研究者对数据的收集、对所收集数据的理解甚至是对数据分析结果的解释。实际上，在任何社会科学研究中，研究者都很难以中立的角色进入现场实施研究，通常都会将个人预设带入研究中。个人预设可以指导研究的实施，同时也会在一定程度上影响研究结果的信度与效度，而这是不能也不可避免的。

（五）伦理考量

研究项目中的伦理考量最重要的就是研究者有义务尊重被调查人的权利、需求、价值观等。实际上，伦理问题贯穿研究的始终，始于研究问题的陈述，止于研究结果的发布。① 许多论及研究设计的学者都提及了研究中伦理考量的重要性，不少研究机构也就领域内的职业伦理问题公布了相关的标准或规则。

虽然这一问题在教育调查研究中至关重要，但是目前国内鲜有学者关注研究中的伦理问题，也较少论及如何在研究中切实保障被试的切身利益不受侵犯。为了尽可能保证被试的切身利益，本研究尝试采取了以下保护被试权利的措施：(1) 在发放调查问卷时，通过书面形式将本项目的研究目的清晰告知被试(包括将会如何使用数据的描述)；(2) 尊重被试及研究场所，在获得相关负责人的许可后再进入研究场所接近被试；(3) 将所有的数据收集方法和活动告知被试；(4) 在资料收集过程中，对被试的个人信息采取保密手段。具体做法如下：在实施问卷调查时采取匿名作答方式，在数据录入时只记录每份调查问卷的编号，在访谈时借助个体和地点的化名或者假名来保护参与者身份；(5) 在数据筛选过程中，认真考虑被试的权利、利益及意愿；(6) 在数据分析及解释阶段，对被试、角色和事件予以匿名保护；(7) 一律采用匿名形式发布研究结果，以保证不会泄露被试的个人信息。在整个研究的实施过程中，研究者尽量严格执行以上保护被试权利的措施，尽可能保证研究实施的科学性。

---

① (美) 约翰·W.克雷斯威尔.研究设计与写作指导：定性、定量与混合研究的路径[M].崔延强，主译.重庆：重庆大学出版社，2007：51－54.

四、内容结构

本研究旨在从社会学、心理学及计算机科学等多学科视角出发，尝试结合多种质性与量化研究方法，以“90后”大学生为例探讨网络社交中的人际信任问题。研究思路如图0－2所示。

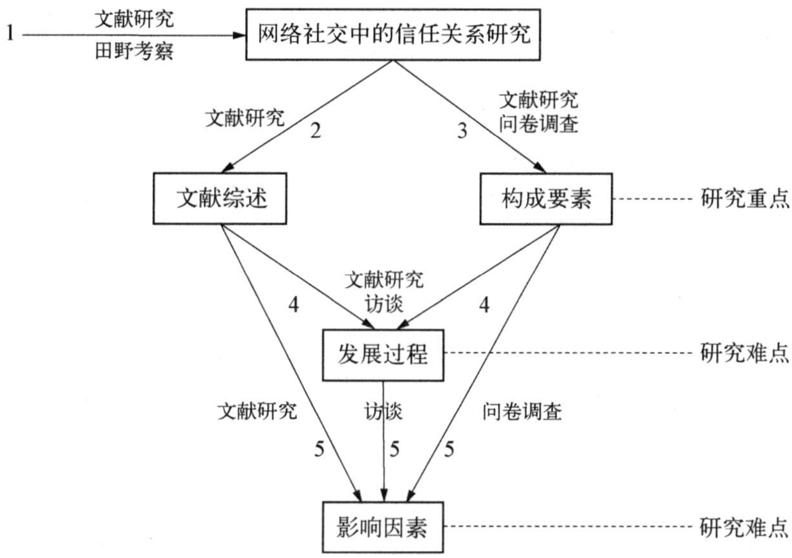

图0－2 研究思路图

在研究实施过程中，主要涉及如下内容：

首先，研究伊始即围绕网络信任问题描述了国内外研究现状，并反思了当前国内研究中存在的不足及未来的突破点。相对于百年的传统信任研究而言，网络信任还是个崭新的研究领域，鲜有学者涉足其中，值得借鉴的成熟研究相对不多。不过，网络世界的信任与现实世界的信任有着极大的相似之处，部分既有的信任理论依然适用于网络情境之下，可以作为本研究的参考。以史为鉴，可以更深层、系统地认识与思考网络信任问题。因此，在综述国内外已有的网络信任研究现状之前，本研究根据问题所界定的范围简述了社会学及心理学领域中的经典信任研究。厘清关于信任的既有研究，对于已有信任研究的把握有助于我们更好地理解网络信任问题，清晰分析网络信任所涉及的相关问题。

其次，本研究在借鉴与修订舒尔茨“情境信任结构模型”研究基础之上，构建了“网络信任情境结构模型”，并详细剖析了模型中网络信任的四个构成要素——“谁信任谁”“何种信任”“何处信任”“为何信任”。其中，“谁信任谁”分析的是网络信任关系的主体；“何种信任”剖析的是网络信任的类型及维度；“何处信任”涉及的是网络信任的发生情境，即网络信任关系的客体；"为何信任"论述的是主体建立网络信任的原因。网络信任的施信者与被信者都是有目的的行动者所创建出来的虚拟角色。因此，网络信任关系的建立绝非是网络社交双方头脑发热、一时冲动的结果，而是主体在网络情境中，在一定目的驱使下经过深思熟虑做出的选择与判断。同时，不同的网络社交对象会对应于不同类型及不同维度的网络信任。

再次，本研究在访谈的基础上就网络信任的建构过程进行了探索性研究。研究发现：网络信任并不是先验性地存在于网络互动个体之间，而是网络社交发展到一定阶段的产物。在网络信任的建构过程中，信任双方之间的相互依赖性及与信任相随的风险是前提条件，而双方在互动过程中的相互熟悉则是网络信任得以建立的基础。网络信任大致经历了建立关系、维系与深化（或破裂）等发展阶段，有的甚至会发展为现实信任。网络信任的建构是网络社交双方多次博弈的结果，在这个过程中不断涉及双方的认知与判断。由于个体的差异性，网络信任每个发展阶段的转折点也因人而异。同时，在不同的网络社交发展阶段，网络信任的类型及程度也不同。

最后，在有关"网络信任建构过程"的实证调查基础之上，围绕"网络信任的构成要素"，聚焦从理论层面探讨人、情境及媒介三种因素在网络信任建构过程中的不同影响作用。本研究尝试以社会学家戈夫曼的"自我呈现"理论为研究视角，详细论述了施信者及被信者的角色形塑如何对网络信任的建构产生影响作用；以社会学、心理学等学科领域的相关理论为出发点，尝试分析了现实社会因素及网络情境因素对网络信任的影响作用并探讨了交流媒介的不同属性的影响作用。在论述过程中，本研究并未论述所有因素的影响作用，而是以具体因素分析其影响作用。

第一章　文献回顾

自古以来,信任就是个经久不衰、历久弥新的话题。但是,直至20世纪50年代,信任才成为西方社会学研究领域的重要课题。70年代后,西方学界掀起了研究信任问题的热潮。不同学科的众多学者介入了信任问题的研究,并取得了大量的研究结果。相比较之下,网络信任研究还显得很稚嫩,这是一个崭新的研究领域,关注网络信任研究的学者甚少,可以借鉴的成熟理论不多。因此,在综述国内外已有的网络信任研究现状之前,有必要厘清关于信任的既有研究,对于已有信任研究的把握有助于我们更好地理解网络信任问题,毕竟两者有极大的相似之处。信任如同空气般看不见摸不着,但却对社会的稳定发展有着举足轻重、不可或缺的作用,是社会稳定发展的基石;而网络信任则是维系网络社会健康发展的重要因素,是网络空间生存的必需品。以史为鉴,可以更深层、系统地认识与思考网络信任问题。

第一节　以"信任"研究为鉴

信任(Trust)并不是个新概念,它有古老的历史根源并且经历了复杂绵延的发展过程。实际上,对信任问题的关注最早可以追溯至古希腊哲学家和中国古代圣贤的经典著作中。

在西方社会,信任产生于宗教,《圣经》中多达几十次使用信任(Trust 或 Confidence)一词。[①]《古兰经》中亦有关于信任的论述。西方现代学者认为宗教中所说的信任产生于人与上帝的关系中,这是一种"无条件"的信任。基督教产生不久后,罗马人用"*fede*"表示信任,有非理性及不可计算之意。[②]

在中国,"信任"最初源于"信"。不少古典文献和辞书中都有对"信"解释的记载,这些记载主要是从"信"的功用与结构两个角度进行阐述。《说文》中,"信"从人言,列

① 郑也夫.信任论[M].北京:中国广播电视大学出版社,2006:12.

② 同上:13.

于《说文》的“言”部。可见，与“信”直接相关的是“言”，即言而有信，言必行，诚实不欺，言行一致。另有《史记・蒙恬列传》中云：“始皇甚尊宠蒙氏，信任贤之。”《南史・荀伯玉传》曰：“高帝重伯玉尽心，愈见信任，使掌军国密事。”至此，信任的内涵已发生了一定的变化，延伸出“相信并重用”之意，类似的例子在古语中不胜枚举。

虽然有关信任的讨论持续了长达数个世纪，但是信任成为众多领域的关注焦点还是近几十年来的事情。自20世纪50年代以来，哲学、经济学、心理学、社会学、组织行为学及计算机科学等众多学科领域都曾对信任进行了系统研究。由于信任是人性中不可缺少的一部分，因而信任通常被视作一个直观的、人人都可以理解的概念。但是，直觉取决于人的经验。因而，不同人所持的信任观念因个体经验的不同而不同。在意识到无法使用一个直观的、普遍良好理解的信任定义的前提下，研究者们从各自的研究领域、信任问题解决的应用范围等角度对“信任”进行了概念上的界定，因而也就引发了信任定义的多样化。据不完全统计，20世纪60至90年代，各学科领域中的信任定义数量达72个之多。① 信任被定义为某种行为②、态度③、信心④、预期⑤、信念⑥、意向变量⑦、情境变量⑧、人际变量⑨、关系⑩。信任被描述为认知性的、情感性的、意志性的。

信任定义的多样化既反映了不同研究者在研究范式的差异⑪，同时也反映出不仅同一研究领域的专家在信任问题上存在异见，即使是同一研究取向的学者也并未在信任的本质上达成一致意见⑫。而研究取向的不同就更加注定了这些研究者们在信任概

---

① Castelfranchi, C., & Falcone, R. *Trust Theory: A Socio-Cognitive and Computational Model*[M]. Chichester: John Wiley & Sons Ltd., 2010: 8.

② Zand, D. E. Trust and Managerial Problem Sovling[J]. *Administrative Science Quarterly*, 1972, 17(2): 229-239.

③ Kegan, D. L., & Rubenstein, A. H.Trust, Effectiveness, and Organizational Development: A Field Study in R &D[J]. *Journal of Applied Behavioral Science*, 1973, 9(4): 495-513.

④ Cohen, A, K. *Deviance and Control*[M].Englewood Cliffs, NJ: Prentice-Hall, 1966.

⑤ Scanzoni, J. Social Exchange and Bahavioral Interdependence[A].Burgess, R. L., & Huston, T. L.(Eds.) Social Exchange in Developing Relationships[C].New York: Academic Press, 1979: 61-98.

⑥ Barber, B. *The Logic and Limits of Trust*[M].New Brunswick, NJ: Rutgers University Press, 1983.

⑦ Rotter, J. B. Interpersonal Trust, Trustworthiness, and Gullibility[J].*American Psychologist*, 1980(35): 1-7.

⑧ Johnson-George, C., & Swap, W. C. Measurement of Specific Interpersonal Trust: Connstruction and Validation of a Scale to Assess Trust in a Specific Other[J].*Journal of Personality and Social Psychology*, 1982, 43(6): 1306-1317.

⑨ Rempel, J. K., Holmes, J. G., & Zanna. Trust in Close Relationships[J].*Journal of Personality and Social Psychology*, 1985(49): 95-112.

⑩ Alpern, K. D. What Do We Want Trust to Be? Some Distinctions of Trust[J].*Business and Professional Ethics Journal*, 1997(1-3): 29-46.

⑪ McKnight, D. H., & Chervany, N. L.What Trust Means in E-Commerce Customer Relationships: An Interdisciplinary Conceptual Typology[J].*Inernational Journal of Electronic Commerce*, 2002, 6(2): 35-59.

⑫ Lewicki, R.J., & Bunker, B.B. Trust in Relationships: A Model of Trust Development and Decline[A].Bunker, B.B., & Rubin, J.Z.(Eds.) Conflict, Cooperation and Justice[C].San Francisco, CA: Jossey-Bass, 1995: 133-173.

念的界定上很混乱、很模糊①,纵使那些贡献性极大的定义也依然存在不足之处②。例如,起初,很多研究者并未严格区分人际信任与信任,甚至将两者当作同一社会现象加以研究。③ 后来,随着研究的深化,这一误区逐渐得到了澄清,人际信任并不等同于信任,而是信任问题的一个重要组成部分。实际上,尽管信任出现于多个学科之中且定义如此之多,但这些定义并没有突破性的发展。根据活跃于具体领域的研究者的意见,信任概念并没有得到全面研究。④ 只有极少数学科的研究者尝试研究了信任的多维性及各维度之间的关系。有些学科的研究者甚至没有给出信任的定义,仅是使用了此概念。虽然没有在信任的定义、特点、起源、形成过程及结果等方面达成共识,但是不同学科的研究者都意识到了信任的重要性,并对此达成共识。⑤⑥

本研究无意于综述所有学科中有关信任的研究,考虑到本研究的范围及篇幅,仅从心理学及社会学研究领域考察了国内外有关人际信任的典型研究,并以此作为参考。

一、国外学界对信任的研究

信任被国外学界广泛视作一个多维度的复杂概念⑦⑧⑨,不少专家涉猎了信任的研究,他们从多个研究视角论述了信任在社会运转及个人生活中的重要性,并在信任的重要性上达成共识。但是,由于学科背景、研究视角的局限性,他们对于信任各方面的既有研究多狭义聚焦于信任的某一方面,只是在一个很局限的范围内使用信任概念的分类,而不能全面把握其多维特性。⑩ 同时,既有研究往往缺乏信任构成要素的明确区分、信任建构过程及结果的探讨⑪,仅个别研究探讨了信任的多面性及既有研究中反复

① Young, L. C., & Wilkinson, I. F. The Role of Trust and Co-operation in Marketing Channels: A Preliminary Study[J]. *European Journal of Marketing*, 1989, 23(2): 109-122.

② Koehn, D. The Nature of and Conditions for Online Trust[J]. *Journal of Business Ethics*, 2003(43): 3-19.

③ Grabner-Kräuter, S., & Kaluscha, E. A. Empirical Research in Online trust: A Review and Critical Assement[J]. *International Journal of Human Computer Studies*, 2003(58): 783-812.

④ Moorman, C., Deshpandé, R., & Zaltman, G. Factors Affecting Trust in Market Research Relationships[J]. *Journal of Marketing*, 1993, 57(1): 81-101.

⑤ Chen, S. C., & Dhillon, G. S. Interpreting Dimensions of Consumer Trust in E-Commerce[J]. *Information Technology and Management*, 2003, 4(2-3): 303-318.

⑥ Yousafzai, S. Y., Pallister, J. G., & Foxall, G. R. A Proposed Model of E-trust for Electronic Banking[J]. *Technovation*, 2003, 23(11): 847-860.

⑦ Corazzini, B. M. Trust as a Complex Multi-Dimensional Construct[J]. *Psychological Reports*, 1977, 40(1): 75-80.

⑧ Rempel, J. K., Holmes, J. G., & Zanna. Trust in Close Relationships[J]. *Journal of Personality and Social Psychology*, 1985(49): 95-112.

⑨ Butler, J. K., & Jr. Toward Understanding and Measuring Conditions of Trust: Evolution of a Conditions of Trust Inventory[J]. *Journal of Management*, 1991, 17(3): 643-663.

⑩ Muir, B. M. Trust in Automation Part I: Theoretical Issues in the Study of Trust and Human Intervention in Automated Systems[J]. *Ergonomics*, 1994, 37(11): 1905-1922.

⑪ Mayer, R. C., Schoorman, F. D. & Davis, J. An Integrative Model of Organizational Trust[J]. *Academy of Management Review*, 1995, 20(3): 709-734.

出现的话题。[①②]

从信任所涉及的对象范围来看，既有的信任研究主要围绕四个层面展开。这四个层面由小及大分别为：（1）个体层面，信任纯粹是一种心理属性，是基于自身既有经验而产生的对他人的预期[③④]，这种研究取向显然忽略了信任发生的社会情境及信任的指向——他人，过于强调个体的心理作用；（2）人际层面，信任是从一个行动者直接指向另一个行动者的社会关系，经常指的是对被信者的能力[⑤]、道德行为[⑥]或未来行为[⑦]的态度，此研究取向将信任从个体层面的"我相信"拓展至"我相信你"；（3）属性层面，信任不再是由一个行动者指向另一个行动者的态度或行为，而是相互关系的自然属性，是在角色期望缺失时维系人际互动的社会黏合剂[⑧]，存在于两个个体之间，即"我和你相互信任"；（4）社会层面，信任是整个社会的特征，强调信任对社会运作的重要性，信任存在于整个社会之中，"我们彼此相信"。这种信任通常被描述为系统信任[⑨]或社会资本[⑩⑪]。

以上四种研究取向中信任涉及的范围逐渐由小及大，分别聚焦于信任的不同内涵及功能，体现着信任研究的多样化、复杂性。从研究范式来看，信任的四种研究取向隶属于心理学及社会学的研究范式。其中，心理学领域的研究者普遍从心理学的传统范式出发，将信任视为个体心理事件。社会学领域的研究者多是从社会化关系的视角出发研究信任问题，既探讨宏观层面的信任，也探讨微观层面的信任，将信任视为社会关系的重要维度之一，是与社会结构紧密相关的社会现象。

（一）信任的心理学研究

虽然古今中外的思想家都很重视信任在人类生活及社会发展中的重要作用，但是，对信任问题进行理论探讨和实证研究却还是近半个世纪的事。在诸多研究领域中，对信任问题的较为深入广泛的研究始于心理学领域。信任的心理学研究是现代信任研究

---

① Blomqvist, K. The Many Faces of Trust[J].*Scandinavian Journal of Management*, 1997, 13(3): 271－286.

② Ring, P. S., & van de Ven, A. H. Structuring Cooperative Relationships Between Organizations [J]. *Strategic Management Journal*, 1992, 13(7): 483－498.

③ Rotter, J. B. Generalized Expectancies for Interpersonal Trust[J].*American Psychologist*, 1971, 26(5): 443－452.

④ Zaheer, A., McEvily, B., & Perrone, V. Does Trust Matter? Exploring the Effects of Interorganizational and Interpersonal Trust on Performance[J].*Organization Science*, 1998(9): 141－159.

⑤ Blomqvist, K. The Many Faces of Trust[J].*Scandinavian Journal of Management*, 1997, 13(3): 271－286.

⑥ Barber, B. *The Logic and Limits of Trust*[M].New Brunswick, NJ: Rutgers University Press, 1983.

⑦ Anderson, E., & Weitz, B. Determinants of Continuity in Conventional Industrial Channel Dyads[J].*Marketing Science*, 1989, 8(4): 310－323.

⑧ Seligman, A.*The Problem of Trust*[M].Princeton, New Jersey: Princeton University Press, 2000.

⑨ Giddens, A. *The Consequences of Modernity*[M].Stanford: Stanford University Press, 1990.

⑩ Uslaner, E. M. Social Capital and the Net[J].*Communications of the ACM*, 2000, 43(12): 60－64.

⑪ Misztal, B. A. *Trust in Modern Societies: The Search for the Bases of Social Order*[M].New York: Polity Press, 1996.

的逻辑起点。20世纪50年代末,美国心理学家多依奇(Deutsch)的"囚徒困境"中人际信任的实验研究及贾尼斯(Janis)、凯利(Kelly)等对人际沟通过程中的信源可信度的研究共同开创了心理学领域信任研究的先河。

1958年,美国心理学家多依奇在著名的"囚徒困境"实验研究后,从人际信任的角度得出结论,认为信任是对情境的一种反应,是由情境刺激决定的个体心理和个人行为,信任双方的信任程度并不是恒定不变的,而是随着情境的变化而变化。① 在后续的研究中,多依奇着重对信任的情境进行了描述和界定。他认为信任由以下情境变量决定:(1)在未来存在一系列不确定的行动;(2)结果的发生取决于他人的行为;(3)负面后果的伤害胜过正面后果的获益。② 在这种情境反应取向的信任研究中,信任是个体对环境刺激做出的判断,这种判断可能是非理性的风险行为,不一定会导致理性行为的产生,甚至有可能意味着意想不到的负面后果的产生。③ 梅耶(Mayer)、戴维斯(Davis)等亦将信任视为一种态度,认为信任直接指向具体个体的态度,例如预期或者信念等。④

在随后的半个世纪里,众多心理学家涉入信任研究领域,提出了若干信任定义。在对若干信任定义进行元分析的基础上,鲁索(Rousseau)、斯特金(Sitkin)等将信任界定为"一种在对他人的意图或行为的积极预期基础上愿意接受不确定性的心理状态"。⑤ 此定义认为:信任既不是一种行为,也不是一种选择,而是能引发这种行为的重要心理条件。⑥

随后,卡斯塔尔多(Castaldo)对已有信任概念进行了内容分析,界定出了信任的五个要素——观念、被信者、行为、行为结果及风险,在此基础上认为信任是施信者对某些具有特定品质(诚实、善良、仁爱等)的被信者做出能产生积极结果的行为(虽然在某些情况下可能会产生风险)的预期。⑦ 卡斯特弗兰克及法尔科内认为既有的信任概念不是将信任界定为某种态度就是将信任界定为某种行为,实际上这代表了信任的两种研究取

---

① Deutsch, M. Trust and Suspicion[J]. *Journal of Conflict Resolution*, 1958(2): 265-279.

② Deutsch, M. Co-operation and Trust: Some Theoretical Notes[A]. Jones, M.(Ed.) Nebraska Symposium on Motivation[C]. Lincoln: University of Nebraska Press, 1962: 275-319.

③ 游泓. 情感与信任关系的社会学研究—— 一个信任关系结构方程模型的建构和验证[D]. 武汉:武汉大学博士学位论文, 2009.

④ Mayer, R. C., Davis, J. H., & Schoorman, F. D. An Integrative Model of Organizational Trust[J]. *Academy of Management Review*, 1995, 20(3): 709-734.

⑤ Rousseau, D. M., Sitkin, S. B., Burt, R. S., et al. Not so Different After All: A Cross-Discipline View of Trust[J]. *Academy of Management Review*, 1998, 23(3): 393-404.

⑥ Schultz, C. D. A Trust Framework Model for Situational Contexts[Z]. 2006 International Conference on Privacy, Security and Trust: Bridge the Gap Between PST Technologies and Business Services. New York: 2006.

⑦ Castelfranchi, C., & Falcone, R. *Trust Theory: A Socio-Cognitive and Computational Model*[M]. Chichester: John Wiley & Sons Ltd., 2010: 9.

向,即信任的态度及行为。(1) 态度——X 认为 Y 可能具有某些美好的特征及行为的心理态度;(2) 行为——信任取决于 Y 的决策及行为。两种研究取向之间既存在概念关系又存在因果关系。概念关系：(2)的内涵包含(1)的内涵,即作为态度概念的信任是作为行为概念的信任的一部分。显然,(1)的外延(某些信任精神状态的案例)包含(2)的外延(信任谁或什么关系的案例)。因果/过程关系：(1)是对(2)时间上的预设。信任行为达成的过程确保了对 Y 积极预期及评价的形成,如图 1-1 所示。[①] 因此,不可能也不能将信任视为"态度"及"行为"中的一种,因为信任既有"态度"的成分,也有"行为"的成分,两种成分并不是相互独立的,而是相互交织在一起的。

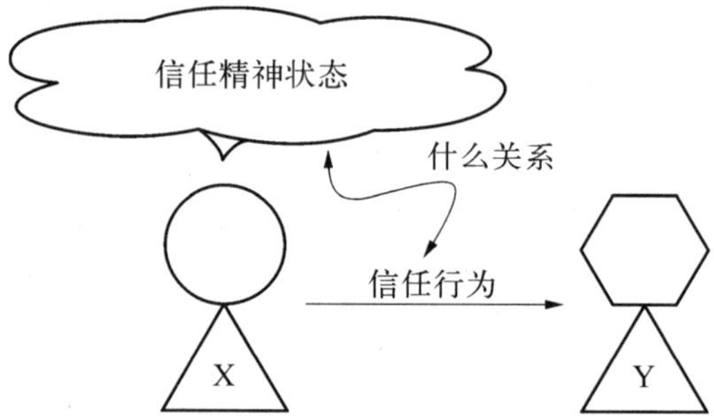

图 1-1 信任的态度及行为

* 资料来源：Castelfranchi, C., & Falcone, R. Trust Theory: A Socio-Cognitive and Computational Model [M]. Chichester: John Wiley & Sons Ltd., 2010: 18.

另外,卡斯特弗兰克及法尔科内认为既有的信任概念缺失了众多重要构成要素,例如,施信者的目的及需求,施信者对被信者行为的评价、施信者及被信者的行为。[②] 这些要素对信任的建构具有重要意义。据此,他们提出信任应包含三个重要概念:(1) 态度,信任作为一种态度,实际上就是对被信者的具体或相关"德行"的观点、判断、预防性评价,是一种意向;(2) 取决于他人的决策,即决定是否给予信任的意向,这使得施信者"易受伤害"。[③] 实际上,这也是一种态度,不过是对不同的被信者反复比较之后的结果,与风险、代价及将这些评价应用于实际环境及情境的适用性有关;(3) 行为,即给予信任的意向行为,是施信者与被信者两者之间的关系。[④] 以上三个重要概念

---

① Castelfranchi, C., & Falcone, R. *Trust Theory: A Socio-Cognitive and Computational Model* [M]. Chichester: John Wiley & Sons Ltd., 2010: 17-18.

② 同上：12-14.

③ Mayer, R. C., Davis, J. H., & Schoorman, F. D. An Integrative Model of Organizational Trust [J]. *Academy of Management Review*, 1995, 20(3): 709-734.

④ Castelfranchi, C., & Falcone, R. *Trust Theory: A Socio-Cognitive and Computational Model* [M]. Chichester: John Wiley & Sons Ltd., 2010: 35.

不仅在自然语言中，而且在科学文献中都被认可，并被进行区分。信任不仅仅是态度，而且还是决策及行为。① 据此，卡斯特弗兰克及法尔科内在信任的认知心理基础上构建了应用范围广泛的信任的“社会认知模型”。简单而言，该模型可以解释为：“如果行动者 X 在情境 C 中信任行动者 Y，就是因为 Y 执行了行为 α 或任务 τ，其所产生的结果 p 包含了 X 的目标 g_x 或者与 X 的目标 g_x 相关。”②该模型以布拉特曼（Bratman）所提倡的思维建模的“信赖—期望—意向”（Belief-Desire-Intention，BDI）方法为基础。

除此之外，以罗特尔、赖兹曼（Wrightsman）等为代表的心理学家用实验心理学的方法，借助测量、统计等得出结论，将信任界定为人格特质的表现，认为信任是经过社会学习而逐渐形成的相对稳定的人格特点。罗特尔认为信任是个体对他人的言辞、承诺及口头或书面陈述可靠性的期望，即对他人言行方面可靠性的信任。③ 赖兹曼则认为信任是个体所有的、构成个人特质的一部分信念，一般人都是有诚意的、善良的，能够信任他人。④

实际上，社会心理学界普遍从情境反应和人格特质取向研究信任，将信任理解为个体在特定的社会环境中所产生的心理反应或所形成的心理特质。⑤ 这是一种存在于社会个体层面的信任，这种心理反应或心理特质一旦形成，就必将影响个体今后对与此相同或类似情境刺激的反应。

（二）信任的社会学研究

信任普遍存在于人类社会的各种关系之中，是所有持久的社会关系的一个重要组成部分。⑥ 没有信任，不仅不能够建立持续的社会关系⑦，而且还不能够维持我们认为的理所当然的日常生活的正常运转⑧。大约 20 年前，信任问题开始成为社会学关注的前沿问题。20 世纪 80 年代初，信任还是少数社会学家关注的对象，现在信任领域已经有了大量的、不断增加的文献。相对于社会心理学、经济学或者政治学，信任的社会学研究已经体现出了相当大的独立性。信任领域在理论及经验的研究方向上趋向多元

---

① Falcone, R., & Castelfranchi, C. Socio-Cognitive Model of Trust [EB/OL]. http://ebooks. narotama. ac. id/files/Encyclopedia%20of%20Information%20Science%20and%20Technology%20(2nd%20Edition)/Socio-Cognitive%20Model %20of%20Trust.pdf.[2012-05-13].

② Castelfranchi, C., & Falcone, R. *Trust Theory: A Socio-Cognitive and Computational Model* [M]. Chichester: John Wiley & Sons Ltd., 2010: 36.

③ Rotter, J. B. Generalized Expectancies for Interpersonal Trust[J].*American Psychologist*, 1971, 26(5): 443-452.

④ Wrightsman, L. S. *Assumptions about Human Nature: Implications for Researchers and Practitioners*[M].Newbury Park, CA: Sage Publication, 1992.

⑤ 何立华.中国的信任问题研究[D].武汉：武汉大学博士学位论文，2010.

⑥ Seligman, A.*The Problem of Trust*[M].Princeton, New Jersey: Princeton University Press, 2000.

⑦ Eisenstadt, S., & Roniger, L. *Patrons, Clients and Friends* [M]. Cambridge: Cambridge University Press, 1984: 16-17.

⑧ Good, D. Individuals, Interpersonal Relations, and Trust [A]. Gambetta, D. (Ed.) Trust: Making and Breaking Coopercative Relations[C].Oxford: Basil Blackwell, 1988: 31-48.

化，从多种理论及方法论的视角开展研究：理性选择理论、文化学派、功能主义、符号互动论及现象学等。[①]

在社会学家看来，信任就像空气一样弥漫在社会生活的各个角落，具有个体差异；同时，信任又是一种浸淫在制度、结构等社会性因素中的社会关系。这种社会关系根植于政治、文化等复杂的背景网络中。社会学家从社会关系维度出发，既研究社会个体间的信任，也研究大规模社会群体间的信任；既关注信任的社会功能及作用，也重视社会制度及文化情境等对信任产生的影响。[②]

在西方古典社会学中，德国社会学家齐美尔（Simmel）最早对信任进行了专门研究，他从社会功能的视角出发研究信任的社会作用。他在《货币哲学》（*The Philosophy of Money*）一书中明确提出"信任是社会中的最重要的综合力量之一"[③]，现代生活比通常理解的更多地建立在对他人诚实的信任的基础之上[④]。换句话说，信任是维系现代社会生活正常运作的重要因素。在这个意义上，信任既不是宏观的遥不可及，也不是微观的微不足道。

除此之外，韦伯（Weber）、帕森斯（Parsons）、涂尔干（Durkheim）、布劳（Blau）等早期社会学家都关注过与信任有关的现象。韦伯认为信任可以分为两种，分别是以"血缘性社会"为基础的特殊信任及以"信仰共同体"为基础的一般信任。帕森斯将信任视为约定的结果。涂尔干认为信任源自家庭和血缘。布劳视信任为稳定社会关系的基本因素。

20 世纪 70 年代，信任成为社会学的专门课题。以卢曼（Luhmann）和巴伯尔（Barber）为代表的社会学家从宏观层面探讨了信任问题，将信任视为社会制度和文化规范的产物，视为建立在法规制度或伦理（社会文化规范）基础之上的社会现象。卢曼把信任与不断增长的复杂性、不确定性及风险等当代社会特征联系起来，认为信任在减少社会交往的复杂性方面具有重要的社会功能，即信任是社会复杂性的简化机制。这是历史上首次有人提出信任不是传统社会所特有的、过时的东西。在现代社会，信任的重要性增强了，是不可或缺之物。[⑤] 卢曼将信任分为人际信任与制度信任两种。前者是建立在熟悉度及人与人之间的情感联系的基础之上的，而后者用法律这类外在的惩戒或预防来降低社会交往的复杂性。[⑥]

---

① Sztompka, P. *Trust: A Sociological Theory*[M].Cambridge: Cambridge University Press, 1999: ix.

② 白春阳.现代社会信任问题研究[M].北京：中国社会出版社，2009：4.

③ Simmel, G. *The Philosophy of Money*[M].London: Routledge, 1950: 178－179.

④ Simmel, G. *The Sociology of Geory Simmel*(*Wolff, K. H., Trans*)[M].New York: The Free Press, 1964.

⑤（波兰）彼得·什托姆普卡.信任：一种社会学理论[M].程胜利，译.北京：中华书局，2005：20.

⑥ Luhmann, N. *Trust and Power*[M].Chichester: John Wiley & Sons Ltd., 1979.

继卢曼之后,美国社会学家巴伯尔对信任问题进行了比较系统的研究。他认为信任是一种通过社会交往所习得和确定的预期。人际信任可分为对自然及道德秩序的预期而形成的一般性信任、对与自己有人际关系及社会角色往来的人能够称职表现的预期而形成的技能信任、对他人能够承担被托付的责任及义务的预期而形成的信任。①

莱维斯(Lewis)和维格尔特(Weigert)在齐美尔、卢曼和巴伯尔等人有关信任研究的基础上,从将信任理解为人际关系的产物的研究视角出发,将信任视为归集体单位所特有的社会心理概念,认为信任有认知、情感及行为三个维度。遗憾的是,在其理论分析中并没有涉及行为维度。② 认知性信任是由对他人的可信程度的理性考察而产生的信任,情感性信任是由强烈的情感而产生的信任。认知维度及情感维度的组合可以形成不同类型的信任。

后来,麦克阿里斯特(McAllister)将人际信任分为建立在个体对其交往对象的可信性和可靠性基础上的认知型信任、建立在人际相互关系及照顾基础上的情感型信任。其中,前者是通过经验考察而产生的保障性信任,后者接近于多依奇、卢曼等人的非理性信任。③ 而尤斯拉纳(Uslaner)则认为信任具有道德价值,道德信任不是特定情境中某些人之间的关系,而是一种相信他人会共同遵守某些基本道德价值,进而产生信任的信仰。④

西方社会学家布尔迪厄(Bourdieu)、科尔曼(Coleman)、帕特南(Putnam)等提出了社会资本的概念,将社会关系和社会结构纳入了资本分析的范畴。他们在论述社会资本时,信任被放在很重要的位置,被视为构成社会资本的重要元素之一。科尔曼认为信任是平等交换的重要条件。另外,信任作为一种社会资本,具有降低监督成本和惩罚成本的功能。⑤ 帕特南认为信任是社会资本的三个部分中的核心部分,网络和社会规范则是为产生信任提供支持的。⑥

王(Wang)和伊莫瑞(Emurian)⑦在前人研究的基础上,总结出了信任普遍存在的

---

① Barber, B. *The Logic and Limits of Trust*[M].New Brunswick, NJ: Rutgers University Press, 1983.

② Lewis, J. D. & Weigert, A. Trust as a Social Reality[J].*Social Forces*, 1985, 63(4): 967-985.

③ McAllister, D. J. Affect- and Cognition- based Trust as Foundations for Interpersonal Cooperation in Organizations[J]. *Academy of Management Journal*, 1995, 38(1): 24-59.

④ Uslaner, E. M. Trust as a Moral Value[A].Castiglione, D., van Deth, J.W., &Wolleb, G.(Eds.) The Handbook of Social Capital[C].New York: Oxford University Press, 2008: 101-121.

⑤ 谢玉婷.社会信任的困境与基础——基于大学生资助政策实践的研究[D].上海:上海大学博士学位论文,2011.

⑥ (美)罗伯特·D.普特南.使民主转起来[M].王列,赖海榕,译.南昌:江西人民出版社,2001:195.

⑦ Wang, Y.D., & Emurian, H.H. An Overview of Online Trust: Concepts, Elements, and Implications[J].*Computers in Human Behavior*, 2005, 21(1): 105-125.

四个特点：（1）施信者和被信者。信任总是涉及人们的各类关系，与交往活动密切相关，信任中包含施信与受信两个基本要素，因而施信者与被信者是任何信任关系中都必须存在的两方。这两方可由人、组织或事物构成，同时还包含了一方对另一方行为的评估。信任发展的基础是施信者回报被信者的能力及被信者对施信者的信任程度；（2）易受伤害性，即风险性。信任中包含易受伤害性。只有在不确定、有风险的环境中，信任才是有用的。信任要发挥作用就必须使施信者自己愿意处于受到对方伤害的可能性中，承担失去某些重要东西的风险，并依赖于被信者不会采取伤害行为。因此，不信任本身就是一种防御风险的有效心理机制，在防御风险这个意义上，不信任也有自己积极的价值；（3）信任产生行为。信任可以产生一定的行为，而且大多数情况下是需要承担风险的行为。行为的形式取决于环境，不同环境可能会产生不同的信任行为，这些行为可能是有形的（例如，相信对方会还钱而将钱借给对方），也可能是无形的（例如，男女双方因信任对方会忠于婚姻关系而结婚）；（4）主观性。信任是一个主观性的问题。它直接与个体差异和环境因素有关，不同的人在不同环境中会对不同的人产生不同的信任感，主观性很强。

（三）信任的跨学科研究

为了比较以上众多信任概念的差异，便于研究者对信任研究结果进行分类，麦克奈特（McKnight）等人提出了信任的跨学科研究模型，如图 1－2 所示。[①] 该模型中涉及四类信任，分别是信任意愿、信任体系、信任信念及信任意图。

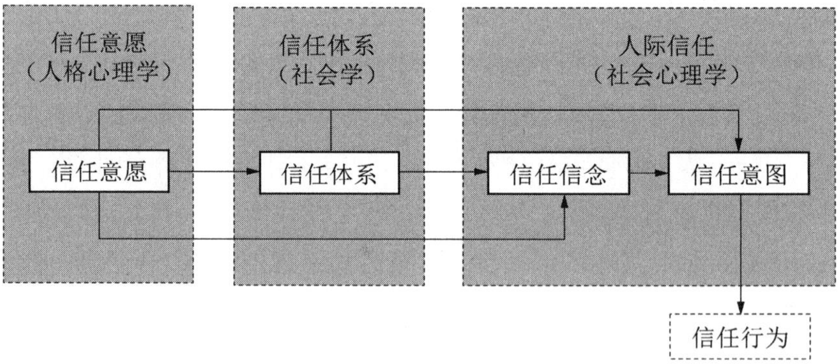

图 1－2　信任的跨学科研究模型

＊资料来源：Schultz, C.D. A Trust Framework Model for Situational Contexts[Z].2006 International Conference on Privacy, Security and Trust: Bridge the Gap Between PST Technologies and Business Services.New York, USA.2006.

① McKnight, D. H., & Chervany, N. L. What is Trust? A Conceptual Analysis and an Interdisciplinary Model[Z]. Americas Conference on Information System. Long Beach, California, USA. 2000－2001.

在该模型中,信任意愿源于人格心理学,人格心理学家将信任界定为植根于人格及个体心理发展中的信念、预期或感知觉等。① 信任体系源于社会学,社会学家将信任聚焦于社会现象,关注特定机构如何构建、发挥作用并在有风险、不确定情境中提供保障等。② 信任信念及信任意图源于社会心理学,社会心理学家将信任聚焦于个体之间的交互,包括具体情境中施信者的预期及意愿,与预期相关的风险,增强、维系或削弱信任的情境要素。③ 麦克奈特等将信任概念界定为与被信者特性有关的认知及情感信念。信任意图是在无法控制或影响被信者的情况下,施信者对被信者的某种意愿。由于聚焦于人际交互,信任信念及信任意图可以被归结为人际信任。具体情境中施信者的实际参与也就可以被称作信任行为。信任行为则被视作依赖于被信者的信任决策的结果。④

二、信任的本土研究

与西方达半个世纪之久的研究历史相比,信任进入国内学者研究视野的时间较晚。20 世纪 90 年代后,信任才逐渐成为国内学界的研究热点。近年来,国内学界对信任的研究有了较大的进步,涉及信任的学科类型与数量有了较大幅度的增加,研究水平也有所提升。然而,目前国内有关信任的研究似乎陷入了一种困境,数量上的提升并未带来实质上的突破,国内学者多是借鉴西方学者的研究,本土化原创性研究不多,西方学界仍然主导了研究的话语权。⑤

在所有的本土化研究中,王飞雪、山岸俊男合作发表的《信任的中、日、美比较研究》、杨宜音的《"自己人":信任建构过程中的个案研究》及彭泗清的《信任的建立机制:关系运作与法制手段》可能是国内学界关于信任问题的最早讨论。王飞雪、山岸俊男从国际比较的研究视角出发,以日、美两国的社会态度调查结果为基础,在中国实施了同样的调查,并对被研究者进行了一般信任水平测试和统计分析。研究结果表明:与日、美两国相比,由于稳固的相互依赖关系起着支配性作用导致中国是个低信任社

① Grabner-Kräuter, S., & Kaluscha, E. A. Empirical Research in Online trust: A Review and Critical Assement[J]. *International Journal of Human Computer Studies*, 2003(58): 783 - 812.

② Lewicki, R. J., & Bunker, B. Developing and Maintaining Trust in Work Relationships[A].Kramer, R., & Tyler, T.(Eds.) Trust in Organizations: Frontiers of Theory and Research[C].Newburry, CA: Sage, 1996: 114 - 139.

③ Lewicki, R.J., & Bunker, B.B. Trust in Relationships: A Model of Trust Development and Decline[A].Bunker, B.B., & Rubin, J.Z.(Eds.) Conflict, Cooperation and Justice[C].San Francisco, CA: Jossey-Bass, 1995: 133 - 173.

④ Mayer, R. C., Schoorman, F. D., & Davis, J. An Integrative Model of Organizational Trust[J]. *Academy of Management Review*, 1995, 20(3): 709 - 734.

⑤ 游泓.情感与信任关系的社会学研究——一个信任关系结构方程模型的建构和验证[D].武汉:武汉大学博士学位论文, 2009.

会，但是中国人对人性怀有较高的信念。另外，对56个在日中国人的调查数据显示，他们比其他中国人表现出更高的一般信任水平，原因在于文化因素发挥了重要作用。①

杨宜音采取质性研究策略，使用参与式观察和深度访谈等具体方法，选取农村及城市被研究者研究了以下内容：（1）什么人被视为“自己人”“外人”？（2）“外人”是否可以变成“自己人”（或相反）？（3）“外人”是如何变成“自己人”的？（4）“外人”变成“自己人”的后果是什么？研究结果发现：“自己人”这个概念表明中国人将他人纳入自己的自我（家）边界之内形成的一个信任边界，此边界既有区别内外的功能，也有“自己人”与“外人”相互转化的互通功能；内外互通的结果不是形成内外心理群体而是形成心理身份。“自己人”这种信任是一种关系性信任，是从传统的“自家人”信任建构发展而来的。②

李伟民、梁玉成在批判分析韦伯和福山（Fukuyama）关于中国人的信任理论的基础上，提出了中国人信任的假设和论点，选取广东省内的7个城市实施了问卷调查，对假设进行了检验。研究结果表明：（1）中国人的信任对象呈现出“差序格局”，最信任的是家人或亲人、好朋友；（2）关系因素是影响中国人信任建立与发展的重要因素，且中国人的信任源于关系中的情感因素；（3）对于中国人的信任而言，特殊信任是建立在人际关系基础上的，比如血缘关系，而普遍信任是建立在信仰共同体基础上的。③

与以上几位学者的研究视角不同，彭泗清从微观的人际层面探讨了信任问题并进行了实证研究。他认为关系在中国具有独一无二的重要性，因此关系运作可能是中国人建立与发展信任关系的重要途径；另外，在现代化进程的环境中，法制手段在国人的信任行为中或许也扮演一定的角色。其中，关系运作方法包括请客送礼等工具性色彩较强的方法和相互尊重、交流思想感情等情感性色彩较强的方法。在一次性交往中，工具性的关系运作方法较受重视，而在长期的合作关系中，情感性的关系运作方法较受重视。④ 此后，在一项使用了深度访谈法和问卷调查法的本土化实证研究中，彭进一步提出了用以说明人际信任的类型、关系类型和主要的关系运作方法三者之间关联的“关系—信任”模型，如图1-3所示。⑤

该模型的主要内容可以概括为五点，分别是：（1）人际信任的类型。将信任区分为认知性信任和情感性信任两类，情感性信任可进一步区分为四类：基于既有关系所

① 王飞雪，山岸俊男.信任的中、日、美比较研究[J].社会学研究，1999(2)：67-82.

② 杨宜音.“自己人”：信任建构过程中的个案研究[J].社会学研究，1999(2)：38-52.

③ 李伟民，梁玉成.特殊信任与普遍信任：中国人信任的结构与特征[J].社会学研究，2002(3)：11-22.

④ 彭泗清.信任的建立机制：关系运作与法制手段[J].社会学研究，1999(2)：53-66.

⑤ 彭泗清.关系与信任：中国人人际信任的一项本土化研究[A].郑也夫，彭泗清，等.中国社会中的信任[C].北京：中国城市出版社，2003：9.

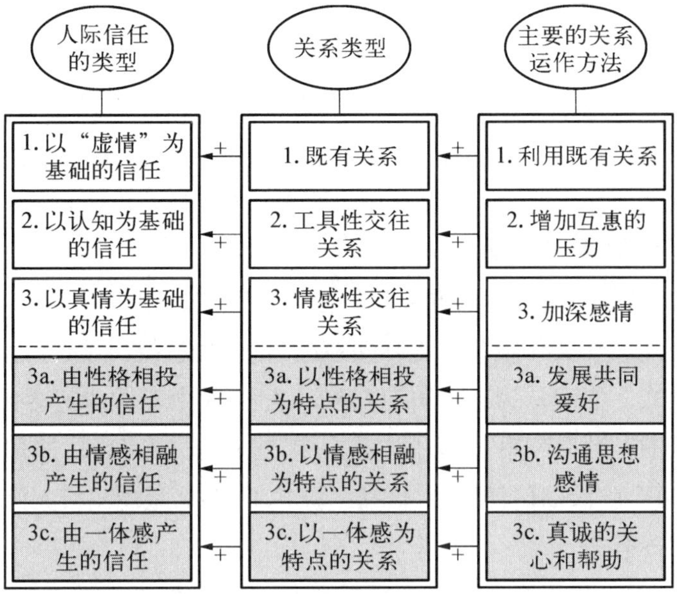

图 1－3 "关系—信任"模型

＊资料来源：彭泗清.关系与信任：中国人人际信任的一项本土化研究[A].郑也夫，彭泗清等著.中国社会中的信任[C].北京：中国城市出版社，2003：9.

蕴涵的"虚情"的信任，基于性格相投的信任，基于情感相融的信任，基于一体感的信任；(2) 交往关系的分类与关系密切程度的衡量。区分出了三种不同的交往关系，依据情感密切程度，主要关系类型的密切程度依次为：与陌生人的关系<无交往的既有关系<以性格相投为特点的关系<以情感相融为特点的关系<以一体感为特点的关系；(3) 关系类型与信任类型之间的对应关系；(4) 人际信任上的事件区分性。同一种人际关系对不同事件的信任程度呈现出显著性差异；(5) 信任增强的方式。主要手段是关系运作和法制手段。研究结果表明：(1) 信任的核心意义在于相信对方的言行不论在主观上还是在客观上都不会伤害到自己的利益，甚至可能是对自己有益的，信任包括"人品信任"和"能力信任"；(2) 信任可以由三个方面的八种行为来反映，三个方面分别是钱财上的信任、隐私上的信任和办事上的信任；(3) 信任程度与人际关系的密切程度之间成正比；(4) 研究再次证明，可信程度可以通过一定的方法增加。在两种主要手段中，关系运作至关重要。①

除此之外，郑也夫、杨中芳等人也对信任进行了较有代表性的界定。其中，郑也夫在《信任论》一书中借鉴当代生物学的理论，从人的本性是利己还是利他开始探讨，指

① 彭泗清.关系与信任：中国人人际信任的一项本土化研究[A].郑也夫，彭泗清，等.中国社会中的信任[C].北京：中国城市出版社，2003：1－12.

出信任从亲属逐渐走向熟人和陌生人。亲属与熟人间的信任是“人格信任”，陌生人间的信任是由货币系统及专家系统组成的“系统信任”。该书中将信任界定为一种相信他人的行为或周围的秩序符合自身愿望的态度。它表现为对自然和社会的秩序性、对合作伙伴承担的义务、对某角色的技术能力的期待。信任不是认识论意义上的理解，介于全知与无知之间。如果是全知，就没有必要去信任；而无知就是没有信任的判断基础；部分已知是信任决策的基础。

杨中芳、彭泗清等人在评述西方人际信任研究和综述中国人人际信任研究的基础上，立足于“个体生活在文化中”，从人际关系的角度出发，提出了以社会义务为基础的本土人际信任模式。他们认为，人际信任是“人际交往中双方对对方能够履行其所被托之义务及责任的一种保障感”。人际信任可以划分为三个阶段，即初期阶段、工具阶段、感情阶段。每个阶段的信任保障、信任来源并不相同，呈现出极大的差异性，这可能与每个阶段的目标有关。[①]

陈介玄、高承恕将台湾企业员工之间的信任界定为由人际关系中衍生出来的“人际信任”，是一种针对特定个人的亲近、熟悉程度所衍生的信任。这种信任既有传统的“人情”的感性特质，又有后天成就的理性计算。张建新认为，人际信任是人际交往一方在“合作或竞争”的不确定条件下，预期对方对自己做出合作行为的心理期待。[②] 宋时全指出，人际信任是对交往双方话语和行为的心理认可及对由此所引起的结果对自身利益的肯定。[③] 焦武萍认为，人际信任涉及心理和行为，是在不了解他人动机、意图及行为动向时所做出的继续交往的认知判断，亦是在交往的两难情境中所做出的决策行为。[④] 另外，还有学者认为，人际信任是文化规范的产物，是建立在道德和习俗基础上的社会现象之一，社会及文化中包含了大量的得到人们广泛认同的倡导诚信的道德规范及价值观念。[⑤]

与西方学者的研究相比，虽然我国学界对信任的研究还处于借鉴他人研究的起步阶段。但是值得一提的是，近年来，国内学界对信任的研究出现了研究视角的转向，越来越多的学者开始探讨中国这个特定“人情面子”社会背景下的信任问题，探索文化因素对于信任的影响，研究中开始融入本土化的意识，同时也体现了与时俱进的时代气息。

---

① 杨中芳，彭泗清.中国人人际信任的概念化：一个人际关系的观点[J].社会学研究，1999(2)：1－21.

② 张建新，Bond，M.H.指向具体人物对象的人际信任：跨文化比较及其认知模型[J].心理学报，1993(2)：164－172.

③ 宋时全.转型期我国社会信任的表现及其重建途径[J].北京工业大学学报(社会科学版)，2005(3)：70－74.

④ 焦武萍.组织管理中的人际信任问题[J].陕西师范大学学报(哲学社会科学版)，2006(s1)：87－88.

⑤ 严中华.关于信任与知识管理各过程的关系研究[J].科技管理研究，2003(4)：23－27.

第二节 网络信任研究现状

在日常生活中,信任决策几乎每天都在发生。在网络上,信任也很重要,可以说是网络生活的必需品。网络上的任何实质性关系均始于信任,虽然网络信任如此重要,且日益引起了众多专家学者的关注,然而有关网络信任的系统研究还很少,基本停留在比较初步的探索阶段。

目前,有关网络信任的研究大多聚焦于电子商务中的信任问题(例如,用户是否认为在线交易比较可靠、商家是否会发送消费者订购的商品),即社交中的物质交往层面,较少关注网络社交中由信息交换、情感交流发展而来的网络人际信任,更不用说关注特定群体日常网络社交中至关重要的网络人际信任问题。实际上,本研究以“90后”大学生为例探讨网络信任问题,也是希望能够管中窥豹,从小处着眼把握网络信任问题。虽然本研究所选取的“90后”大学生的网络信任问题至今还是个鲜有人涉足的领域,其中涉及的很多问题至今依然不明朗,但是已有的相关研究有很多值得我们学习的地方,值得我们在研究过程中借鉴。

一、西方研究现状

在互联网发展的初期,由于种种因素的制约,使用网络还仅仅是某些研究人员的“特权”。虽然互联网发展之初是为了满足军事需求,但是一些科学家在建网之初就预言网络会成为人类社会的新型交往与信息交流方式,而且研究人员在实验研究的过程中也确实发现了网络作为社交工具的可能性,他们开始尝试这种新型社交方式,体验这种新型社交方式所带来的新鲜感与快乐。此时的网络社交仅仅局限于研究人员之间,是日常社交的延伸与补充,而网络也只是局限于发挥交流工具的作用。由于网络分布的范围很小,使用权限也没有开放,对上网人员身份的控制比较严格,因而网络社交的范围非常狭窄,网络社交双方往往是现实世界中相互认识的人,双方之间早已建立信任关系。因而,网络社交主体间的信任是建立在现实世界基础上的,也就不存在信任与不信任的问题。

后来,随着网络的开放,技术的发展,网络迅速向社会公众和商业领域开放,网络用户的数量呈指数形式增长,网络迅速融入人们的生活,成为人们工作、学习、生活中必不可少的一部分。上网人员身份的控制不再严格,网络法规、网络规范的滞后等诸多因素导致网络空间中的社会问题大量滋生。[①] 网络黑客频现,网络的虚拟性更是将人的说

① 鲁兴虎.网络信任——虚拟与现实之间的挑战[M].南京:东南大学出版社,2003:43-45.

谎本能提升到前所未有的程度。[①] 此后，网络空间中的社会问题引起了不少专家学者的关注，网络信任问题被提及的频率日益增加。

就现有研究来看，被频繁提及的网络信任问题主要涉及四个领域：信息、信息系统、电子商务及网络人际关系。这四个领域所涉及的问题分别是：从网络上获取的信息是否值得信任[②]、信息系统中技术的安全性及可靠性[③]、电子商务中卖家及买家的可信任性及由网络社区（如聊天室、讨论组、论坛）中形成的人际关系的可信任性[④]。在所有研究中，电子商务中的信任问题成为研究热点与主题，然而较少有研究者涉猎网络社交中的人际信任问题。为数不多的研究网络社交中的人际信任问题的学者多是从虚拟社会与现实社会交织的研究取向出发，倾向于关注网络信任与现实信任之间的相互影响、相互联系及区别。

围绕本研究中所涉及的相关问题，综合起来看，当前西方学者对网络社交中的人际信任问题的相关研究主要体现在五个方面。

（一）网络信任的概念及特点

与现实世界中的信任研究一样，由于没有在概念和研究方法等理论基础上达成共识，致使很多宣称研究在线社交信任的研究者实际上是在研究信任的不同方面。[⑤] 很多人际交互研究者研究的是以技术为中介的人与人之间的信任关系[⑥]，还有研究者将技术作为信任的对象[⑦]。例如，克里托雷（Corritore）等人认为网页可以被视为技术，并在其研究中建构了以网页作为信任的对象的模型。[⑧]

乔普拉（Chopra）及华莱士（Wallace）在分析有关现实社会中的信任概念的基础上，提出信任应普遍具备三个要素——被信者、信念及意愿，并由此界定了信任的概念，认为信任是一种信赖他人的意愿，而这种意愿是建立在对他人的信任能够产生积极结果

---

① 刘丹鹤.赛博空间与网际互动——从网络技术到人的生活世界[M].长沙：湖南人民出版社，2007.

② Alexander, J. E., & Tate, M. A. *Web Wisdom: How to Evaluate and Create Information Quality on the Web*[M]. Mahwah, NJ: Lawrence Erlbaum, 1999.

③ Schneider, F. B. *Trust in Cyberspace*[M].Washington, DC: National Academy Press, 1999.

④ Friedman, B., Kahn, P. H., Howe, D. C., et al. Trust Online [J].*Communications of the ACM*, 2000, 43(12): 34-40,72-77.

⑤ Riegesberger, J., Sasse, M.A., & McCarthy, J.D. Trust in the Mediated Interaction[A].Joinson, A.N., McKenna, K.Y.A., Postmes, T., et al.(Ed.) The Oxford Handbook of Internet Psychology[C].New York: Oxford University Press, 2007: 53-69.

⑥ Olson, G. M., & Olson, J. S. Distance Matters[J].*Human-Computer Interaction*, 2000, 15(2): 139-178.

⑦ Grabner-Kräuter, S., & Kaluscha, E. A. Empirical Research in Online trust: a Review and Critical Assement[J]. *International Journal of Human Computer Studies*, 2003(58): 783-812.

⑧ Corritore, C. L., Kracher, B., & Weidenbeck, S. On-line Trust: Concepts, Evolving Themes, A Model[J]. *International Journal of Human-Computer Studies*, 2003, 58(6): 737-758.

的信念基础之上的。他们认为如此界定的信任概念亦可适用于网络环境,并对网络信任进行了概念上的剖析,确定了网络信任的维度及本质等。①

格林(Green)借鉴了霍姆斯、伦佩尔和哈丁(Hardin)等人对信任的界定,在此基础上认为网络社交中人际信任的主要形式包含了信息分享,而且信息分享是网络社交的重要部分,在网络社交中个体相信他人能够提供诚实准确的信息,或者是对自己的私人信息保密。而网络友谊和浪漫关系中的信任是网络伙伴间普遍存在的情感。在一项有关网络信任程度的调查研究中,研究者就具体领域(情感支持、诚实交往、保守秘密、身体安全、借钱、拜访他人)中的一系列问题进行了调查。调查结果显示,对这些问题的回答之间存在较高的相关性。如果被调查者认为网络伙伴在情感支持上是可信的,那么他也会信任对方不会给自己带来身体上的伤害。该研究中所调查的网络信任关系平均持续了一年之久甚至更长时间。在后续研究中,格林认为网络上的信任可以进一步细分,但是他并没有给出相关界定,只是举例说明如果采纳网络熟人提供的意见或建议,却不会与其分享秘密,那么这种信任就是建立在经验判断或对他人真诚性判断的基础上的。② 另有早期研究指出,成熟、稳固的信任关系是随着时间及对网络伙伴的熟悉而形成的,由于形成速度不同,因而有“急速信任”和“缓慢信任”之分。③

(二)网络信任的形成与发展机制

网络人际信任的程度随关系的发展而发展,网络信任的发展与现实信任的发展既存在相似性,也存在差异性。与“火车上的陌生人”一样,人们更倾向于在网络上与人交流自己比较私密的信息,这是因为网络上的陌生人几乎不存在与其现有的社会圈子有关联的可能性,也就不存在“泄密”的情形,他们的可信度更高,敞开心扉的程度与对他们的信任程度紧密相关。④ 但是,这个结果的准确性有待商榷。到底是因为网络上的陌生人的可信度较高还是因为网络上的陌生人没有能力,也没有机会向自己熟悉的人“出卖”信息而导致交流程度较深?或许两者都不是,交流程度较深可能仅仅是为了找个倾诉对象,而跟信任与否无关。

---

① Chopra, K., & Wallace, W. A. Trust in Electronic Environments[EB/OL].http://ieeexplore.ieee.org/stamp/stamp.jsp? tp=&arnumber=1174902.[2011-12-21].

② Green,M.C. Trust and Social Interaction on the Internet[A].Joinson,A.N.,McKenna,K.Y.A.,Postmes,T., et al.(Ed.) The Oxford Handbook of Internet Psychology[C].New York: Oxford University Press,2007: 43-51.

③ Meyerson, D., Weick, K. E., & Kramer, R.M. Swift Trust and Temporary Groups[A].Kramer, R. M. & Tyler, T. R.(Ed.) Trust in Organizations: Frontiers in Theory and Research[C].Thousand Oaks, CA: Sage Press, 1996: 166-195.

④ Derlega, V. J., & Chaikin, A. L. Privacy and Self-disclosure in Social Relationships[J].*Journal of Social Issues*, 1977, 33(3): 102-115.

网络信任并不是先天存在于社交双方之间，而是随着交往频率的增加逐渐形成的，其发展速度亦有快慢之分。[①] 沃瑟(Walther)认为，网络社交中形成的关系可能比现实中形成的关系会更快地发展到比较亲密的程度。[②] 交往双方在网络关系稳定之后，即确定信任关系之后，随着信任程度的增加，可能会交换个人信息，而且还有可能改换其他交往方式，例如打电话、见面。[③] 另外，网络信任还可以划分为不同的阶段，每个阶段呈现出不同的特点。网络初级信任的特点是风险较小、依赖于奖惩体系，而网络高级信任涉及对对方的期待，例如希望对方熟悉自己的喜好。[④]

瑞格斯伯格(Riegesberger)和萨斯(Sasse)等人认为网络社交中施信者和被信者之间的信任形成过程可用"信任需求情境(Trust-requiring Situation)模型"来表示，该模型如图1-4所示。[⑤] 在交换发生之前，施信者和被信者从(1)对方和情境中接收信号。施信者的信任水平受接收到的信号的影响。施信者会根据其信任水平和其他因素(例如，外部选择)来决定实施信任行为(2a)，还是退出情境(2b)。如果施信者意识到在被信者完成部分交换(3a)之后会有所回报，那么他们就会实施信任行为。如果被信者缺乏完成交换的动机或能力，就会导致信任建构的失败。该模型将信任视为行动者对他人或情境的变化做出回应的个体心理和行为，也可用于解释网络购物过程中信任的建构过程。

(三) 网络信任的影响因素

既有研究发现多种因素影响着网络人际信任关系的建构与发展。就现有的研究结果来看，网络信任的建构与发展主要受到网络技术、作为信任关系主体的交往双方等因素的影响。

1. 网络技术的影响

对于以媒介为中介的交流而言，许多专家学者指出，不同交流媒介传递的信息的类别和数量不同，且所有的交流媒介都会在某种程度上减少面对面交流时可利用的社会

---

① Meyerson, D., Weick, K. E., & Kramer, R. M. Swift Trust and Temporary Groups[A].Kramer, R. M., & Tyler, T. R.(Ed.) Trust in Organizations: Frontiers in Theory and Research[C].Thousand Oaks, CA: Sage Press, 1996: 166-195.

② Walther, J. B. Computer-Mediated Communication: Impersonal, Interpersonal, and Hyperpersonal Interaction[J]. *Communication Research*, 1996, 23(1): 3-43.

③ McKenna, K. Y. A, Green, A. S., & Gleason, M. J. Relationship Formation on the Internet: What's the Big Attraction[J].*Journal of Social Issues*, 2002, 58(1): 9-31.

④ Corritore, C. L., Kracher, B., & Weidenbeck, S. On-line Trust: Concepts, Evolving Themes, A Model[J]. *International Journal of Human-Computer Studies*, 2003, 58(6): 737-758.

⑤ Riegesberger, J., Sasse, M.A., & McCarthy, J.D. Trust in the Mediated Interaction[A].Joinson, A.N., McKenna, K. Y. A., Postmes, T., et al.(Ed.) The Oxford Handbook of Internet Psychology[C].New York: Oxford University Press, 2007: 53-69.

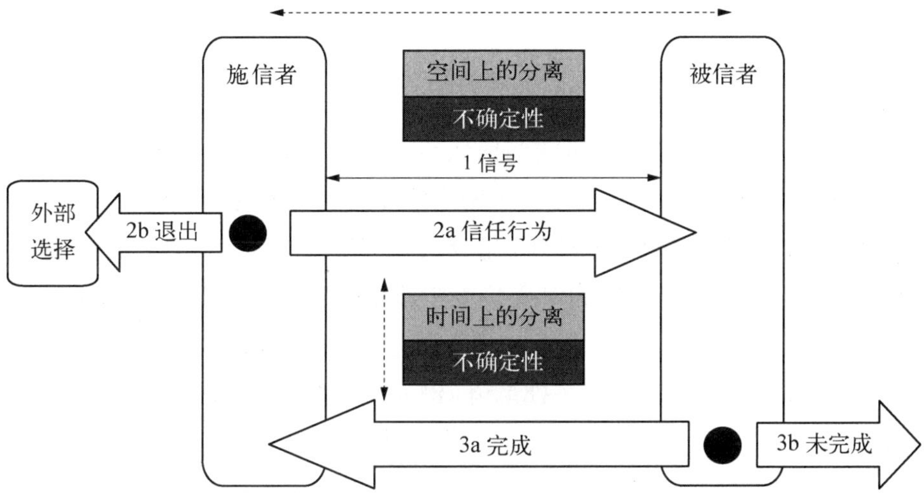

图 1－4 信任需求情境

＊资料来源：Riegesberger, J., Sasse, M.A., & McCarthy, J. D. Trust in the Mediated Interaction[A] Joinson, A. N., McKenna, K.Y.A., Postmes, T., et al.(Ed.) The Oxford Handbook of Internet Psychology[C]. New York: Oxford University Press, 2007: 53－69.

背景线索等非言语信息。① 与传统的面对面交流相比，网络交流由于多种媒介的介入，使得面对面交流中的某些信息在网络社交中失去效用，道瑞(Döring)将这种现象称为“通道缩减”(Channel Reduction)。肖特(Short)、威廉姆斯(Williams)等人认为与面对面的交流相比，借助媒介的交流导致了交流双方的体态语、社会背景线索等非言语信息大量缺失，大大降低了“社会临场感”(Social Presence)。② 实际上，不管是“通道缩减”，还是“社会临场感”的缺失，实际上都意味着信息的缺失。交流媒介减少了社会背景线索，这会干扰(或减少)人们对社会背景的认知理解进而导致某些意外的交流行为。③ 在这个过程中，人们可能会调整交流的目标、语调和言辞内容。通常认为，信息的缺失和媒体丰富度(Media Richness)提高了不确定性，而信任就是对不确定性的容忍，不确定性的提高意味着信任的风险较高，这最终将会导致信任不易建立或者是信任程度比较低。④

在华莱士看来，网络之所以不利于信任的建构，原因就在于网络减少了交流通道，个体在交流的过程中难以观察到重要线索，例如面部表情和身体语言，而这些非言语信

① Sproull, L., & Kiesler, S. Reducing Social Context Cues: Electronic Mail in Organizational Communication[J]. *Management Science*, 1986, 32(11): 1492－1512.

② Short, J., Williams, E., & Caristie, B. *The Social Psychology of Telecommunication*[M]. London: John Wiley and Sons, 1976.

③ (英) 亚当・乔伊森.网络行为心理学：虚拟世界与真实生活[M].任衍具，魏玲，译.北京：商务印书馆，2010：32.

④ Handy, C. Trust and the Virtual Organization[J]. *Harvard Business Review*, 1995, 73(3): 40－50.

息通常被认为是识别谎言的重要方式。正如弗洛伊德(Freud)所言,血肉之躯不可能保守秘密,即使嘴巴可以沉默,但是身体其他部位产生的非言语信息也会将其出卖。[①] 另外,网络上不存在面对面的身份限制,但是人们在网络互动中仍然需要安全感和一致性,尽可能减少不确定性,进而初步建构信任感。[②] 有人认为,通道缩减造成了交流中线索的缺失,增强了不确定性,进而增加了网络信任建构的难度。不过,也有人认为,通道缩减模型本身就是有争议的,能否用于解释网络信任难以建构的原因还有待商榷,因为它并不能解释技术有能力提供面对面情境中所不能获得的信息(例如,借助网络检索他人的个人信息)。例如,有学者认为网络社交中有效获取的大量信息及新的在线社交网络可以强化信任。另外,从多种渠道(例如,通过共有的朋友、网页信息或者是报纸报道等)获得的身份认证信息或许是强化信任关系的重要因素。[③] 还有人持中立观点,认为网络是种经验型工具,网络对信任建构的影响取决于个体的网络使用经验,网络经验越多越能够引发深层的网络信任。[④]

目前,有关网络技术对网络信任的建构与发展的影响的研究还比较少,研究者们只是从不同的角度并辅以理论支持论证了自己的观点。例如,有人通过实验研究证明了网络社交中不同交流通道可能会对网络信任的建构与发展产生影响:对于社会两难困境中的信任而言,网络音频、视频交流的效果类似于面对面交流的效果,网络文本交流的效果明显劣于这三种交流的效果,而且网络音频、视频交流情境中都表现出所谓的“延缓信任”及“脆弱信任”的特点。[⑤]

2. 交往双方的影响

冯(Feng)和雷泽(Lazar)等人通过研究网络人际认同、人际关系类型与人际信任之间的关系得出如下结论:网络人际认同和人际关系类型两者之间的相互关系对网络人际信任有显著影响;在现实中易于相信他人的网民在建立网络信任时可能会遇到更大的困难;另外,交往中所设定的情境也会直接影响到网络信任的建立。[⑥] 劳布(Raub)和维斯(Weesie)认为短时嵌入(Temporal Embeddedness)、社会嵌入(Social

① 谢英香.非言语信息在网络视频交流中的功能与尴尬处境[J].开放教育研究,2012(6):33-39.

② Wallace, P. *The Psychology of the Internet*[M].Cambridge: Cambridge University Press, 2001.

③ Vazire, S., & Gosling, S. D. E-perceptions: Personal, Interpersonality Impressions Based on Personal Websites[J]. *Journal of Personality and Social Psychology*, 2004, 87(1): 123-132.

④ Dutton, W. H., & Shepherd, A. Trust in the Internet: The Social Dynamics of an Experience Technology[R].Oxford Internet Institute, Research Report, 2003(3).

⑤ Bos, N., Olson, J., Gergle, D., et al. Effects of Four Computer-Mediated Communications Channels on Trust Development[Z].In Conference on Human Factors in Computing System. Minneapolis, Minnesota, April, 20-25, 2002.

⑥ Feng,J., Lazar,J., & Preece,J. Behavior and Information Technology[J].*Academy of Information Technology*,2004(4-5): 97-106.

Embeddedness)和制度嵌入(Institutional Embeddedness)三个情境属性方面的因素影响着被信者是否能完成信任活动。[①] 萨斯等人指出虽然情境因素能够激励被信者完成信任活动,但是这并不能完全解释行动者的经验行为。[②] 他们认为情境属性(Contextual Property)在被信者的内在品质(Intrinsic Property,指的是完成信任活动的动机和能力等这些相对稳定的属性)驱动下执行,被信者的固有属性包括能力、内化规范、仁爱之心等。[③]

格林认为网络信任的建构与发展受网络社交主体双方的制约。个体背景的相似性(例如经历)及他人的优秀品质(例如友好、诚实、睿智)有助于信任关系的发展,而价值观及个性上的相似性比背景的相似性更易产生信任。此外,个体使用计算机及在线技术的经验、使用网络社交的时间及个人意向也会影响网络信任。在网络社交上花费的时间越少,撒谎的可能性越大;随着人们对信息量较少环境的熟悉,人们能够学会或识别出决定信任的线索。过度消极或者开放都不利于信任的形成。[④] 实际上,在此之前就有研究发现,经常对网络社交同伴撒谎的人也较少相信同伴。[⑤] 乔普拉及华莱士认为网络信任的功能就是维系在线关系。网络信任可能会受到认知及情感维度某些因素的影响,且被信者的某些品质可能会影响到网络信任关系的建立。[⑥]

(四)网络信任的类型

以媒介为中介的交流导致了较低程度的网络信任,网络关系正是始于这种劣势。在一项调查中,研究者就“通常而言,网络上的大部分人是否可以信任”这个问题展开调查,大部分受访者指出:相对于现实世界中的人,他们明显更少信任网络上的人。类似的情形亦出现在网络交易中。[⑦] 虽然网络上较少存在信任,但是不少人还是选择了信任他人,因为在互动中存在着获得利益的机会。娱乐、消磨时间并不需要信任。向他

---

① Raub, W., & Weesie, J. The Management of Matches: A Research Program on Solidarity in Durable Social Relation [J].*Netherland's Journal of Social Science*, 2000(36): 71－88.

② Riegelsberge, J., Sasse, M. A., & McCarthy, J. The Researcher's Dilemma: Evaluating Trust in Computer-Mediated Communication[J].*International Journal of Human Computer Studies*, 2003, 58(6): 759－981.

③ Riegesberger, J., Sasse, M.A., & McCarthy, J.D. Trust in the Mediated Interaction[A].Joinson, A.N., McKenna, K.Y.A., Postmes, T., et al.(Ed.) The Oxford Handbook of Internet Psychology[C].New York: Oxford University Press, 2007: 53－69.

④ Green, M.C. Trust and Social Interaction on the Internet[A].Joinson, A.N., McKenna, K.Y.A., Postmes, T., et al.(Ed.) The Oxford Handbook of Internet Psychology[C].New York: Oxford University Press, 2007: 43－51.

⑤ Sagarin, B. J., Rhoads, K., & Cialdini, R. B. Deceiver's Distrust: Denigration as a Consequence of Undiscovered Deception[J].*Personality and Social Psychology Bulletin*, 1998(24): 1167－1176.

⑥ Chopra, K., & Wallace, W. A. Trust in Electronic Environments[EB/OL].http://ieeexplore.ieee.org/stamp/stamp.jsp? tp=&arnumber=1174902.[2011－12－21].

⑦ Naquin, C. E., & Paulson, G. D. Online Bargaining and Interpersonal Trust[J].*Journal of Applied Psychology*, 2003, 88(1): 113－120.

人敞开心扉寻求情感支持，意味着信任他人能够给予友善的回应；与网络上的人合作完成某项任务虽然存在一定的风险，但是这却有可能完成几乎不可能完成的任务；有时候，网络关系能够带来切实的好处。[①] 这样看来，网络信任关系是一种可能给互动者带来好处的利益关系。

库珀（Cooper）及其同事们关注了在线关系发展的进度，他们认为网络关系极易出现“非成即败现象”，即亲密的快速的自我暴露过程引发了萌芽时期的关系很快变得过于强烈的现象。快速的自我暴露过程产生了一系列的连锁反应，最终导致形成的关系难以维系，而原因就在于相互之间缺乏基本的信任和真实了解。[②]

1996年，帕克斯和弗洛伊德对新闻组中形成的人际关系的一项调查显示，2/3的被调查者曾和某个在新闻组初次会面的人建立过个人关系，其中7.9%的被调查者说这是一段浪漫关系。[③] 1998年，帕克斯和罗伯茨（Roberts）尝试在另一个在线空间重复上述研究，他们发现大多数的被调查者在参与MOO的过程中至少建立过一个一直维持着的私人关系，包括亲密的友谊（40.6%）、普通的友谊（26.3%）和浪漫关系（26.3%）三种关系类型。他们认为当双方的交往更多建立在个人层面或转向一对一的交往时，交往双方间就确立起了朋友关系，而朋友关系可能是网络社交所形成的关系中最常见的。[④]

随后，尤兹（Utz）研究了MUD空间中发生的互动，调查发现：76.7%的被调查者声称他们在网上建立过一个发展到现实中的关系，其中24.5%的人宣称这是一段浪漫关系。[⑤] 惠蒂（Whitty）和加文（Gavin）在关于聊天室交互情况的调查中，也发现了人们在此空间中建立友谊及浪漫关系的大量证据。[⑥] 继此之后，格林也研究了网络社交关系发展趋向，他指出：网络社交关系有三个发展趋向，即熟悉的人、朋友、恋人或性关系。其中，熟悉的人是网络上其他关系类型的起点，要保持这种弱连接关系，需要一定的信任。而网络上的恋人或性关系的首要目标是追求心理满足，这种关系可能不需要双方

---

① Green, M.C. Trust and Social Interaction on the Internet[A].Joinson, A.N., McKenna, K. Y. A., Postmes, T., et al.(Ed.) The Oxford Handbook of Internet Psychology[C].New York: Oxford University Press, 2007: 43-51.

② Cooper, A., & Sporolari, L. Romance in Cyberspace: Understanding Online Attraction[J].*Journal of Sex Education and Therapy*, 1997, 22(1): 7-14.

③ Parks, M. R., & Floyd, K. Making Friends in Cyberspace[J].*Journal of Communication*, 1996(46): 80-97.

④ Parks, M. R., & Roberts, L. D. Making MOOsic: The Development of Personal Relationships Online and a Comparison to Their Off-line Counterparts[J].*Journal of Social and Personal Relationships*, 1998, 15(4): 517-537.

⑤ Utz, S. Social Information Processing in MUDs: The Development of Friendships in Virtual Worlds[EB/OL].http://www.behavior.net/job/v1n1/utz.html.[2011-11-15].

⑥ Whitty, M. T., & Gavin, J. Age/Sex/Location: Uncovering the Social Cues in the Development of Online Relationships [J].*CyberPsychology & Behaviour*, 2001, 4(5): 623-630.

之间建立信任。但如果这种网络关系转向现实,就会需要信任。[①]

实际上,就以上学者对网络关系发展的研究而言,网络上的任何人际关系首先应该是信任关系,其次才是其他关系,而其他关系也是在信任关系基础上的进一步发展。没有信任存在的关系是没有任何实际意义的,也很难长久维系,只能是昙花一现。

(五) 网络信任产生的影响

不少研究者关注网络的使用对社会资本和社会网络的影响,其研究结果呈现出极大的差异性。格林和布洛克(Brock)认为信任的存在与否是决定网络关系能否得以进一步发展的重要因素,如果有可以信赖的社会支持,网络互动双方间或许有可能存在弱连带关系,而这有可能给个体带来一定的利益和社会资本。[②] 根据社会交往理论,人们往往只会与那些在各方面和自己有较强相似性的人建立比较紧密的关系,这种强连带关系的维系成本比较高,而且这些人所掌握的信息基本与自己所掌握的信息相差无几,而弱连带关系之间个体差异性较大,往往会带来不同类型的信息。

就网络信任产生的影响而言,不少研究信任问题的专家与学者指出,只有在有风险的情况下,谈论信任才有意义。不信任本身就是防御风险的有效心理机制。因此,在这个意义上,不信任也有自己的积极意义。实际上,网络社交所形成的互动关系中也存在风险的问题,一种风险可能是某些人利用信任来背叛情感、泄露个人隐私等,在某些极端情况下,还可能对对方产生身体上的伤害;另一种风险可能是某些人相信了网络上得到的意见或建议,而这些意见或建议本身并不可靠,这就有可能带来不同程度的损失。[③] 对此,柯若特(Kraut)持不同观点,他认为网络的使用对普遍信任的建构有积极作用。[④] 无独有偶,韦尔曼(Wellman)等人也认为网络丰富了交往方式,增加了社会连接性,有助于信任关系的建立。[⑤] 而尤斯拉纳在调查了大量样本之后得出了与上述观点截然不同的结论,他认为网络的使用既没有增加也没有减少用户对他人的普遍信任。[⑥]

---

① Green, M.C. Trust and Social Interaction on the Internet[A]. Joinson, A.N., McKenna, K. Y. A., Postmes, T., et al. (Ed.) The Oxford Handbook of Internet Psychology[C]. New York: Oxford University Press, 2007: 43 - 51.

② Green, M. C., & Brock, T. C. Trust, Mood and Outcomes of Friendship Predict Preferences for Real versus Ersatz Social Capital[J]. *Political Psychology*, 1998, 19(3): 527 - 544.

③ Green, M.C. Trust and Social Interaction on the Internet[A]. Joinson, A.N., McKenna, K. Y. A., Postmes, T., et al. (Ed.) The Oxford Handbook of Internet Psychology[C]. New York: Oxford University Press, 2007: 43 - 51.

④ Kraut, R., Kiesler, S., Boneva, B., et al. Internet Paradox Revisited[J]. *Journal of Social Issues*, 2002, 58(1): 49 - 74.

⑤ Wellman, B., Haase, A. Q., Witte, J., et al. Dose the Internet Decrease, Increase, or Supplement Social Capital[J]. *American Behavioral Scientist*, 2001, 45(3): 436 - 455.

⑥ Uslaner, E. M. Trust, Civic Engagement and the Internet[J]. *Political Communication*, 2004, 21(2): 223 - 242.

二、本土研究现状

中国的互联网发展滞后于西方国家达20年之久，有关网络人际交往中的信任问题的研究也是最近几年才引起有关专家学者的关注，相关研究数量并不多。就既有研究而言，鲜有专家学者对网络人际交往中的信任问题进行深入、系统的研究，有关此方面的讨论主要散见于各个网站的讨论区，在传统媒体上也有少数讨论，更多的研究还主要是关于网络信任问题的现象描述、网络信任所带来的伦理价值的重新整合、网络信任所带来的新挑战。有些学者在对网络信任危机认识的基础上，探讨了网络信任危机带来的负面影响及其对现实生活的冲击。这些研究多处于探索、起步阶段，缺乏深层反思。

总体而言，有关网络人际交往中的信任问题的研究大致上可以分为两个方面：一是从技术的视角研究网络信任问题，二是从理论和实证的视角研究网络信任问题。

（一）网络信任的定义及特点

目前，有关网络人际信任的专门研究还比较少见。许多学者只是在研究中提及了该问题，但并未对该问题进行深入、系统的研究。国内最早系统研究网络信任的学者是鲁兴虎。在《网络信任——虚拟与现实之间的挑战》一书中，作者从社会学的视角出发，在梳理和分析有关信任问题的基础上，比较了虚拟及现实情境下，信任关系的特点及发生机制，并从网络信任的动机、格局、特点等方面分析了网络信任的结构，探讨了“网络轻信行为”和“网络不信任现象”产生的原因、发生机制及其对建立与维持现实世界人际信任产生的影响。①

丁道群在其博士论文《网络空间的人际互动：理论与实证研究》中区分了网络人际信任的三个基本要素：对网络社区的基本信任、情感性信任、可靠性，提出并以实证调查论证了“网络人际互动中存在一定程度的人际信任，这是网络人际关系得以维持的必要条件”及“在某特定网络人际互动场合，人们会根据个体在这个场合前后言行的一致性与否来确定是否建立信任关系”的观点，并得出了“在这种貌似多元化的所谓后现代的网络空间中，人们的人际信任似乎尚停留在追求统一与一致的现代性认知模式中”的结论。② 台湾学者黄厚铭从网络空间和网络人际关系的特点出发，指出网络人际关系是建立在局部人格互动基础上的，互动中行动者的判断是网络人际信任存在的根本原因，网络人际信任仍以真实世界为其最大脉络。③

白淑英在西方微观社会学和社会心理学界学者关于人际信任的论述基础上指出，

---

① 鲁兴虎.网络信任——虚拟与现实之间的挑战[M].南京：东南大学出版社，2003.

② 丁道群.网络空间的人际互动：理论与实证研究[D].南京：南京师范大学博士学位论文，2003.

③ 黄厚铭.虚拟社区中的信任与认同[D].台湾：台湾政治大学博士学位论文，2000.

“网上的人际信任,无论是从个体的角度出发,还是从群体的角度出发,也无论是来自个体的言辞,还是社会的结构,其最基本的根源是人与人之间交往过程中对交往对象的预期”。网络人际信任就是“在网络空间的交往过程中对对方能够履行他所被托付的义务及责任的一种预期和保障感”,是心理预期和行为策略的统一。① 在其后的研究中,白淑英将网络人际信任的特征论述为:“风险小、潜在威胁小是网络人际信任产生的基础;情感风险是网络人际信任的主要因素;文本符号是网络人际信任的中介;网络信任文化的多元性。”白淑英认为网络人际信任的概念包括以下五层含义:“网络人际信任蕴含在网络互动中;网络人际信任的内容更多地体现为情感;网络人际信任更为松散,信任关系可随时中断;网络互动者的主观判断能力在信任的给予过程中起到了关键性作用;网络人际信任是理性与非理性的统一。”②其后,何明升、白淑英等人指出,网络人际信任是“在网络互动中,彼此不相识的陌生人之间在意识到风险存在的情况下,仍旧相信对方能够完成自己所托付之事,并将自己献身出去的投注性行为”。③ 由于网络空间的特有属性,网络人际信任关系是一种局部性的、较少受到制度信任及道德信任影响的关系,是一种虚拟的真实,是现实对虚拟的意义代入。④

胡蓉借鉴白淑英对网络人际信任的界定将网络人际信任定义为:“现实中人在网络虚拟生活空间中,借助信息交换行为而表现出来的对交往双方能够履行他所被托付的义务及责任的一种预期和保障感,这种预期和保障感会通过特定的网络信任行为体现出来。”他们认为,网络人际信任与现实世界中的人际信任相比,体现出以下七个特点:(1)信任主体的双重存在性;(2)对网络信息交互的依赖性;(3)更多地表现为与陌生人之间的信任问题;(4)信任形成的相对容易性;(5)信任的自由性;(6)信任的短暂性和脆弱性;(7)信任的经验性。⑤

此后,张莉给出了与白淑英、胡蓉类似的网络人际信任定义,认为“网络人际信任是现实中的人在虚拟的网络空间交往过程中对对方能够履行他所被托付之义务及责任的一种保障感”。网络人际信任的特点表现为:“信任主体的不确定性;信任关系的松散性;信任对象的广泛性。”⑥潘琳等人认为网络人际信任的特征主要表现在风险、期望、自信、弱点、利用和主观性等方面。⑦

---

① 白淑英.网上人际信任的建立机制[J].学术交流, 2003(3): 9-11.
② 白淑英.网络互动中人际信任概念辨析[J].学术交流, 2004,(12): 119-122.
③ 何明升,白淑英,等.虚拟世界与现实世界[M].北京: 社会科学文献出版社, 2011: 255.
④ 同上: 258-265.
⑤ 胡蓉.网络人际交互中的信任问题研究[J].图书情报知识, 2005(4): 98-101.
⑥ 张莉.网络人际交往中的信任产生机制[J].重庆图情研究, 2006(7): 27-29.
⑦ 潘琳,王正聪.网络环境中的人际信任研究[J].图书情报工作, 2008(3): 46-49.

（二）网络信任的产生机制

关于网络信任的产生机制的研究还很少，有学者构建了模型图用以表征网络人际信任的产生机制。丁道群在考察现实世界中陌生人之间通过互动建立信任关系途径的基础上，分析了网络人际信任建立途径，并构建了网络人际信任模型（如图 1-5 所示）用以表示网络人际信任建立过程。①

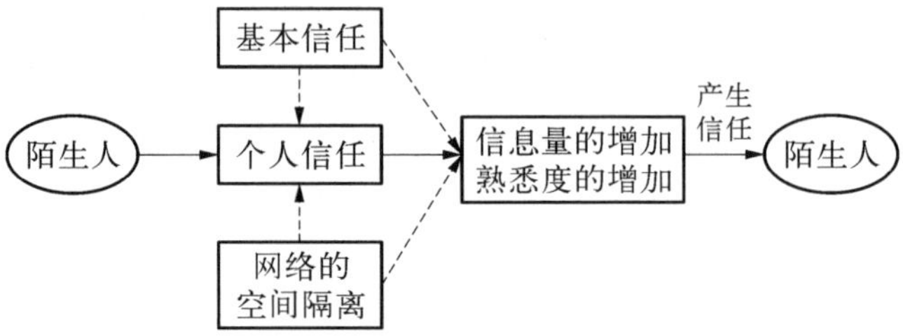

图 1-5 网络人际信任建立过程示意图

* 资料来源：丁道群.网络空间的人际互动：理论与实证研究[D].南京：南京师范大学博士学位论文，2003.

西方学者祖克尔（Zucker）对信任的产生机制进行了系统研究，认为信任产生于三种机制：其一是由声誉产生信任，就是根据对他人过去的行为及声誉的了解而决定是否给予其信任；其二是由社会相似性产生信任，相似的社会背景往往意味着相近的行为规范，交往双方容易相互理解，容易在交往中达成共识；其三是由法制产生信任。② 目前，国内研究网络信任的产生机制的学者多是部分借鉴了祖克尔的观点，建立了与此相适应的信任产生机制之模型与理论。

白淑英认为网络信任的产生机制是：预设性信任、由网上声誉产生信任、在给予信任的过程中进行主观判断。③ 张莉提出网络信任的产生机制源于：预设性信任、由交往信息产生信任、交往中的主观判断。④ 胡蓉等人认为预设性信任、基于知识的信任、在给予信任的过程中进行主观判断构成了网络信任的基础。“网络中积累的人际信任知识可以概括为直接知识、间接知识、角色知识及声誉知识”，网络知识的积累使得网络信任逐渐形成，并有可能转化为基于情感的信任。在胡蓉等人建构的“网络人际信任建立的动态模型”（如图 1-6 所示）中，网络人际信任的基础是预设性信任，随着网络交往的进行，施信者积累与被信者有关的知识，在知识积累达到一定程度的时候，施信者进行主观判断，若给予对方信任，则信任建立，否则信任可能中断。由此，网络信任也

---

① 丁道群.网络空间的人际互动：理论与实证研究[D].南京：南京师范大学博士学位论文，2003.

② Zucker, L. G. Production of Trust: Institutional Sources of Economic Structure[A].Staw, B. M., & Cummings, L. L. (Ed.) Research in Organizational Behavior[C].Greenwich, CT: JAI Press, 1986(8): 53-111.

③ 白淑英.网上人际信任的建立机制[J].学术交流，2003(3)：9-11.

④ 张莉.网络人际交往中的信任产生机制[J].重庆图情研究，2006(7)：27-29.

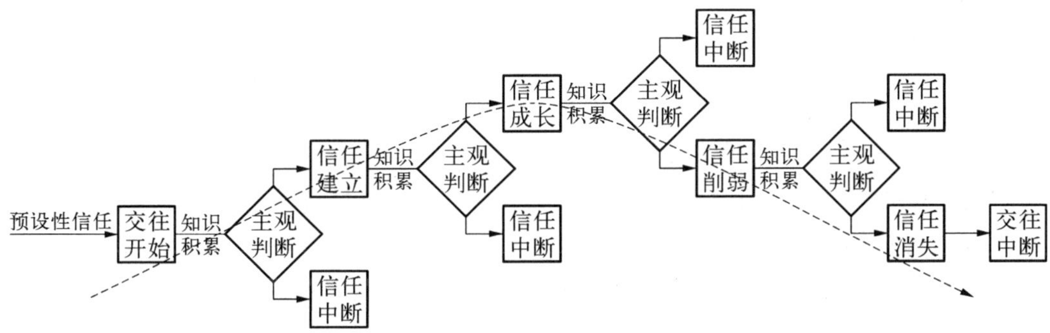

图 1－6　网络人际信任建立的动态模型示意图

＊资料来源：胡蓉.网络人际交互中的信任问题研究[J].图书情报知识,2005(4)：98－101.

有可能与现实信任一样,经历建立、成长、削弱、消失的过程。但相比之下,网络人际信任更具灵活性和易变性,施信者随时有可能中断与被信者之间的信任。①

何明升、白淑英等人认为,网络人际信任的形成与发展是一个贯穿于网络社交始终的动态协商过程,大致经历了五至六个阶段的内容。其中前面的三个阶段是网络人际信任的建立过程,后面的两至三个阶段则是其发展与深入过程,后者包含了两种发展结果——关系深入或破裂。网络人际信任关系的建立与发展过程如图 1－7 所示。②

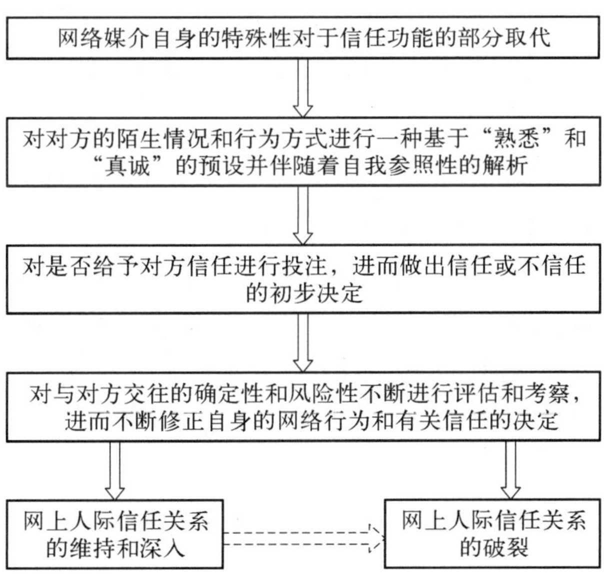

图 1－7　网络人际信任关系的建立与发展过程

＊资料来源：何明升,白淑英,等.虚拟世界与现实世界[M].北京：社会科学文献出版社,2011：283.

① 胡蓉.网络人际交互中的信任问题研究[J].图书情报知识, 2005(4)：98－101.

② 何明升,白淑英,等.虚拟世界与现实世界[M].北京：社会科学文献出版社, 2011：283.

（三）网络信任的影响因素

在有关网络人际信任的研究中，不乏探讨网络人际信任建构与发展影响因素的研究，这些研究多建立在借鉴现实生活中信任的特点及维度的基础上，以问卷调查法为主要研究方法，对各影响因素进行量化统计分析，探讨不同因素对网络人际信任建构与发展的影响程度。当然，也有研究者从理论层面对网络人际信任的影响因素进行了探讨。具体研究如下：

朱京等人利用自填式问卷和网络访谈对网络人际信任进行测量，测量了青少年在面临三类不同关系的交往对象时在6个不同的网络交往事件上的愿意程度。该研究采用了5分制量表，愿意程度最高计分为5，最低计分为1。研究发现，青少年的网络信任呈现出差序格局，信任关系呈现出因关系的远近而由低到高的变化；另外，网络结构受到关系和事理的不同作用，而且性别和年龄对信任度的高低有重要影响。① 在其后的研究中，朱京等人确定了网络人际信任对青少年的三类影响：权宜行为（例如欺骗网友、随意更换网友）、受害现象（例如受到对方的电话或邮件骚扰、情感甚至是物质上的欺骗）、受益（例如赢得对方的友谊、获得情感上的满足与慰藉）。②③

庞勇认为网络人际信任关系只能发生在有限的行为主体间，信任关系主客体的自身变量是影响网络人际信任关系的主要因素；同时，网络人际信任产生的动机及类型受"信任委托者的网络自我呈现、信任受托者的网络自我构建与印象整饰以及其自定的网络身份的标签"的影响。另外，不同的网络情境会产生不同类型及不同程度的网络人际信任关系。④

丁道群和沈模卫对386名大、中学生就人格特质、网络社会支持与网络人际信任的关系进行了问卷调查。数据统计分析结果发现：（1）人格特质和网络社会支持会对网络人际信任产生直接影响；（2）人格特质通过网络社会支持对网络人际信任产生间接影响；（3）网络人际信任在性别和年龄上不存在差异。⑤ 杜艳飞利用问卷调查法，测量出性别及学科专业与网络信任程度之间存在显著性差异。⑥ 目前，有关性别因素对网络人际信任的影响出现了两种截然不同的结果。究其原因，可能是由问卷所设计的问题及样本不同造成的。

黄少华利用问卷调查法就网络人际信任状况及其影响因素对浙江、湖南和甘肃三

---

① 朱京.青少年的网络人际信任特点分析[J].中国青年研究，2003(12)：8－11.

② 奚春华，朱京.青少年网络信任取向及其影响的实证研究[J].青年探索，2004(5)：14－17.

③ 朱京.网络信任的原则及对青少年网络活动的影响[J].社会，2004(8)：61－63.

④ 庞勇.网络互动中人际信任关系的分析[D].哈尔滨：哈尔滨工业大学硕士学位论文，2005.

⑤ 丁道群，沈模卫.人格特质、网络社会支持与网络人际信任的关系[J].心理科学，2005(2)：300－303.

⑥ 杜艳飞.性别及学科与大学生网络人际信任的关系研究[J].中国校外教育，2011(2)：6.

地青少年进行了实证研究。研究中所涉及的影响因素包括：青少年个人特征（年龄、性别）、社会差异（家庭经济地位、父母教育程度、家中有无电脑及能否上网、地域因素）、网络介入度（网龄、网络使用频率、上网持续时间、上网地点）、网络交往认知四个方面。数据统计分析结果发现：青少年在网络中建立了真实的人际信任关系，这种人际信任关系既存在于熟人间，也存在于陌生人间，但熟人间的信任程度明显偏高。网络交往认知是影响青少年网络人际关系的首要因素。除此之外，地域因素及网络介入度也会对网络人际信任产生影响。①

汪丹丹采用问卷调查法对308名大学生进行了调查，并对网络人际信任与人际信任做了比较研究，经数据分析得出如下结论：大学生的网络人际信任水平偏高，人际信任水平偏低；人际信任与网络人际信任呈显著的正相关；网龄及每天上网时间对网络人际信任没有显著影响，人际信任在每日上网时长上存在显著差异，人际信任的程度随上网时间的增加而降低；网络人际信任在性别、年级、专业等变量上不存在差异，而人际信任在年级和专业上存在显著差异；同时，人格特质中的内外向因子与网络人际信任之间存在显著差异。②

何明升、白淑英等采用理论分析法和文献分析法从社会心理学的研究取向对网络人际信任关系进行研究，认为可以从主体与客体两个方面探讨影响网络人际信任关系的因素。其中，网络人际信任关系的主体是人，客体主要是特定的网络环境。信任客体对网络信任关系的影响主要体现在两个方面：（1）网络情境的虚拟性决定了网络人际信任关系只能发生在部分行为主体间；（2）不同的网络情境会产生不同类型、不同程度的网络人际信任关系。③ 信任主体对网络人际信任关系的影响主要集中于施信者的“信任”因素和被信者的“值得信任”因素两个方面。施信者是否持有预设性信任决定了他是否会主动信任他人，而被信者的网上声誉则是决定其是否值得被信任的重要因素。另外，研究者还发现了一种特殊的网络信任关系——网络轻信，这是由于现实中缺乏“爱”而导致的、大多发生在网络成瘾者身上的现象。这类网民往往为了满足自身对爱的追求，不顾一切地信任他人，或者是通过接受他人的信任委托来寻求他人对自身的关爱。④

（四）网络信任危机

信任危机广泛存在于现实世界中。实际上，网络上同样也存在着信任危机问题，网

① 黄少华.青少年网络人际信任及其影响因素研究[J].宁夏大学学报（人文社会科学版），2008(1)：152－156.

② 汪丹丹.大学生网络人际信任的研究[D].上海：华东师范大学硕士学位论文，2008.

③ 何明升，白淑英，等.虚拟世界与现实世界[M].北京：社会科学文献出版社，2011：265－272.

④ 同上：273.

络信任危机是信任危机在网络层面的体现。网络的开放性和虚拟性、网络行为规范的滞后性使得网络信任危机与现实信任危机相比有过之而无不及。刘金枚、王茂福等将网络信任危机的表现归纳为六种心理，即游戏心理、怀疑心理、欺骗心理、攻击心理、消遣心理及寻求刺激心理。而网络交往的间接性及网络社会规范的缺失则是造成网络信任危机的原因。[①] 胡蓉等人认为网络信任危机的成因包括两个方面：网民诚实信用的形象尚未树立起来、网络社会秩序尚未完全确立起来。[②] 也有人认为，网络信任危机实际上是网络中人与人之间的信任危机，它的产生与人们自身的心理因素密切相关，具体是游戏心理、欺骗心理和从众心理。[③]

韩丽红认为网络信任危机的产生原因可以归结为以下三类：(1) 交往主体的复杂性是首要原因，交往主体的复杂性主要表现为社会地位及身份、年龄结构、世界观和价值观的差异性；(2) 交往客体的特殊性是重要原因，网络交往技术的特点造就了交往客体的复杂性；(3) 主、客体交往过程的异化性是深层危机。[④]

纵观既有关于网络信任危机的研究，这些研究多停留在对网络信任危机现象的描述阶段，缺少深层反思，并未找出网络信任缺失的原因，也未探讨消除网络信任危机、净化网络环境的有效策略。相比之下，理论解释与探讨的意识比较突出，缺少现实感。另外，几乎现有的所有研究都将网络信任危机的成因归结为网民自身的因素，研究结论显然有失偏颇。我们不否认网民自身的因素是网络信任危机的成因之一，但是我们更应该清醒地意识到社会环境中的诸多因素也可能会诱发网络信任危机，网络信任危机的成因及有效消除策略的分析似乎更应该结合全球化趋势下中国社会转型这一深刻而又特殊的历史背景。毫无疑问，对于网络信任危机相关问题的研究应该从多学科的视角进行系统、全面的研究与把握，单一的研究视角难以解决现有的网络信任危机问题。随着网络及社会的发展，网络信任危机也会发生相应的变化，出现不同的表现形式，只有从根本上找到网络信任危机的成因才能营造健康的网络环境，建立、健全适用于网络的法律法规等。

第三节 问题与思路

就既有研究而言，学界已经在网络信任这个领域里进行了尝试与探索，并取得了一

① 刘金枚，王茂福.透视网络中的人际信任危机[J].经济与社会发展，2005(5)：136－138.
② 胡蓉.网络人际交互中的信任问题研究[J].图书情报知识，2005(4)：98－101.
③ 甘诺，许明柱.网络信任的社会学解读[J].南京财经大学学报，2007(5)：86－88.
④ 韩丽红.关于网络人际信任危机的探讨[J].西昌学院学报(社会科学版)，2011，23(2)：111－112.

定的研究成果。但是，我们也应该清醒地意识到本土研究中还存在一些不足，这些不足如果得不到有效弥补甚至可能会影响到学界对网络信任的后续研究。目前，国内已有研究中存在的不足大致可以归结为研究视角单一及研究方法不严谨两个方面，而这两个方面上的不足也很可能是后续研究中需要突破的难点所在。

（一）研究视角单一

就现有的学术研究文献来看，社会学、心理学领域的诸多专家学者对“网络社交”和“信任”进行了大量的研究，而计算机科学领域的专家也从安全的角度研究了网络信任问题，并取得了较为丰富的研究成果，但是对于网络社交中的信任问题的关注却比较少。网络人际信任进入专家学者研究视野的时间比较晚，至今不足十年的时间，这可能与我国互联网起步较晚有一定的关系。从既有研究来看，只有为数不多的几位专家学者在网络人际信任方面进行了浅尝辄止的研究。总体而言，网络人际信任依然是一个崭新的研究领域，还未引起学界的足够重视。种种迹象表明我国已经进入信任问题高发时期，信任资源的短缺诱发了不少的社会问题，多种信任问题之间形成了恶性的互动循环，不仅影响到个体的正常生活，而且直接危害到社会的有序运行。而网络人际信任是一切网络社交活动的根基，是维系在线人际关系的重要因素。随着网络社交活动在人类生活中的高度渗透，网络人际信任问题的重要性将日益凸显，而关于这方面的研究也必将引发学界的高度关注，进而在一段时间内涌现出大量研究成果。

由于网络信任研究的各方专家学者难以在信任概念及研究方法上达成一致，这就导致出现了这样的情形：很多宣称研究在线社交信任的研究者实际上研究的是信任的不同方面，研究结论出现背道而驰的现象也就不足为怪了。就现有的研究来看，多是聚焦于借助关系视角对网络人际信任的概念进行界定，侧重于网络信任关系建立的结果，较少涉及网络信任的构建与发展过程及各种影响因素的探索与分析，网络人际信任的构成要素及特征并不明确。与早期哲学及伦理学视角的研究相比，现有的研究在研究质量上有了一定的提升。然而，这些研究多是建立在借鉴西方学者的研究基础之上的，缺乏原创性和创新性，研究视角比较单一。而且，就现有的研究结果来看，多数的研究还仅仅是停留在对问题现象的描述性分析阶段，例如从探讨网络信任危机的表现及成因到如何解决问题。另外，大多数的研究主要局限于具体学科领域，无法从多个视角审视问题，缺乏相对全面深入的理论分析与系统研究。

（二）研究方法不严谨

关于网络人际信任问题的实证研究中多数使用的是问卷调查法，在问卷调查的过程中广泛使用了罗特尔所编制的人际信任量表（ITS）、乔治（George）等人编制的特定人际信任量表（SITS）及研究者自编的各种问卷。研究者在使用量表的过程中忽视了很多重要影响因素，与西方发达的网络相比，我们还存在一定的差距，而这些差距势必会对研究产生一定的影响。研究者们并没有考虑到西方学者所编制的量表是否具有可迁移性，是否需要依据文化及社会情境等诸多因素的变化做出相应的修改。另外，就研究者自编的问卷而言，某些研究者并未说明问卷编制的理论依据，也没有阐述信度与效度的检验过程，而这很有可能影响到研究结果的准确性和说服力。年龄、性别等因素对网络信任建立的影响的研究结果出现不一致性，很有可能就是由问卷自身的设计缺陷造成的。当然，也有可能是由选取的研究对象的差异性造成的。

现有的实证研究中应用最多的调查方法就是问卷调查法。不可否认，问卷调查法在调查研究中的确具有不少优点，可以在短时间内收集大量数据，信息比较标准，便于量化处理。但是，任何一种研究方法本身都是存在一定缺陷的，问卷调查法也不例外。调查问题的预设性限制了受访者选择的多样性，受访者易受到干扰因素的影响或者是不愿意真实作答都可能造成研究结果的偏差。因此，有必要考虑在研究相关问题时，引入多种研究方法，从问题的多个角度印证研究结论，或许这样才能做到深层、系统地探讨网络人际信任问题。实际上，由于所使用的研究方法不严谨，已公布的研究成果出现结果相左的情况也就不足为奇了。由于未使用统一的术语及理论研究框架，考证研究结果的准确性也就变得很困难。因此，研究方法上的多样性可能是未来研究中的突破点。

小　　结

相对于百年的信任研究而言，网络信任还是个崭新的研究领域。虽然这个问题现在已经引起了不少研究者的关注，但却少有研究者涉足其中，更不用说进行深入、系统的研究，因而值得借鉴的成熟研究并不多。不过，网络信任毕竟与现实情境中的信任有着极大的相似之处，两者都隶属于信任的范畴，本质上不存在太大的差异，即不管是发生于现实情境中的信任还是发生于网络情境中的信任实际上都是个体的某种心理状态。个体在现实世界中形成的信任观念依然会在网络情境中发挥作用，情境的改变并不会轻易改变个体的信任观念。因而，部分现实情境中的信任理论依然适用于网络情境中的信任。这就意味着某些传统信任研究依然可以作为本研究的参考，而且厘清现实世界中的信任问题，可以使我们更好地把握网络信任问题，有助于我们清晰分析网络信任中所涉及的相关问题。因而，本章在综述国内外有关网络信任的研究之前，先根据研究所涉及的范围简述了社会学及心理学领域中传统的信任研究。在本章的最后部分，研究探讨了国内既有研究中的不足，指出既有研究中的不足可能依然是未来研究的难点，当然也是未来研究的突破点所在。

第二章　网络信任的构成要素

信任是网络生存的必需品,是所有网络人际关系得以构建与发展的必要条件之一。没有信任存在的关系是没有任何实质意义的,可以说,网络上任何得以持久维系的人际关系首先是网络信任关系,其次才是其他关系,而其他关系也是在信任关系基础上的进一步发展。在借鉴已有研究的基础上,本章构建了网络情境信任结构模型,并详细剖析了该模型中所涉及的四个构成要素——“谁信任谁”“何种信任”“何处信任”“为何信任”。其中,“谁信任谁”分析的是网络信任关系的主体;“何种信任”剖析的是网络信任的类型及维度,信任对象不同,网络信任的类型及维度亦不同;“何处信任”涉及的是网络信任的发生情境,即网络信任关系的客体;“为何信任”论述的是主体建立网络信任的原因。

第一节　网络情境信任结构模型

舒尔茨(Schultz)认为信任的传播环境及结构类似于信息的传播环境及结构,因而可以借鉴信息传播模型来构建情境信任结构模型。由此,他在修订香农-韦弗(Shannon & Weaver)信息传播模型的基础上,在原模型中嵌入了信任目标、信任环境两个构成要素,构建了情境信任结构模型(Situational Trust Framework Model,简称 STFM)。本研究认为,虽然舒尔茨的情境信任结构模型可以解释很多信任问题,但是该模型还存在一定的不足,不能更好地解释信任问题。因而,本研究对上述情境信任结构模型进行了一定的修订,进而提出了新的网络情境信任结构模型。

一、情境信任结构模型的建构

信任是社会生活的基本组成。社会生活在本质上就是与他人交往。与他人交往需要言语或非言语传播,同时也包括互动。如果个体之间产生了信任,施信者承受伤害的意愿就取决于被信者的行为。在信任的构建过程中,信任决定主要取决于互动及交流中形成的先前经验。考虑到传播情境及信任发生情境两者之间的极大相似性,舒尔茨受信息传播模型的启发构建了情境信任结构模型。① 以下，我们将简述该模型的渊源及构建过程，对该模型的溯源可以使我们更好地理解其含义。

为了构建情境信任结构模型，舒尔茨在修订香农-韦弗信息传播模型②的基础上，根据数据（Data）、信息（Information）、知识（Knowledge）三级法在原模型中嵌入了个体发布及接收信息的过程，如图 2-1 所示。香农-韦弗信息传播模型源于信息理论领域，是单向传播模型。舒尔茨借鉴该单向传播模型的原因在于施信者对被信者的信任本身也是单向性的，两者的匹配度最高。香农-韦弗信息传播模型中包括四个主要构成要素：信源、信宿、信息及环境。信息传播过程分为三个阶段：发布、传送、接收。信息的发布及接收是与信源及信宿相关的信息形成及理解过程。图 2-2 所示的信息金字塔清晰阐释了与数据、信息及知识三个概念有关的自上而下的信息形成过程及自下而上的信息理解过程。

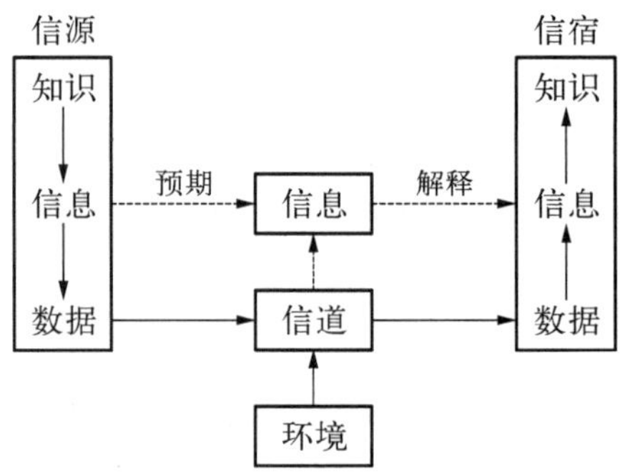

图 2-1 舒尔茨修订后的信息传播模型

* 资料来源：Schultz, C.D. A Trust Framework Model for Situational Contexts[Z].2006 International Conference on Privacy, Security and Trust: Bridge the Gap Between PST Technologies and Business Services. New York, USA.2006.

信息传播的目的在于信源根据具体情境向信宿传递信息。③④ 信源传递给信宿的信息源自信源对情境经验的推理。在信息转换（即编码、解码）过程中，信息被转换为预期信息。这些信息由数据表征，而且自身没有意义。之后，信息通过信道传递给信宿。信宿通过根据情境经验解释收到的信息数据来理解预期信息。由于信源及信宿情境经验上的差异，信宿解释出来的信息可能会与预期信息之间出现一定的偏差。实际

① Schultz, C. D. A Trust Framework Model for Situational Contexts [Z]. 2006 International Conference on Privacy, Security and Trust: Bridge the Gap Between PST Technologies and Business Services. New York, USA: 2006.

② Shannon, C. E., & Weaver, W. *The Mathematical Theory of Communication*[M].Urbana: University of Illinois Press, 1949.

③ Mortensen, C. D. *Communication: The Study of Human Interaction*[M].New York: McGraw-Hill, 1972.

④ Heath, R. L., & Bryant, J. *Human Communication Theory and Research: Concepts, Contexts and Challenges*[M]. Hisssdala, Lawrence Erlbaum Associates, 1992.

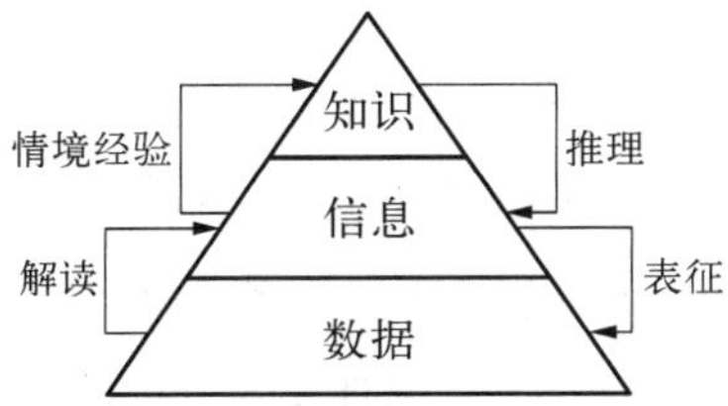

图 2-2 信息金字塔

*资料来源：Schultz,C.D. A Trust Framework Model for Situational Contexts[Z].2006 International Conference on Privacy, Security and Trust: Bridge the Gap Between PST Technologies and Business Services.New York,USA.2006.

上，不仅情境经验上的差异，而且噪声、环境等因素都有引发信息偏差的可能。由此，信宿所获得的结果信息就取决于数据与知识的结合。总之，信宿对传播过程中信息的理解依赖于根据情境经验知识对预期信息数据的解释。

信源不能确保被信宿理解，而信宿也未必能积极理解信源的意图。同样，施信者不确定是否在交互中对被信者寄予信任，被信者反之也不确定施信者的意图与预期。信任及传播在情境与结构上的相似性极大启发了舒尔茨，并促使他构建了情境信任结构模型，如图 2-3 所示。

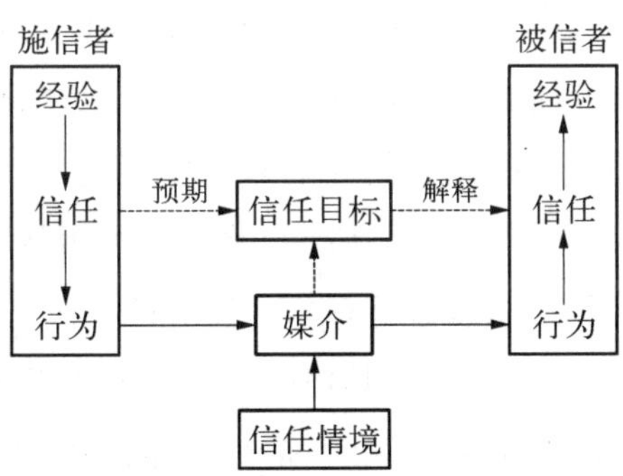

图 2-3 情境信任结构模型

*资料来源：Schultz,C.D. A Trust Framework Model for Situational Contexts[Z].2006 International Conference on Privacy, Security and Trust: Bridge the Gap Between PST Technologies and Business Services.New York,USA.2006.

该情境信任结构模型包括四个典型构成要素：施信者、被信者、信任目标及信任情境。在这个模型中，信任被定义为施信者的个人特性。信任目标指的是施信者反复考虑的信任实体。指向信任目标的意图是对被信者满足施信者的积极预期。根据信任及传播在情境与结构上的相似性，信任既不是传播也不是直接观察到的信息。被信者仅仅能感知到施信者与其交互的行为，而这种行为恰好可以作为施信者信任意愿的指示器。结果就是，施信者及被信者的行为相应表征了情境信任结构模型的基础交互深度。

该模型的焦点是信任。基础交互深度表示的是信任目标传递信任预期途径,而不是从施信者向被信者传递信任的实际曲折的预期及解释过程。在更深层次上,深度在情境信任结构模型上的影响是具体情境中影响施信者的信任信息及对被信者信任感知的经验。而情境经验涉及信任情境中所包含要素的各个方面。在该模型中,信任决定因而也就取决于施信者对被信者、信任目标及信任情境的感知与经验。①

二、网络情境信任结构模型的建构

根据舒尔茨的观点,其所构建的情境信任结构模型可以解释很多信任问题,包括狭义信任及广义信任。然而,本研究认为上述模型还存在一定的不足,不足以更好地解释本研究中所涉及的网络信任问题,因而有必要对上述模型进行适当的修订,以更好地服务于本研究。

本研究认为,舒尔茨的情境信任结构模型存在三点不足：其一,信任是个体之间双向互动的结果,并不是说施信者向被信者传递了建立信任的意愿,两者之间就能确立起信任关系,还需要考虑被信者的反馈因素。因而,上述模型只能表现出施信者如何向被信者传递自己的“一厢情愿”的初始信任,并不能说明被信者对施信者做出了什么样的反馈及信任的动态建构过程。实际上,被信者的反馈往往会直接影响到施信者的信任决策,被信者的积极反馈会促使施信者不断强化信任。反之,信任则会逐渐削弱,直至消亡。因而,被信者的反馈直接决定了信任的未来发展趋向。其二,在上述模型中,个体的信任决策取决于先前具体情境中的互动经验。不可否认,先前经验对于信任决策非常有用。然而,先前经验并不能覆盖所有的信任决策。在先前经验缺失的情况下,信任决策就要依赖于个体的信任意愿或者其他因素。甚至在某些情况下,个体只能无条件信任他人,向他人开放自己的决策。同时,信任决策的影响因素因人而异。因而,引发个体信任决策的因素在某种意义上更像是个“黑匣子”,无法一一列举,单以先前经验来替代这些因素难免有失偏颇。其三,个体建立信任的动机直接决定了信任对象的选择及个体之间会产生什么样的信任。换句话说,正是这个问题才引发了建立信任的必要。因而,有必要在上述模型中增加信任动机因素,即本章后续所谈及的“为何信任”因素。

为弥补以上不足,本研究在舒尔茨的情境信任结构模型基础上进行了修订,在原模型中增加了信任建立动机、信任类别两个构成要素。新构建的情境信任结构模型包括四个主要构成要素：施信者与被信者、信任类别、信任情境及信任动机。个体意欲与他

① Schultz, C. D. A Trust Framework Model for Situational Contexts [Z]. 2006 International Conference on Privacy, Security and Trust: Bridge the Gap Between PST Technologies and Business Services. New York, USA: 2006.

人建立信任的动机会影响信任目标的表现及个体的反馈。同时，本研究将原模型中的信任情境分为两个部分，即具体信任情境和网络环境。本研究认为：笼统而言，网络信任多发生于网络上，不过确切而言应该是发生于某个相对狭义的具有某种独特属性的网络空间中。修订后的模型如图 2－4 所示。

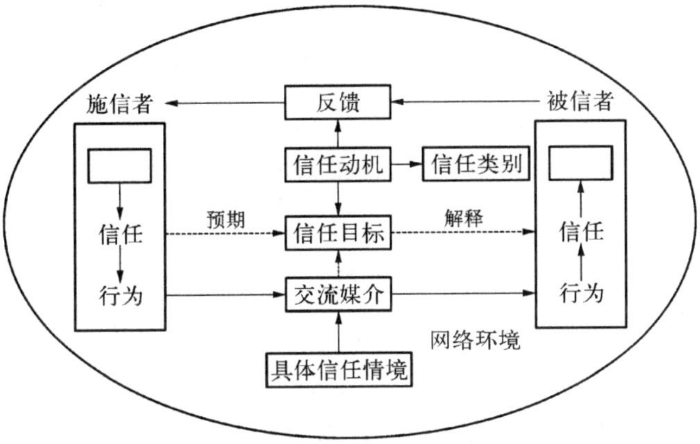

图 2－4　情境信任结构模型（修订版）

在本章的后续部分，本研究将围绕修订版的情境信任结构模型详细剖析网络信任的构成要素。修订版模型中所界定的四个构成要素的剖析分别对应于本章后续“谁信任谁”“何种信任”“何处信任”“为何信任”四节内容。至于修订版模型中所涉及的其他构成要素，由于与舒尔茨的情境信任结构模型所提及的构成要素相比并没有发生意义上的改变，因而在此不再赘述，依然沿用原有模型中所界定的意义。

第二节　谁信任谁

网络信任的构成要素包括主体与客体两部分。其中，主体是网络社交双方构建出来的虚拟角色，客体是网络信任得以发生的网络情境及网络交流媒介。在现实世界中，最简单的信任关系发生于施信者和被信者之间。网络信任关系同样发生于这两个基本单位之间。施信者是网络信任关系的发起者，被信者是施信者信任行为的指向者与接收者，其行为表现直接决定了信任关系的未来发展走向。网络信任的施信者和被信者都是有目的的行动者所创建出来的虚拟角色。

一、虚拟角色之间的信任

网络的匿名性及去抑制性，使得网络社交过程中建立起来的人际信任关系更为复杂。这种复杂性表现在网络信任的多个方面，其中之一便是网络信任主体（即施信者与被信者）角色及身份上的复杂性。在现实世界中，信任关系的主体是处于同一时空中的实实在在的社会成员，个体就是分析信任关系的基本单位。[①] 而在网络人际信任关系中，信任关系的主体具有与现实世界信任关系的主体截然不同的特征。在网络世界中，网络人际信任关系的主体看不见、摸不着，大部分的真实信息也不为对方所知，对方所知的仅是借助网络虚拟技术按照个人意愿创造出来的“完美”角色个体。由此，信任关系的主体便不再是真实的社会个体，而是隐藏在屏幕之后的并不处于同一时空范围内的个体所创建的虚拟角色。网络主体的形象是符号化的，但本质上是“自然人”与“虚拟人”的统一体。[②] 这种具有双重特性的虚拟角色就成为网络信任分析的基本单位。信任是属于人的话语[③]，但是在网络世界中，我们置身于不计其数的陌生人所创建的虚拟角色构成的虚拟世界中，而非大部分由陌生人构成的世界中。此时，信任显然已经不属于人的话语，而是属于不同人所创建的虚拟角色的话语。

在网络空间中，网民可以不用过多担忧那些存在于“真实地方”的约束或规范，甚至可以借助网络的虚拟性自由虚构角色，自由探索自己和他人那些在通常情况下无法展现的方面。[④] 网络不仅让某些个体表现得更自由[⑤]，而且为人们创造新身份提供了空间，也为人们提供了一个可以自我暴露的空间，人们可以在此展示出现实情境中不便展示的特质[⑥]。因此，网络正是一种介于“真实个体”（Real Individuals）与“幻想个体”（Fantasy Individuals）之间的潜能空间，“是一个在个体之外却又不属于外部世界的空间”。[⑦] 人们可以在这个空间以“*游戏的态度*”尝试新的存在方式：不同的职业、性格，更改过的个人信息等。[⑧]

根据虚拟角色与现实生活中真实扮演角色的相似性程度，网络社交过程中不同用户创建的虚拟角色大致可以分为三类：（1）本色角色，这是现实生活中的角色原型在网络空间的电子化再现，可以说是现实生活中的角色在网络上的翻版与延伸；（2）虚实角色，这种角色是虚拟实在的结合体，所谓结合体是指网络社交个体在其现实世界本色

---

① 郑也夫.走向杀熟之路[A].郑也夫，彭泗清，等.中国社会中的信任[C].北京：中国城市出版社，2003：263－290.

② 何明升，白淑英.网络互动：从技术幻境到生活世界[M].北京：中国社会科学出版社，2008：34.

③ （波兰）彼得·什托姆普卡.信任——一种社会学理论[M].程胜利，译.北京：中华书局，2005：27.

④ （英）莫妮卡·T.惠蒂，（澳）阿德里安·N.卡尔.网络爱情——在线关系心理学[M].何玉蓉，周昊天，译.北京：商务印书馆，2010：3.

⑤ Scharlott, B. W., & Christ, W. G. Overcoming Relationship-initiation Barriers: The Impact of a Computer-dating System on Sex Role, Shyness, and Appearance Inhibitions[J]. *Computers in Human Behavior*, 1995, 11(2): 191－204.

⑥ Parks, M. R., & Roberts, L. D. Making MOOsic: The Development of Personal Relationships Online and a Comparison to Their Off-line Counterparts[J]. *Journal of Social and Personal Relationships*, 1998, 15(4): 517－537.

⑦ Whitty, M. T. Cyber-flirting: Playing at Love on the Internet[J]. *Theory and Psychology*, 2003, 13(3): 339－357.

⑧ Holland, N. The Internet Regression, Free Association[EB/OL]. http://www.human-nature.com/free-association/Holland.html.[2012－10－10].

角色的基础上加入了一些虚构成分，往往是由于个体对其现实生活中的角色不满意，而对其进行的“装扮”或者是“美化”，部分带有现实生活的痕迹；(3) 臆想角色，这种角色完全是个体根据想象虚构出来的，与现实生活中的角色几乎没有共同点，两者是相互脱离的。最典型的就是个体在网络游戏中所扮演的角色。例如，“CF”游戏中的枪手，“梦幻西游”中的“东海龙王”或“罗刹女”，“魔兽争霸 dota”系列中的“月之女祭司”。这些游戏中的角色是个体在现实世界中无法扮演或体验的。但实际上，即便是网络上臆想出来的角色也往往与线下的角色具有某种联系。[①] 新塑造出来的角色几乎不可能完全摆脱现实社会的传统“意义”，仍然是现实“意义”融入网络社会的产物，依然与其在现实生活中的角色有着千丝万缕的关系。网络角色的虚拟性并不具有完全超脱现实的虚幻性，而是立足于现实之上的模拟。虚拟角色在网络空间的生存是以一种“数字化”的方式重新塑造现实，展示的是一种与现实社会的生存方式不同的新生存方式，在相当程度上是对现实社会生存方式的重建。[②]

就以上三类角色在网络社交中出现的情境来看，第一类虚拟角色多出现于与现实世界中已经比较熟悉的人之间的网络社交之中。既然彼此相识相知，就不存在“装扮”或“美化”的必要，也不存在安全隐患。当然，在实际的调查中，不少被调查者表示也会在某些情形下向除熟人之外的陌生社交对象展现真实的自我，因为他人根本无法判断角色信息的真假。而第二类和第三类虚拟角色几乎不可能出现于熟人之间，更多存在于陌生人之间的网络社交之中。在网络社交过程中，以上三类角色的自我暴露程度不同，即现实世界中的真实角色在虚拟空间的真实再现程度不同。

网络中自我身份的虚拟、创造及多样性是对现实世界中单一身份的再造，也是对其固定性的冲击。[③] 不过，我们赋予角色的网络身份的意义总是源于社会生活的。网络社交表面上看是网络符号在网络上的碰撞，实际上却是切实存在的社会个体借助指尖在键盘上的“舞蹈”与他人进行交流。我们赋予我们自身并告知他人的意义使得我们找到相对他人的意义，并告诉他们如何对待我们。身份的表明使得他人可以在与我们的互动中采取可以预测的方式。网络角色或者说网络身份可以让我们迅速为他人所了解。对于某些网民而言，当在互动过程中涉及自己与他人的网络关系时，似乎“创造一个试图与他人的幻想产生共鸣的自我展示的能力可能会带来比现实中更富有激情的关系”。[④]

---

① Turkle, S. *Life on the Screen: Identity in the Age of the Internet*[M].London: Weidenfeld & Nicolson, 1995.

② 黄少华，陈文江.重塑自我的游戏——网络空间的人际交往[M].兰州：兰州大学出版社，2002：80.

③ 孟威.网络互动：意义诠释与规则探讨[M].北京：经济管理出版社，2004：138.

④ (英) 莫妮卡·T.惠蒂，(澳) 阿德里安·N.卡尔.网络爱情——在线关系心理学[M].何玉蓉，周昊天，译.北京：商务印书馆，2010：84.

在现实世界中，信任关系的施信者与被信者彼此可以借助一定的渠道来核实对方提供的部分个人信息，由其扮演的不同角色推演出整体。然而，在网络世界中，排除社交双方相互熟悉或有所了解的情形，在更多情况下，很多虚拟角色都是由没有使用真实个人信息的网民创建出来的，这些角色可能完全是由网民臆想出来的，也可能带着网民的生活痕迹，或许并不能代表使用者在现实世界中的真实角色特征。同时，在网络社交中，一个网民往往可能同时使用多个社交账户，在网络上塑造出多个代表不同层面自我的网络角色，并依据不同网络角色的兴趣和意愿与不同的网络成员进行互动，个体参与互动的不是其全部人格，而仅是其中的一小部分。因而，对于网络信任关系的建立而言，并不是所有的角色都参与了这个过程，而仅是其中的一小部分。每个虚拟角色都是一个信任主体，然而也仅限于此，它代表的也只能是它自己，而不是其背后创建者的全部。

在网络信任关系中，任何虚拟角色都不可能绝对囿于施信者和被信者角色之一，此网络信任关系中的施信者亦可能是彼网络信任关系中的被信者。一个人可以同时以多个角色与不同他人进行网络社交，这就是说，在某一时刻他既可以扮演施信者或被信者的角色，也可以同时在不同情境的网络信任关系中体验施信者或被信者的角色。网络信任的主体可以是任何网民创建的任何虚拟角色，在本研究中，网络信任关系的主体是“90后”大学生及其网络社交对象所创建的虚拟角色，这两者所创建的虚拟角色都可以任意游走于施信者与被信者之间，自由选择在网络信任关系构建与发展过程中的角色，自由体验不同角色所带来的种种乐趣。

二、角色创建者的构成

网络社交过程中，虚拟角色背后的创建者可以是任何的社会实体。就本研究而言，网络信任关系的一方是由“90后”大学生创建的虚拟角色。具体来说，是由以下两部分被试创建的虚拟角色：问卷调查被试及访谈被试。其中，访谈被试来源比较复杂，在此不进行人口统计学数据分析，问卷调查被试共计681人的人口统计学信息分布情况如表2-1所示。网络信任关系的另一方是“90后”大学生的网络社交对象所创建的虚拟角色。相比较之下，本研究所涉及的“90后”大学生的网络社交对象的多元化程度更高一些，可能是身处各地的从事不同行业的不同年龄的人员。本研究中每个被试都有几十个甚至几百个网络社交对象，根本不可能将其逐一列举出来，也就更不可能提取其个人信息，进行人口统计学数据分析。因此，关于这部分网络信任主体创建者的人口统计学数据不在本研究的调查范围之内。

表 2－1　虚拟角色扮演者人口统计学信息(单位：人)

统计项目 \ 各校人数		学校 扬大(273)	镇江高职(104)	华政(114)	二工大(190)	总计(681)
年级	一	97	104	0	75	276
	二	77	0	52	71	200
	三	99	0	62	44	205
性别	男	37	62	48	140	287
	女	236	42	66	50	394
专业	文科	207	0	114	0	321
	工科	0	104	0	190	294
	艺术	66	0	0	0	66
年龄	18 岁	3	0	0	5	8
	19 岁	30	12	4	27	73
	20 岁	68	68	32	64	232
	21 岁	66	21	46	50	183
	22 岁	68	3	25	34	130
	23 岁	38	0	7	10	55

有学者在研究中指出,网络社交的非正式性及匿名性便于用户进行交互、发展关系。[①] 2001 年,一项针对使用网络聊天室交互的 30 名被试(17 名男性,13 名女性)进行的初步研究发现,尽管所有被试都表示他们并没有在交流过程中透露个人的真实信息(例如姓名),而且过半的男性被试还对自己的年龄、外貌等撒了不同程度的谎,但是还是有超过 80%的被试与陌生人发展了朋友关系,甚至还有个别被试与陌生人发展了亲密或浪漫关系。[②] 有趣的是,在另一项有关个人档案信息真实性的调查中,被试也对自己的外貌、社会关系、体重、社会经济地位等进行了虚假展示,说谎的动机是为了吸引他人,与男性被试相比,更多的女性被试会在外貌方面说谎。[③] 信任是所有关系建立的必要前提,网络空间中朋友及亲密关系的构建与发展说明不同虚拟角色之间确实形成了信任关系。在本研究中,67.4%的被试与陌生人建立起了信任关系,且不止与一个人建

① Cooper, A., & Sporolari, L. Romance in Cyberspace: Understanding Online Attraction[J]. *Journal of Sex Education and Therapy*, 1997, 22(1): 7－14.

② McCown, J. A., Fischer, D., Page, R., et al. Internet Relationships: People Who Meet People[J].*Cyberpsychology & Behavior*, 2001, 4(5): 593－596.

③ (英) 莫妮卡·T.惠蒂,(澳) 阿德里安·N.卡尔.网络爱情——在线关系心理学[M].何玉蓉,周昊天,译.北京:商务印书馆,2010: 161－162.

立起了信任关系。

交流过程中个人真实信息的保密、不同程度美化或虚构都表明：社交用户不管是以何种身份或角色与他人在网络中交互，其自我暴露程度都不同。正如乔伊森（Joison）的实证研究结果所表明的，个人在网络上透露的信息远比面对面情境中透露的信息要多得多。① 同时，因特网的匿名性可以让人们在情感上表现得更加诚实与开放。② 本研究中，45.9％的被试表示与现实世界中的社交相比，他们在网络社交过程中会表现得更真实，自我暴露程度会更高一些。亦如鲍德里亚（Baudrillard）所言，虚拟比真实更为实在。“数字化”的生存或许更能揭示个体的真实“自我”。

虽然法国学者格罗塞（Grosser）在《身份认同的困境》（*Les Identites Difficiles*）一书的“再版序言”中宣称，互联网的使用大大增加了每个网民对自我、自身归属及自身身份反省的空间。③ 然而，事实显然并非如此乐观，研究发现：21％的被试在网络社交中几乎不使用自己的真实身份信息，52.9％的被试会视情况来决定是否使用自己的真实信息，26.1％的被试会选择使用自己的真实信息。有被试在网络社交中经常更换身份，游弋于自己创建的各种虚拟角色之间；有被试甚至会迷失于自己创建的各种虚拟角色之间，分不清自己到底是谁。网络社交过程中，自我迷失的原因可能就在于新创建出来的身份的某些特质无法被整合到当前的自我中，从而产生一定的分裂。④ 太靠近幻想的边界或者是偏离现实太远导致了避之不及的心理疾病。⑤

生于20世纪90年代初期的这些大学生伴随着中国互联网的蓬勃发展而成长，他们最先感受着各种新技术带来的冲击，他们的社交方式带着鲜明的时代特征，那就是“数字化”。他们对“数字化”设备的熟悉与热衷程度远远在生于其他年代的人群之上。各种网络社交方式几乎没有经历任何坎坷就自然而然地融入了他们的生活，并迅速成为其生活中的重要组成部分。当生于其他年代的人群（例如，“80后”）在“90后”大学生这个年龄时，他们与他人联络的方式主要是书信、电话，几乎每个人都会有一个厚厚的通讯录，密密麻麻地记录着朋友们的各种联络方式。这样的联络方式在“90后”大学

---

① Joison, A. N. Self-disclosure in Computer-Mediated Communication: The Role of Self-awareness and Visual Anonymity [J].*European Journal of Social Psychology*, 2001, 31(2): 177－192.

② Whitty, M. T., & Gavin, J. Age/Sex/Location: Uncovering the Social Cues in the Development of Online Relationships [J].*CyberPsychology and Behaviour*, 2001, 4(5): 623－630.

③（法）阿尔弗雷德·格罗塞.身份认同的困境[M].王鲲，译.北京：社会科学文献出版社，2010：7.

④ Donahue, E., Robins, R., Roberts, B., et al. The Divide Self: Concurrent and Longitudinal Effects of Psychological Adjustment and Social Roles on Self-concept Differentiation[J].*Journal of Personality and Social Psychology*, 1993, 64(5): 834－846.

⑤（英）莫妮卡·T.惠蒂，（澳）阿德里安·N.卡尔.网络爱情——在线关系心理学[M].何玉蓉，周昊天，译.北京：商务印书馆，2010：84.

生看来是件很不可思议的事情,他们甚至想象不出来“80后”“70后”在收信、写信与回信的时候是怎样的一种心情。或许,不少“90后”大学生至今还未收到过他人的来信,他们体会不到笔锋与纸张摩挲所产生的“书写的愉悦”,更无法感受斟字酌句的那种纠结。他们崇尚的是网络社交及那些被生于其他年代的人群称之为“火星文”的网络流行语言和动感十足的表情符号。甚至,有些“90后”在现实世界的交流中都会频频说出网络流行语,更有甚者,在写作时都会使用让教师困惑的“火星文”。在很多不了解网络语言来源背景的人看来,这并不是人人都可以顺利并准确解读的“精致语码”。电子化的联络方式几乎完全取代了书信这种传统的联络方式,“90后”可以记不清楚自己的通讯地址,但绝不会忘记自己的网络社交账户,在他们的意识里,网络交流取得了优先权。

“90后”的生活中既没有通讯录,也没有邮筒,取而代之的是数字化的“无纸”沟通。当两个“90后”相遇的时候,他们留下的联络方式是自己的各类网络社交账户。例如,QQ号码、微信号码等。不少“90后”甚至会直接开启手机中的“微信”或“米聊”等网络社交平台中附带的“附近的人”功能搜索身边好友的账户信息。如此一来,所有的网络社交方式便一下子到手了,省却了录入的烦恼。他们可能不知道对方的电话号码,但是一定知道对方的网络社交方式。对他们来说,如果网络社交是“主食”,电话可能就是“饭后甜点”了,可有可无,必要的时候,可以尝试一下。指尖触摸屏幕跳跃出来的字符几乎完全取代了笔尖在纸张上留下的“痕迹”,“碎片化”的双向交流取代了冗长的单向陈述。

“交笔友”几乎是80年代初、中期出生的那一代人的“集体记忆”,不少青少年读物上都会有类似的信息。这些信息包括个人简介及通讯地址,而个人简介往往是吸引他人与之交流的重要线索,这就类似于后文所提及的“个人自我呈现”中的“社会性标签”。当“80后”在结交笔友、期待笔友的来信时,“90后”已经在网络上做着类似的事情了,而且将之做得更好,如鱼得水。只不过他们的“笔友”不再被称作“笔友”,而是有了新的称谓——“网友”。“70后”“80后”津津乐道的书信交流早已被“90后”抛到了时代的垃圾桶里,网络这个虚拟世界为他们提供了交友、塑造角色的更广阔的空间。

在虚拟角色的塑造方面,“90后”大学生似乎得心应手,他们是“数字化”环境中成长起来的一代,网络生活已经成为其日常生活的重要组成部分。他们似乎格外崇尚网络社交,更热衷于尝试与体验新的网络社交方式。他们可以与各类“聊得来”的陌生人交流,而不太在意他们的身份、性别等。对于他们来说,即使知道了对方在现实世界中的身份又能如何,那依然是其无法详细了解的一个陌生身份。与其花费大量时间纠结于真实身份的考证，不如将这些时间省下来用于了解其在网络世界中的虚拟身份。或许这在生于其他年代的人看来是件荒唐至极的事情，他们不能容忍自己与身份不明的人交流。可是，在“90 后”的世界里这都是再正常不过的事情了，“相逢何必相识”，而这也正是网络社交给他们带来的乐趣。他们熟练跳转于 QQ、微信、微博等多种网络社交平台之间，电邮、论坛对他们而言已经太过古老了，及时、病毒式传播的网络社交方式才更能吸引他们的注意力，才能让他们快速了解周围世界的动态信息。

“90 后”普遍患有“信息饥渴症”，他们不停地刷新自己的网络社交账户页面，生怕错过关于“好友”的哪怕一丁点的新状态、新消息。他们不仅关注各种八卦信息，而且更热衷于关注各种时事新闻。网络这种“第四媒介”已经取代电视、报纸、广播等传统媒介成为他们获取信息的主要媒介，他们随意浏览各种信息，在“坏消息心理”的作用下，更容易被那些以各种噱头来炒作的新闻吸引，更容易相信各种“负面新闻”。有时候，他们甚至会迷失在网络世界中，忘记了登录网络的初衷。对于那些不能合理利用网络的被试而言，网络正在一点一点地消费着他们的青春和精力，甚至吞噬着那些他们引以为豪的能标榜自己的某些特征。

从总体上看，“数字化”环境中成长起来的这一代越来越依赖虚拟世界，他们无法想象没有电脑、网络的生活会是什么样子。他们似乎患上了某种强迫症，一遍又一遍地刷新网页，哪怕是短暂的断网也会让他们心绪不宁。在这样的一个网络时代，他们的注意力极易分散、记忆力严重退化，想象力和创造力遭到极度扼杀。他们被网络诱人的海量信息吞噬着，被自己顶礼膜拜的信息技术所异化。①

在长达数年频繁接触各种技术的过程中，技术早已经深深融入“90 后”大学生的生活，技术本身已经成为他们的个人财产与表达方式，他们置身于数字技术与屏幕媒介的程度，让他们成为社会中一个与众不同的群体。② 研究结果发现，上网是每个被试每天的“必修课”。即使再忙，他们也会抽出一点时间上网。另外，几乎所有被试每天都会花费一定的时间单纯用于网络社交，在此期间不做其他与此无关的事情，如图 2－5 左图所示。他们每天花费大量的时间用于网络社交，然而他们却并不喜欢与陌生人交流。近 1/5 的被试甚至从不与陌生人在网络上交流。在他们的潜意识里，与陌生人打交道意味着不安全。他们宁愿花时间去浏览那些陌生人在微博、QQ 空间、人人网等社交网站上发布的各种“莫名其妙”的帖子，但却极少针对帖子的内容给出自己的回复。当

① （德）弗兰克·施尔玛赫.网络至死——如何在喧嚣的互联网时代重获我们的创造力和思维力[M].邱袁炜，译.北京：龙门书局，2011.

② （美）马克·鲍尔莱因.最愚蠢的一代[M].杨蕾，译.天津：天津社会科学院出版社，2011：83－85.

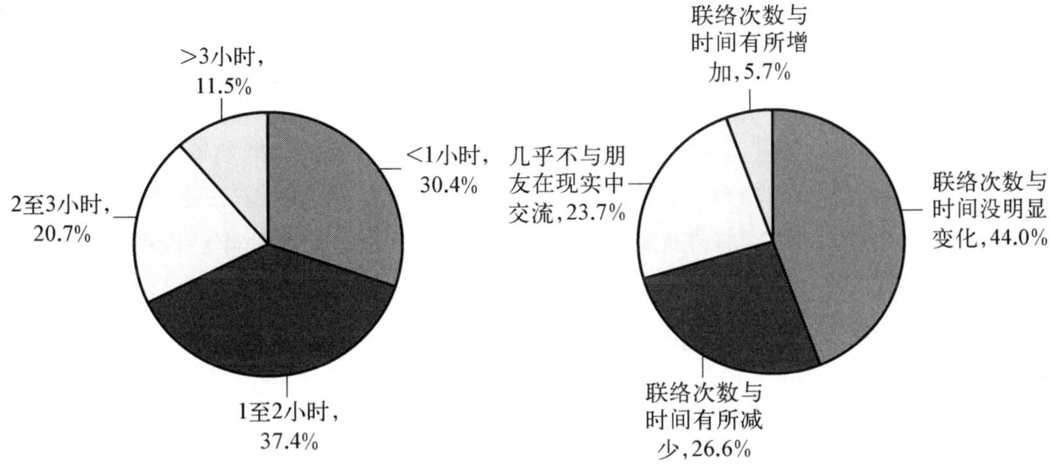

图 2－5　“90 后”大学生网络社交概况

然，也有极少数的人会在尚未详细了解的情况下疯狂跟帖、回帖。相比较来看，他们似乎更喜欢与生活中的熟人分享、交流对各种新闻事件的看法。对于网络上的各种帖子，他们也只不过是看看而已，或者将其当作茶余饭后的谈资。几天过后，这些信息就在他们的脑海中淡化了。网络总是以惊人的速度制造着各种信息，而这些新鲜的信息很快就会替代先前的那些信息。对于“90 后”大学生而言，不管是新的信息还是旧的信息大都是与自己无关的事情，因而也就更不会去深究那些“无关”事件背后的真相。在这点上，用“冷漠的看客”来形容他们一点也不为过。

在网络社交对象的选择上，除了与“聊得来”的陌生人交流之外，他们似乎更愿意与自己在现实世界中熟悉的人进行网络社交，维系现实世界中已经建立起来的感情。对此，近一半的被试宣称，网络社交已经在很大程度上取代了他们的现实社交。与使用网络社交之前相比，现在他们与熟人的现实社交无论是在社交时间上还是在社交频度上都大大减少了，而这一切都要“归功”于网络社交这种随时随地、省心省力的社交方式，如图 2－5 右图所示。不管身处何处，只要他们轻轻拨动手指，登录社交账户，就可以瞬间知晓自己所有“好友”的动态信息，不会轻易错过那些精彩瞬间，而他们也更愿意在网络上与他人分享自己的心情与最新动态。他们现在甚至已经想象不出，如果没有网络社交账户，他们该如何知晓自己的“好友”在做什么，又该如何告知自己的“好友”自己在做什么。

或许他们就是传说中的典型的“晒客”，对他们而言，网络社交的一大乐趣就是与圈中“好友”互相“晒”，“晒”这“晒”那，“晒”一切可以“晒”的东西。哪怕并不是一些什么“好”的东西，也要拿出来“晒”。然后，朋友之间相互“转发”或“评论”。很多时候，“转发”或“评论”的次数就代表了帖子的受欢迎程度。实际上，“晒”也是一种网络社交态度。“90 后”已经将网络社交平台的各种功能发挥到了极致，甚至远远超出了我们的想象。当然，也有少数“90 后”被试表示，自己其实并没有那么依赖网络社交，只是因为自己的朋友们都在进行网络社交，如果自己不进行网络社交，那么彼此之间就失去了交流的空间。毕竟，网络社交是大部分“90 后”生活的“主旋律”。在这点上，上述少数“90 后”被试的举动似乎有点无奈。实际上，不仅是“90 后”，其他年龄段的群体也非常热衷于网络社交，这种貌似“疯狂”的网络社交行为在很大程度上推动了服务商不断更新已有平台的功能，推出新的网络社交平台。

第三节 何种信任

现实世界中的人际信任可以依据不同的标准划分出多种类型及维度，网络世界中的人际信任与现实世界中的人际信任有着极大相似之处，亦可以依据不同的标准划分出多种类型及维度。本研究依据网络信任对象的不同，借助“因素分析法”将网络信任划分为四种类型，网络信任程度由高到低依次是：亲人间的网络信任、朋友间的网络信任、熟人间的网络信任及社会性网络信任。在借鉴既有研究对信任维度划分的基础上，本研究认为网络信任与现实信任有极大相似之处，两者不存在本质上的差异。不管是发生于现实情境还是网络情境中的信任实际上都是个体的某种心理状态，因而网络信任的维度类似于现实信任的维度，包括认知及情感两个维度。其中，网络信任的每个维度包含不同的属性特征。另外，信任是个主观性极强的概念，因人而异。施信者与被信者之间的信任是不对称的，两者之间不仅信任程度不同，而且信任维度亦不同。毕竟，不同个体解读可信性信息的能力及方式存在一定的差异性。

一、网络信任的种类

根据信任对象的不同，网络信任可以划分为多种类型。但实际上，“90 后”大学生的网络社交对象非常广泛，研究者根本无法将其一一列举出来。既然研究者无法将“90 后”大学生的网络社交对象一一罗列出来，因而也就不可能调查他们对所有网络社交对象所创建的虚拟角色的网络信任程度及这些网络社交对象对本研究中“90 后”大学生所创建的虚拟角色的网络信任程度，但是有一点是肯定的：对于不同网络社交对象所创建的虚拟角色，“90 后”大学生的网络信任程度也不同。此推断的理论基础就在于：中国人向来在社会生活中注重关系取向，我们在世俗生活的人际关系建立方面往往会以关系的亲疏远近来作为行为反应选择的标准，与不同的人建立不同类型的人际关系。①

为了验证上述推断在网络社交情形中的适用性，测试被试对不同社交人群的信任程度，本研究中，研究者选取了普遍存在于"90后"大学生网络社交中的六类人群所创建的虚拟角色作为研究调查的置信对象，调查导致信任类型及程度不同的机制。这六类人群分别是：亲人、朋友、老师、同学、初识之人、陌生人。在调查中，网络信任程度由高到低分为六个等级，分别是：完全信任、很信任、信任、不信任、很不信任、完全不信任。"90后"大学生被试对六类人群所创建的虚拟角色的网络信任程度如表2-2所示。

表2-2　"90后"大学生被试对六类人群所创建的虚拟角色的网络信任程度分布百分比表(单位：%)

网络信任程度 / 六类人群	完全信任	很信任	信任	不信任	很不信任	完全不信任
亲人	94.0	3.7	0.9	0.9	0.4	0.1
朋友	5.1	76.7	15.9	2.3	0	0
老师	0.4	17.2	43.8	28.5	8.6	1.5
同学	0.5	2.2	36.1	58.4	2.4	0.4
初识之人	0	0.3	3.5	9.3	86.5	0.4
陌生人	0	0	0.1	0.6	2.1	97.2

表2-2中的数据分析结果进一步验证了上述推断的合理性，网络信任程度因社交对象而异。最典型的就是"90后"大学生被试给予自己的亲人所创建的虚拟角色最高程度的信任，而几乎不相信陌生人所创建的虚拟角色。尽管如此，这并没有揭示出不同置信对象是否会因相同的原因而产生类似的信任。例如，多数被试(分别为98.6%、97.7%)认为亲人及朋友所创建的虚拟角色是值得信任的，少数被试(分别为3.8%、0.1%)认为初识之人及陌生人所创建的虚拟角色是可以信任的。由此，似乎不同的置信对象可以归属于同一信任。因此，有必要对置信对象进行类别的划分，探讨本研究中"90后"大学生被试对哪几类置信对象的信任可以归属于同一信任。

根据不同的划分方法，"90后"大学生被试的网络社交对象可以划分为多种。将网络社交对象划分为不同的类别，实际上就是对这些人所创建的虚拟角色进行类别的划分。如果以是否认识为划分依据，可以分为认识的人和陌生人。那么，影响这两类信任

① 王飞雪，山岸俊男.信任的中、日、美比较研究[J].社会学研究，1999(2)：67-82.

形成的机制也就因此而不同了。网络信任与现实信任一样，存在于全知与未知之间①，其基础是对所信之人的部分了解②，是交往过程中双方多次博弈的结果。信任需要施信者与被信者之间存在某种关系，而这种关系往往产生于施信者对作为被信任方的被信者是否完成了符合自己预期事件的过程之中。③④ 实际上，这种关系中的交往经验就是施信者信任判断的依据。对"90后"大学生而言，他们与自己认识的人往往有关系，这其中的交往经验可以作为其信任判断的依据。而陌生人则不同，他们之间既没有相互了解，也没有打交道的经验作为信任判断的依据，这就加大了建立信任的难度。另外，信任不相识的人似乎没有多大意义，既然如此，也就不一定非要建立信任关系，除非他们想要与其建立某种关系或者是从中获利。因此，毫无疑问，在网络上建立信任关系时，自己在现实世界中认识的人更容易获得信任，毕竟多多少少有判断的依据，可以在一定程度上减少信任建立的风险。

然而，上述"90后"大学生网络社交对象的二分法显然忽略了这样的事实：即使是认识的人与自己的关系也不能一概而论，可近可远。因此，上述划分方法过于简单、笼统。同时，因子分析的结果也从侧面说明了这种划分方法的不合理性。巴特利特球度检验（Bartlett Test of Sphericity）的结果显示，检验统计量的观测值为3.179E3，即3 179，且相应的概率p接近于0，小于0.05的显著性水平。参照相关资料对因子分析条件的界定。⑤ 以上数据分析结果表明：上述六类置信对象之间存在潜在共享因子，可以进行进一步的因子分析，以剔除共享因子，提高累积解释共享率。

因子分析的结果显示，二分法的累积解释贡献率仅为57.8％，新提取的因子不能够解释原有变量的大部分信息，信息丢失严重。结合因素分析碎石图（如图2－6所示）发现，当以上六类置信对象分属于四种不同的信任，即划分为四个因子时，累积解释贡献率达到87.8％，新提取的因子能够解释原有变量的绝大部分信息，因子分析的效果比较好，达到了累积解释贡献率80％的标准。⑥ 本研究中之所以不划分为三个因子，原因在于三个因子的累积解释贡献率仅为73.1％。个别变量的信息损失较为严重，不足以很好地解释原有变量的大部分信息。实际上，在对累积解释贡献率要求不高的情况下，也可以考虑划分为三个因子。有学者指出，在社会学研究中，当样本量大于250时，累积

---

① 郑也夫.信任论[M].北京：中国广播电视出版社，2006：19.

② Koehn, D. The Nature of and Conditions for Online Trust[J].*Journal of Business Ethics*, 2003(43)：3－19.

③ Flores, F., & Solomon, R. Rethinking Trust[J].*Business and Professional Ethics Journal*, 1997, 16(1－3)：47－76.

④ Lewicki, R. J., & Stevenson, M. A. Trust Development in Negotiation：Proposed Actions and a Research Agenda[J]. *Business and Professional Ethics Journal*, 1997, 16(1－3)：99－132.

⑤ 薛薇.SPSS统计分析方法及应用[M].北京：电子工业出版社，2009：331－332.

⑥ 同上：327－329.

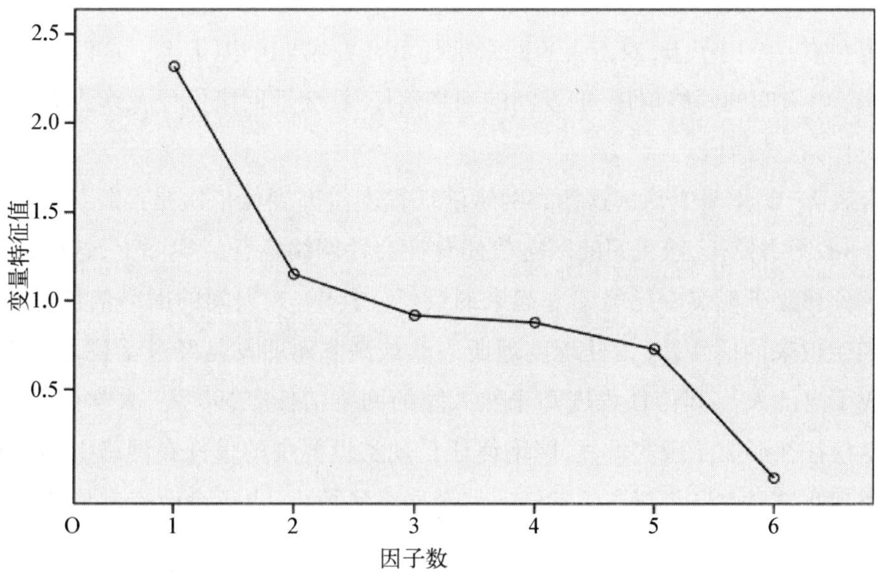

图 2-6　因素分析碎石图

解释贡献率达到 60%就可以满足因子划分的条件。本研究为了凸出"90 后"大学生被试对不同网络社交对象的网络信任程度及类型,考察每种网络信任背后的影响机制,将累积解释贡献率的标准定为 80%,将网络信任划分为四个因子。

本研究在进行因子分析时,采用了主成分法(Principal Component)作为因子提取的方法,并使用方差极大化原则对因子载荷进行正交变换(Varimax Rotation),以使因子具有命名解释性。主成分法因子分析结果如表 2-3 所示。

表 2-3　主成分法因子分析结果

四个因子 / 六类人群	F1	F2	F3	F4
同学	**0.960**	-0.029	-0.065	-0.202
老师	**-0.663**	-0.586	-0.410	-0.203
朋友	-0.001	**0.946**	0.025	-0.211
陌生人	-0.128	0.098	**0.844**	-0.159
初识之人	0.231	0.329	**0.671**	-0.065
亲人	-0.134	-0.167	-0.182	**0.953**
累积解释贡献率(%)	24.149	47.244	70.041	87.767

由上述旋转因子载荷可知,"90 后"大学生被试与其网络社交对象所创建的虚拟角色建立起来的网络信任可以通过不同的因子反映出来。对同学、老师的网络信任负荷

在第一个因子上，对朋友的网络信任负荷在第二个因子上，对陌生人及初识之人的网络信任负荷在第三个因子上，对亲人的网络信任负荷在第四个因子上。这四个因子分别衡量的是：熟人间的网络信任、朋友间的网络信任、社会性网络信任及亲人间的网络信任（或者称为特殊信任）。

结合表2－2，本研究认为这四类网络信任程度由高到低依次是：亲人间的网络信任、朋友间的网络信任、熟人间的网络信任及社会性网络信任。实际上，这四类网络信任很大部分都源于现实中已经建立起来的信任。其中，亲人间的网络信任是源于“血缘”的、与生俱来的信任，其信任程度理所当然最高。而朋友是经过千挑万选的熟人，外人变成了自己人[①]，其信任程度高于熟人间的网络信任。“90后”大学生与朋友、熟人间的信任往往形成于现实世界，网络信任是现实世界中的信任在网络上的延伸。即使这两类现实世界中已经存在的信任迁移至网络环境中，也不会改变其信任程度的排列顺序。

就本研究而言，与同学、老师的相识相交往往源于“学缘”，这些人当中只有极少一部分人会进一步发展成为朋友而保持长久联系，大部分人则会随着学业的结束而天各一方，以后极少甚至根本没有再打交道的可能，这是一种开放型的关系，极少有可以相互约束的东西，在现实世界中都不容易形成深层的信任关系，更不用说在网络上发展网络信任了。在现实世界之中，虽然他们不会欺骗对方，但是也绝不会对所有同学、老师都产生较高程度的信任。或许同学之间不相互欺骗的很大一部分原因就在于：现实中有很多约束因素决定了欺骗的成本过高，最终虽说不至于“群起而攻之”，但也会遭到孤立或者是惩罚，“臭名远扬”，以后很难再与他人建立起信任关系。学生对老师的信任程度较低可能要归结于师生之间的交互活动很少，两者之间的“交集”就是课堂，彼此之间不熟悉，因而也就普遍不可能建立起较高程度的信任。师生之间在现实世界中都不太互动，也就更不可能以真实的身份换个空间去互动。这又怎么可能构建出网络信任呢？

而对于社会上的大多数人，即那些被试稍微有所了解或者一无所知的陌生人，虽然他们相信人性善良，但这并不意味着相互之间可以发展出程度较高的社会性信任。大多数情况下，双方之间的信任只能处于较低的层次。信任需要接触[②]，接触是相互了解、熟悉的最直接途径，而熟悉是产生信任的基础。然而，由于精力有限，我们只能与极少数人长期接触，这就意味着只有极少数人之间才能发展出程度相对较高的信任。对

① 杨宜音．“自己人”：信任建构过程的个案研究［J］．社会学研究，1999（2）：38－52.

② Handy, C. Trust and the Virtual Organization［J］. *Harvard Business Review*, 1995, 73（3）：40－50.

人性善良的信任和信任行为的不协调可能是儒家“性本善”教育影响的结果，我们选择相信大多数的人是好的、善良的，但是我们并不选择去信任他们。① 毕竟，害人之心不可有，防人之心不可无。信任他人就意味着向他人开放自己，要承担不可预知的风险。本研究中，超过95％的被试都认为初识之人及陌生人不可信任，这似乎昭示着这个群体不太容易信任他人，社会性信任程度比较低。

大学生对不同网络社交对象表现出来的网络信任格局在很大程度上体现着“差序格局”的特征，与现实社会中的人际关系有着极大相似之处。1947年，费孝通先生基于乡土社会的人际关系提出了“差序格局”的概念。他指出，在那个“安土重迁，生于斯、长于斯、死于斯”，流动性不大的乡土社会中，人与人之间的亲疏远近的社会关系是“差序格局”的主要特征，就像是石子投入水中形成的涟漪，“一圈圈推出去，越推越远，也越推越薄”。② 血缘关系和地缘关系是这种社会关系的基础。然而，时至今日，在现代社会，哪怕是社会流动性极大，计划生育导致了“核心家庭”的暴增，大大减少了家族及家庭成员，极大降低了人们对家族的依赖程度，不得不将自己的社交圈向外拓展，这也并没有改变社会关系依然表现出“差序格局”的特征的事实。人们之间依然维持着亲疏远近的关系格局，关系越亲近，信任程度越高。③④ 典型代表就是罗家德和叶勇助在研究高科技外包交易时提出的信任的同心圆模型，罗、叶二人借鉴了美国著名社会学家格兰诺维特（Granovetter）人际关系的三分法，* 即人与人之间的关系可以分为强关系、弱关系、无关系三类⑤，考虑到中国是儒家文化背景下的人情面子社会将人际关系划分为四种。在这个模型中，“我”是圆心，往外依次是家人连带、熟人连带、弱连带、陌生人，前三种对应的关系维系原则依次为需求法则、人情法则、公平法则⑥，第四种无对应的关系维系原则。

本研究中，“90后”大学生被试与网络社交对象的活跃度也在一定程度上表现出“差序格局”。同时，他们与不同网络社交对象所建立起来的网络信任也依然表现出“差序格局”的特征。四种网络信任也形成了一个同心圆结构，越靠近圆心的社交对

---

① 王飞雪，山岸俊男.信任的中、日、美比较研究[J].社会学研究，1999(2)：67－82.

② 费孝通.乡土中国[M].北京：人民出版社，2008：25－34.

③ 王绍光，刘欣.信任的基础：一种理性的解释[J].社会学研究，2002(3)：23－39.

④ 王毅杰，周现富.城市居民信任的差序格局[J].天府新论，2009(2)：102－106.

* 格兰诺维特认为关于人与人之间关系（格氏称为“连带”）的强度大多数直觉观点包含在以下定义范围中，即关系的强度是认识时间、互动的频率、亲密性（相互倾诉的内容）及互惠性服务的内容的组合。据此，他将人际关系分为强关系、弱关系及无关系三类。

⑤ （美）马克·格兰诺维特.镶嵌——社会网与经济行动[M].北京：社会科学文献出版社，2007：69.

⑥ 罗家德，叶勇助.中国人的信任游戏[M].北京：社会科学文献出版社，2007：63－72.

象，其信任程度越高。对于"90后"大学生被试而言，以上关系维系原则依然适用，只不过人情法则更倾向于情感交换，而非人情账。这是因为大学生与朋友间的网络社交似乎更倾向于思想情感交流。

二、网络信任的维度

信任被普遍视为一个多学科、多维度概念。① 依据关系产生情境的不同，信任的构成要素及表现形式也相应呈现出一定的差异性。② 卡斯特弗兰克及法尔科内认为：信任归根结底就是一种心理状态，是某情境中施信者对被信者某种行为相关结果的复杂态度。③ 即使在某些情境中，信任暗含着实施信任的行为，不过这两者也仅仅是概念上的区别。哈丁指出，很多学者都陷入了将信任视作行为的圈套中。④ 本研究认为，信任包括行为维度，但是行为是由信任的心理层面驱动而显现出来的外显表现。因而，在本研究中，并不涉及信任的行为维度的探讨。

在综合借鉴既有有关信任研究的文献的基础上，我们认为信任主要包括认知（Cognitive）及情感（Affective）两个维度。这两种信任维度的差异性在社会心理学领域有关亲密关系间的信任的实证研究中都得到了不同程度的印证。

信任的认知维度聚焦于信任的理性基础，强调信任的基础是部分已知，即信任存在于全知与未知之间。因此，信任通常包括了寻找给予信任依据的过程。⑤ 信任的认知维度聚焦于被信者的能力、可靠性及信用等诸多特点。⑥⑦ 在有关信任不同维度的建模中，既有研究中源于认知维度的信任模型主要包括基于认知的信任⑧、知识信任⑨及可预测性、可靠性⑩等。

---

① Muir, B. M. Trust in Automation Part I: Theoretical Issues in the Study of Trust and Human Intervention in Automated Systems[J].*Ergonomics*, 1994, 37(11): 1905-1922.

② Sheppard, B. H., & Sherman, D. M. The Grammars of Trust: A Model and General Implications[J].*Academy of Management Review*, 1998, 23(3): 438-458.

③ Castelfranchi, C., & Falcone, R. *Trust Theory: A Socio-Cognitive and Computational Model*[M]. Chichester: John Wiley & Sons Ltd., 2010: 39.

④ Hardin, R. *Trust and Trustworthiness*[M].New York: Russell Sage Foundation, 2002: 58-60.

⑤ Lewis, J. D., & Weigert, A. Trust as a Social Reality[J].*Social Forces*, 1985, 63(4): 967-985.

⑥ Coutu, D. L. Organization-trust in Virtual Teams[J].*Harvard Business Review*, 1998,76(3): 20-21.

⑦ Lewicki, R. J., & Stevenson, M. A. Trust Development in Negotiation: Proposed Actions and a Research Agenda[J].*Business & Professional Ethics Journal*, 1997, 16(1-3): 99-132.

⑧ McAllister, D. J. Affect- and Cognition- based Trust as Foundations for Interpersonal Cooperation in Organizations[J].*Academy of Management Journal*, 1995, 38(1): 24-59.

⑨ Coutu, D. L. Organization-trust in Virtual Teams[J].*Harvard Business Review*, 1998, 76(3): 20-21.

⑩ Rempel, J. K., Holmes, J. G., & Zanna. Trust in Close Relationships[J].*Journal of Personality and Social Psychology*, 1985(49): 95-112.

信任的情感维度聚焦于信任的情感基础，情感基础就是个体之间存在的情感联结。在信任关系中，人们通过情感投入，表达对他人的关心与关爱，相信这就是这种关系的内在品质，且认为这些情感是相互的。最终，联系个体的情感关系就会逐渐发展成为信任判断的依据。综合既有研究中的几种典型的信任类型，信任的情感维度包括情感性信任①、基于认同的信任②及关系信任③等。这种类型信任的出现源于信任双方之间存在情感纽带。通常，为了维持既有关系，被信者会努力完成他人给予并预期的这种信任。④ 这种信任既不需要给予信任判断的依据，也不需要保证，有点类似于“无条件的信任”。

以上所有对信任这个概念的不同区分，实际上都源于对信任不同来源的强调。在信任的两个维度中，情感信任属于高阶信任层面，通常建立在认知信任基础之上。不过，在现实世界的人际关系之中，两种维度的信任独立存在的情况并不多，交往双方情感信任与认知信任融为一体并相互得以深化发展的情况很普遍。

本研究在对比网络信任与现实信任的基础上认为：发生于网络情境中的信任与现实世界中的信任并无本质上的区别，两者之间存在着极大相似之处⑤⑥，现实情境中的信任涉及的风险，网络情境中的信任同样也会涉及，情境的改变并未改变信任的本质。即两者都是个体的某种心理状态。因此，本研究认为网络信任同样也涉及认知及情感两个维度。网络信任的这两个维度并不相互排斥，而是出现不同程度的交叉与融合，且会彼此强化，表现出一定的可传递性。甚至，在某些情况下，两者可以同时因某一目标而指向同一个体。因此，可以将两种维度的信任视为统一体。例如，当网络社交双方对彼此不甚了解时，认知信任会显得更为重要，而情感信任会随着网络社交的深入而逐渐发展，即情感信任产生于长期的网络互动过程中。

---

① McAllister, D. J. Affect- and Cognition- based Trust as Foundations for Interpersonal Cooperation in Organizations[J]. *Academy of Management Journal*, 1995, 38(1): 24-59.

② Coutu, D. L. Organization-trust in Virtual Teams[J].*Harvard Business Review*, 1998, 76(3): 20-21.

③ Rousseau, D. M., Sitkin, S. B., Burt, R. S., et al. Not so Different After All: A Cross-Discipline View of Trust[J]. *Academy of Management Review*, 1998, 23(3): 393-404.

④ Hardin, R. Conceptions and Explanations of Trust[A].Cook, K. S.(Ed.) Trust in Society[C].New York: Russell Sage Foundation, 2001: 3-39.

⑤ Cassell, J., & Bickmore, T. External Manifestations of Trustworthiness in the Interface[J].*Communications of the ACM*, 2000, 43(12): 50-56.

⑥ Corritore, C. L., Kracher, B., & Weidenbeck, S. On-line Trust: Concepts, Evolving Themes, A Model[J]. *International Journal of Human-Computer Studies*, 2003, 58(6): 737-758.

对于施信者而言，被信者身上有四类属性可以强化施信者对其是否有能力或意愿完成信任的信心，分别是能力、可预测性、积极的心态、道德规范。其中，能力指的是被信者满足施信者需求的知识、经验或技能。与此相关的是信用问题①，即被信者提供的信息可以被信任的程度。可预测性指的是被信者的行为符合预期的程度，与可靠性、一致性或预期表现同义。这种预期通常以过往行为的观测为基础，当然也有可能源于与具体社会角色或功能相关的预期。能力②及可预测性属性通常隶属于信任的认知维度。积极的心态指的是被信者对施信者的感觉，通常涉及友好、仁慈、忠诚、动机等。③ 此属性通常隶属于信任的情感维度。道德规范是被信者要恪守的道德原则，与积极的心态的区别在于，前者是个广义概念，并不指向某个具体的施信者，而是所有其他人。与信任相关的道德规范包括道德秩序、正直④、诚实、公正⑤、道德承诺⑥、尽职尽责、舍己为人等。与被信者的道德规范相关的信任既可以隶属于信任的认知维度，也可以隶属于信任的情感维度。道德规范的维度隶属问题取决于其以客观依据还是以情感联结为基础。

对于在线关系而言，能力指的是被信者的聪慧、发布有效及准确信息的能力；而身份欺骗、不良行为等可能会改变个体积极的心态；道德规范可以通过诚实、保守秘密等表现出来；可预测性就是被信者的可靠性。以上几种品质对网络信任关系的发展而言非常重要。本研究针对被信者品质的四类属性进行了部分调查（该部分问题 1 至 7 的克朗巴哈 α 系数为 0.855，该部分问题的内在效度处于可以接受的范围之内，因而所得出的数据统计分析结果具有参考价值。当然，被信者品质的四类属性所涉及的具体方面远不止这七个。这是一个很庞大的问题，本研究无法穷尽所有可能，而是仅仅测量了这其中的一小部分，希望能够具有一定的代表性）。网络信任品质要素百分比分析结果如表 2－4 所示。

---

① Doney, P. M., & Cannon, J. P. An Examination of the Nature of Trust in Buyer-Seller Relationships[J].*Journal of Marketing*, 1997, 61(2): 35－51.

② Dunn, P. The Importance of Consistency in Establishing Cognitive-based Trust: A Laboratory Experiment[J].*Teaching Business Ethics*, 2000, 4(3): 285－306.

③ Friedman, B., Kahn, P. H., Howe, D. C., Jr., et al. Trust Online[J].*Communications of the ACM*, 2000, 43(12): 34－40.

④ Butler, J. K., & Jr. Toward Understanding and Measuring Conditions of Trust: Evolution of a Conditions of Trust Inventory[J].*Journal of Management*, 1991, 17(3): 643－663.

⑤ Zaheer, A., McEvily, B., & Perrone, V. Does Trust Matter? Exploring the Effects of Interorganizational and Interpersonal Trust on Performance[J].*Organization Science*, 1998(9): 141－159.

⑥ Hardin, R. Conceptions and Explanations of Trust[A].Cook, K. S.(Ed.) Trust in Society[C].New York: Russell Sage Foundation, 2001: 3－39.

表 2-4　网络信任品质要素百分比分析表(单位:%)

题项 \ 数据统计分析结果 \ 选项	非常同意	同意	不同意	非常不同意
1. 大多数网友提供的信息可信	1.6	32.6	61.4	4.4
2. 大多数网友说的话可信	1.8	32.0	61.8	4.4
3. 大多数网友表现得很真实	4.1	41.9	50.5	3.5
4. 大多数人在网络上与他人互动时是讲信用的	2.1	43.5	51.0	3.4
5. 在网络上多数人是真诚的	1.9	45.7	49.8	2.6
6. 在我需要的时候,网友会尽心尽力帮助我	2.5	36.6	56.2	4.7
7. 遭受挫折的时候,网友会安慰、鼓励我	2.9	54.2	39.5	3.4
8. 网友不会利用我对他/她的信任来欺骗我	1.2	16.9	66.5	15.4
9. 网友行为多变,不好预测	8.5	59.3	30.4	1.8

由上述数据统计分析结果可以看出,被试对其在网络社交过程中所遇到的陌生网友身上具备的可信赖的品质表示出不同程度的认可。近半数的被试认为大多数网友能够做到诚实、真实、讲信用等,并且能够在自己遇到困难时伸出援助之手。尽管如此,约82%的被试还是认为陌生网友可能会滥用信任、利用信任来欺骗自己(参见问题8的数据统计分析结果);约68%的被试认为难以预测陌生网友的行为(参见问题9的数据统计分析结果)。由此可见,“90后”大学生被试虽然认为大多数网友具有可信任的优秀品质,不过,他们还是在网络社交过程中选择了谨慎的态度,保留着戒心,不太容易出现轻信或盲信的情况。这可能是长期受中国传统儒家“性本善”教育的结果,虽然他们相信人性善良,但却不会轻易信任他人。

另外,信任是个主观性极强的概念,每个个体都会依据自己的主观经验判断是否可以给予他人信任。由于个体解读信息的能力及方式不同,这就使得信任呈现出不对称的特征,这种不对称不仅体现在施信者及被信者之间的信任程度不同,而且体现在两者之间的信任维度也有可能不同。同时,即使是面对同一个体呈现出来的可以作为信任判断依据的信息,不同个体解读出来的可信性程度也不相同。这就使得不同个体信任判断的依据呈现出差异性。由此,不同个体建立网络信任的难度表现出很强的差异性。

第四节　何处信任

网络信任发生在何处?毋庸置疑,网络信任自然发生在网络上。确切来说,网络信任发生于网络上的某个具体情境之中。互联网上存在各种各样的网络情境，每个网络情境都被赋予不同的意义，网络的匿名性及虚拟性使得现实世界中的社会规范及道德约束失效，网络信任双方对网络情境的共同认知是网络社交得以进行下去的前提，同时也是网络信任得以建立与维系的基础。正如赖兹曼所言，对情境的认同就是对共同规则的认同。①

网络信任的发生情境虽然是虚拟而且千差万别的，但实际上网络信任的建构过程在很大程度上类似于现实情境中的信任。其信任发生情境依然可以用现实信任发生情境来模拟，依然可以用如图2－7所示的简单宽泛的"信任游戏"来加以概括。信任发生于两个个体之间，在这个两人游戏情境中，施信者必须决定是否实施某种被称为"信任委托"的行为。如果施信者决定不委托信任，状态就只能维持现状；如果施信者决定委托信任，就轮到被信者决定是给予回报还是利用施信者的信任了。委托与回报都会使双方共同受益(2,2)；而自私的被信者就会利用或获取利益(3)，这样就会降低施信者的利益(-1)。这可能是最差的情形之一。②

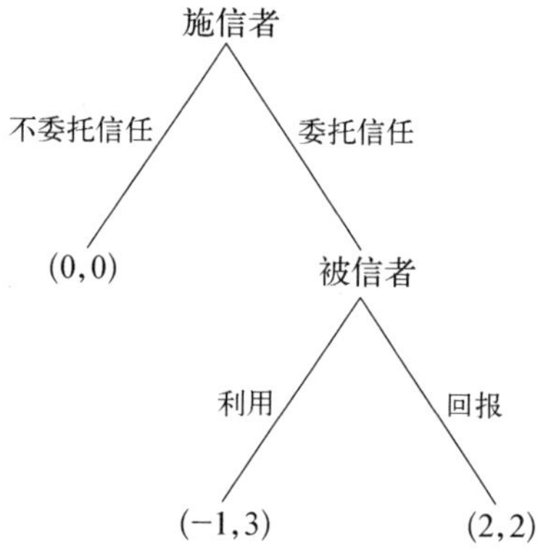

图2－7　信任发生情境示意图

*资料来源：Ahn, T. K., & Ostrom, E. Social Capital and Collective Action[A]. Castiglione, D., & Wolleb, G.(Ed.) The Handbook of Social Capital[C]. New York: Oxford University Press, 2008: 70－100.

在网络信任的建构过程中，处于具体情境中的施信者与被信者也要在情境约束的前提下做出如上选择，双方的每一次选择都会直接影响到"游戏"的下一个环节，是双赢还是一方在另一方损失的基础上获利。不过，值得指出的是，双方的每次决定在很大程度上都取决于个体进行网络社交的动机。

① Wrightsman, L.S. *Assumptions About Human Nature: Implications for Researchers and Practitioners*[M]. Thousand Oaks, CA: Sage Publications, Inc, 1992.

② Ahn, T. K., & Ostrom, E. Social Capital and Collective Action[A]. Castiglione, D., & Wolleb, G.(Eds.) The Handbook of Social Capital[C]. New York: Oxford University Press, 2008: 70－100.

一、动机与情境

“90后”大学生与他人建立网络信任的网络情境直接取决于其进行网络社交的动机，不同的动机决定了其会选择进入什么样的网络情境。而每一类网络信任行为都只有与具体的情境联系起来，才会有意义。[①] 情境决定行为。这就意味着，在不同的网络情境中面对不同的社交对象，会很容易形成不同类型及程度的网络信任。而这都受制于“90后”大学生的网络社交动机，不同的动机对应于不同类型及程度的网络信任，即被信者建立关系的目的（例如获取信息，发展友谊）分别对应于网络信任的不同维度。

网络空间并非是一个笼统的空间，而是由若干个子空间构成，即包含若干个不同的情境，不同的情境可能有不同的“吸引力”，适用于不同网络社交动机的网民及不同类型的网络社交活动。[②] 从某种意义上说，不同的动机催生出了不同的网络社交形式。比如，调查结果发现，“90后”大学生被试网络社交最典型的就是与现实生活中已经认识的人维系关系，被试与这类群体之间早已建立信任关系，网络社交的作用就是提高亲友间联系的频率，进一步强化人们的“强连带”，从而维系或者加深信任。[③]

对于那些想通过网络社交来交友、发展人际关系的个体而言，他们抱着交往的目的来寻找“志同道合”者，他们往往是网络信任关系的启动者，其态度是真诚的、友善的，他们不太可能欺骗自己的网络社交对象。俗话说“天下没有不透风的墙”，网络上仍然存在“小世界”现象，谎言、欺骗的事实一旦被拆穿，代价是非常大的，他们苦心经营的“形象”毁于一旦不说，而且往往会被“抛弃”，甚至可能会被公之于众，贴上“骗子”的标签，被踢出社交网络。在这种包含着情感交换的与他人的交换类交互过程中，他们会从对方提供的个人信息或者是话语中搜索某些线索，并根据以往与类似的人的交往经验——他们假定在特定的社会环境中，只可能发现某些特定的个体[④]来判断这些信息的真实性及对方是否值得信任，他们会试探性地选择信任对方，认为他们也一样怀着真诚的交往态度，并向其抛出信任的“橄榄枝”。这起初往往是一种基本的、浅层次的对他人的人格、品德等方面的信任，其中既包含了认知维度又包含了情感维度的信任。就关系的性质而言，更偏向于朋友间的互惠关系而非利用关系，双方仅限于给予或者是分享快乐。[⑤] 如果双

---

① Lewicki, R.J., & Bunker, B.B. Trust in Relationships: A Model of Trust Development and Decline[A]. Bunker, B.B., & Rubin, J. Z. (Eds.) Conflict, Cooperation and Justice[C]. San Francisco, CA: Jossey-Bass, 1995: 133 - 173.

② （英）莫妮卡·T.惠蒂，（澳）阿德里安·N.卡尔.网络爱情——在线关系心理学[M].何玉蓉，周昊天，译.北京：商务印书馆，2010：171.

③ 刘向晖.互联网草根革命——Web2.0时代的成功方略[M].北京：清华大学出版社，2007：125.

④ （美）欧文·戈夫曼.日常生活中的自我呈现[M].冯钢，译.北京：北京大学出版社，2010：1.

⑤ Koehn, D. Can and Should Businesses Be Friends with Each Other and with Their Stakeholders[J]. *Journal of Business Ethics*, 1998(17): 1755 - 1763.

方对彼此有好感，这种关系往往持续的时间比较久，是随着了解的不断加深而逐渐建立起来的信任。

“打游戏，娱乐”也是当前“90后”大学生被试网络社交的主要动机，如图2－8所示。此外，他们还有其他的动机。对于那些热衷于合作性网络游戏的大学生而言，当他们与他人在游戏中相遇并组成一个团队时，他们要么选择信任对方，认为彼此会为了一个“共同目标”，即为赢得游戏胜利而“奋力拼搏”，要么退出团队。或许在这种情境中的网络信任是共同利益驱动之下的对他人能力的信任，是局部的认知信任，施信者几乎没兴趣了解其搭档的性格、兴趣、身份等。他们关注的往往是搭档能不能为了“共同目标”而“献身”。在某些情况下，被信者往往会借助某种手段（例如宣传或者是花言巧语）来让施信者信任自己，虽然承担很大的风险，但他们并不会因误导或者是操纵了施信者而感到内疚。宣传或者是操纵手段的使用意味着这种信任具有较多的情感成分[①]，但是在网络游戏情境中，个体几乎不会使用这些手段。因为个体在游戏中的级别、身份、游戏装备等就是其能力的象征，同时也是促使施信者向其发出信任委托的判断依据。

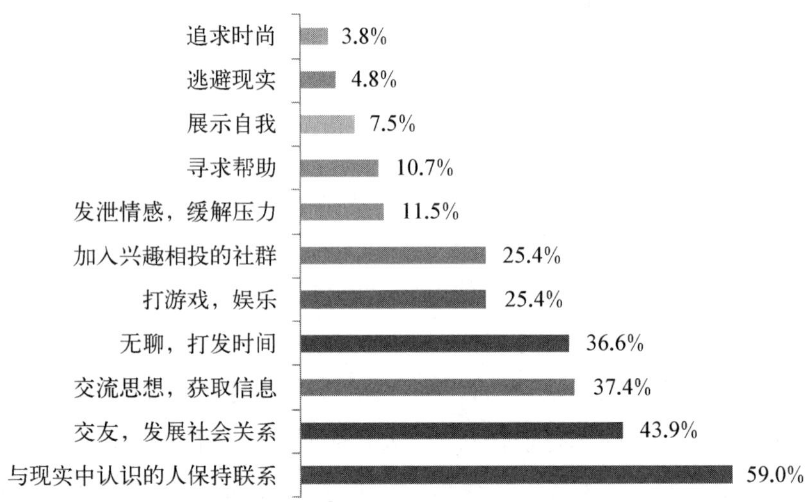

图2－8 “90后”大学生被试网络社交的动机

综上所述，本研究以“90后”大学生被试网络社交中的两种不同动机为例说明了不同的动机如何驱动个体之间产生不同类型及程度的网络信任。就事实而言，被试与陌生人之间建立的社会性信任实际上是对某一角色的片面信任，是建立在对某一虚拟角色的某一方面的考察基础之上的，原因可能与具体情境的局限性有关，具体情境无法让个体全面了解其社交对象。

① Koehn, D. The Nature of and Conditions for Online Trust[J]. *Journal of Business Ethics*, 2003(43): 3－19.

二、情境与角色多元化

美国著名社会学家欧文·戈夫曼(Erving Goffman)用"戏剧表演"这一概念来形容个体或群体在与他人互动过程中努力产生或维护理想印象的过程,即对其所需角色的扮演过程。[①] 情境是个体"戏剧表演"的"舞台",是个体与他人互动的"舞台"。在现实世界中,某行为个体在同一时间只能存在于一个有限空间中,面对有限的固定的群体。对表演者(即网络社交者)而言,他只能在这一个舞台上扮演一个角色。而网络则将现实世界中行为个体所处的相互交织的、不同的社会情境进行了时空的剥离,将多个重叠的社会情境转变为多个相互独立、平行的空间场域。这样,行为个体就可以在同一时间处于多个社会情境中,同时面对着多个不同的社会情境。但是,通常只有一个社会情境处于最前端,每次只能把注意力集中到一个代表网络社交对象的虚拟角色身上,这就类似于"多任务处理",人们可以同时打开多个任务窗口。然而,通常只有一个任务窗口位于前台,其他只能暂时位于后台。[②]

另外,如果他愿意,他还可以面对无限个不固定的群体。表演者可以同时在多个舞台上扮演多个角色,而"观众"或者是其他"演员"根本无法掌握行为个体所扮演的所有角色信息。因此,在网络上建立信任关系时,人们判断的依据就只能是此情境中的少量信息,而无法考察其他情境中的信息,结果就是只能在这个有限的空间内做出判断。因此,在这个意义上,现实世界中的信任发生于对个体多种社会角色考察基础之上。[③] 而为网络信任的建立提供判断依据的就只有个体在某一特定空间场域所扮演的单一角色的少量信息,而非多个角色的所有信息。这就在一定程度上说明,网络信任只能是有限的信任,相对的信任,此方面的信任不等同于彼方面的信任,绝对的、全面的网络信任是不存在的,而且也不可能存在。

第五节　为何信任

"90后"大学生为什么要与其网络社交对象建立信任?实际上,个体建立信任的目的就是为了发展持久的网络关系。由此,与其深究"90后"大学生与其网络社交对象建立信任的原因,不如先探讨他们发展网络关系的原因。概括而言,"90后"大学生发展网络关系的原因可能要归结于两点,分别是网络关系的诱人之处及个体成长之需。网

---

① (美)欧文·戈夫曼.日常生活中的自我呈现[M].冯钢,译.北京:北京大学出版社,2010.

② (英)莫妮卡·T.惠蒂,(澳)阿德里安·N.卡尔.网络爱情——在线关系心理学[M].何玉蓉,周昊天,译.北京:商务印书馆,2010:74-75.

③ 李伟民,梁玉成.特殊信任与普遍信任:中国人信任的结构与特征[J].社会学研究,2002(3):11-22.

络社交与现实世界中的面对面交流有着极大相似之处，但是也有很多不同。[①] 正是这些不同形成了网络关系的诱人之处。例如，网络消除了现实世界中的很多交往障碍及“门槛”，可以让使用者尽可能接触到形形色色的人；网络交往双方可以随时中断关系，自由度相当大，这是现实世界中的人际关系所无法达到的；除此之外，网络的匿名性使得网络便于产生“素未谋面”的亲密关系，增加重要关系的数量。[②] 在这点上，网络关系似乎有一定的诱人之处，“90 后”大学生好奇心强，而且有足够的时间探索这些新奇事物。同时，网络关系还可能是大学生成长过程中所需要的。网络就像一个“自选超市”，“90 后”大学生流连其中，可以部分获取自己成长过程中所需要的各种给养。例如，友谊、爱、尊重等。但是，发展网络关系就必须在网络社交双方之间建立信任，有了信任，双方才能分享信息、交流情感等，各取所需。[③] 因此，信任不仅是建立与发展任何具有实质性意义关系的前提，而且也是长久维系网络关系的关键性影响因素。

一、网络关系的诱人之处

网络为社交提供了基本场所，多项调查研究结果表明，网络社交是个人或家庭计算机的主要应用。[④] 这种新型社交方式虽然与面对面交流相似，但是因为媒介的介入，两者又表现出一定的差异，而这种差异正是网络关系的诱人之处。对于“90 后”大学生而言，网络社交的诱人之处大致包含以下三个方面。

（一）发展亲密关系

大量关于亲密关系的研究表明：自我暴露及同伴间的相互暴露增加了亲密交往的经历。[⑤⑥] 在现实世界中，个体通常不会轻易向他人透露自己的私人信息，除非在他们之间已经形成了“对偶边界”（Dyadic Boundary），确信透露出来的信息不会被对方透露

---

① McKenna, K .Y. A., Green, A. S., & Gleason, M. E. J. Relationship Formation on the Internet: What's the Big Attraction[J].*Journal of Social Issue*, 2002, 58(1): 9－31.

② Rice, R. E., Shepherd, A., Dutton, W. H., et al. Social Interaction and the Internet: A Comparative Analysis of Surveys in the US and Britain[A].Joinson, A. N., McKenna, K. Y. A., Postmes, T., et al.(Eds.) The Oxford Handbook of Internet Psychology[C].New York: Oxford University Press,2007: 7－30.

③ Das, T. K., & Teng, Bing-Sheng. Between Trust and Control: Developing Confidence in Partner Cooperation Alliances [J].*Academy of Management Review*, 1998, 23(3): 491－512.

④ Green,M.C. Trust and Social Interaction on the Internet[A].Joinson, A.N., McKenna, K. Y. A., Postmes, T., et al.(Eds.) The Oxford Handbook of Internet Psychology[C].New York: Oxford University Press,2007: 43－51.

⑤ Laurenceau, J. P., Barrett, L. F., & Pietromonaco, P. R. Intimacy as an Interpersonal Process: The Importance of Self-disclosure, Partner Disclosure and Perceived Partner Responsiveness in Interpersonal Exchange[J].*Journal of Personality and Social Psychology*, 1998(74): 1238－1251.

⑥ Reis, H. T., & Shaver, P. Intimacy as an Interpersonal Process[A].Duck, S., Hay, D., Hobfoll, S. E., et al.(Eds.) Handbook of Personal Relationships: Theory, Research and Interventions[C].Chichester, UK: John Wiley & Sons, 1988: 367－389.

给彼此的熟人。[①] 透露自己的私人信息通常仅发生于相互之间已经建立起信任关系的情况下。然而,这种信任关系也不牢固,向他人透露自己的私人信息不仅有可能得不到积极回应,而且有可能还要面对一定的风险。比如,被嘲笑、被拒绝。[②]

然而,网络社交的匿名性(包括他人对"我"的匿名及"我"对他人的匿名两种。[③] 在这里两者都起作用。不过,对于不同的对象,两者发挥作用的程度可能会不同)有效避免了自我暴露可能会带来的风险,双方在交互的时候几乎可以不用担心非难或者是处罚。[④] 在这点上,向网络上的熟人(此处指的是由网络上的陌生人发展而来的熟人,并非是现实生活的熟人)透露自己的私人信息类似于"火车上的陌生人"现象。[⑤] 人们倾向于向陌生人做深层的自我暴露,原因就在于陌生人不太可能进入自己的社交圈子,这样"对偶边界"也就不太可能被破坏。但是,与"火车上的陌生人"不同,人们通常会与在网络上认识的人多次交往。因此,早期的自我暴露就为今后发展持续、亲密的关系打下了一定的基础。[⑥]

(二)跨越现实的羁绊

在线自我暴露程度更深还因为网络在一定程度上跨越了建立关系所需要的"门槛特性"。比如,外貌特征、结巴[⑦]或者是害羞、社会焦虑等病症。研究结果表明,这些特征不仅会对给他人的第一印象产生很大的影响,而且是决定个体之间是否会开始友谊或浪漫关系的关键因素。[⑧] 显然,在现实世界中,这些门槛会阻碍那些缺乏魅力或社交技能的人发展关系。但是,在网络上,这些特征起初并不是那么明显,网络上的第一印象是根据他人提供的信息及我们自己的自我暴露行为带来的积极效应建立起来的。因此,在网络上"门槛效应"会部分失效,网络社交双方几乎是基于共同兴趣、经历等建立和发展社交关系的。有关人际吸引力的研究表明,人们更容易喜欢相互自我暴露的对

---

① Derlega, V. L., & Chaikin, A. L. Privacy and Self-disclosure in Social Relationships[J]. *Journal of Social Issue*, 1977, 33(3): 102-115.

② Derlega, V. L., Metts, S., Petronio, S., et al. *Self-disclosure*[M]. London: Sage, 1993.

③ Lea, M. & Spears, R. Love at First Byte? Building Personal Relationships over Computer Networks[A]. Wood, J. T., & Duck, S. W. (Eds.) Understudied Relationships: Off the Beaten Track[C]. Newburry Park, CA: Sage, 1995: 197-233.

④ Mckenna, K. Y. A., & Bargh, J. A. Plan 9 from Cyberspace: The Implications of the Internet for Personality and Social Psychology[J]. Personality and Social Psychology Review, 2000, 4(1): 57-75.

⑤ Rubin, Z. Disclosing Oneself to a Stranger: Reciprocity and its Limits[J]. *Journal of Experimental Social Psychology*, 1975, 11(3): 233-260.

⑥ McKenna, K.Y.A., Green, A.S., & Gleason, M.E.J. Relationship Formation on the Internet: What's the Big Attraction[J]. *Journal of Social Issues*, 2002(58): 9-31.

⑦ Mckenna, K. Y. A., & Bargh, J. A. Causes and Consequences of Social Interaction on the Internet: A Conceptual Framework[J]. *Media Psychology*, 1999, 1(3): 249-269.

⑧ Hatfield, E., & Sprecher, S. *Mirror, Mirror ... The Importance of Looks in Everyday Life*[M]. Albany, New York: State University of New York Press, 1986.

象，而且也更倾向于喜欢那些喜欢我们的人。① 而网络上相遇的人们之间更容易相互自我暴露。这就意味着网络上更容易发展关系。而相关实验的研究结果也证明了这点。研究者在实验中发现：在网络社交中，即在传统的“门槛特性”缺失的情况下，网络社交更容易以更快的速度发展出更密切、更深层、更持久的关系。②

（三）寻找“志同道合”者

网络的独特性在于可以使我们轻而易举地找到那些兴趣独特之人。我们也倾向于被那些跟我们兴趣类似并能够与我们分享观点的人吸引。③ 在持久的关系中，两人的相似性很大，可以相互包容。④ 但是，在现实世界中，我们很难在自己的生活范围内找到与自己兴趣相投的人，即使找到了，也需要花大量时间去确认彼此之间是否真的具有共同点。网络上的各种兴趣社群为我们寻找“志同道合”者提供了方便，社群成员之间可以迅速找到彼此之间能够分享的最大共同兴趣。网络社交中的深层自我暴露及共同兴趣使得在线形成的关系与现实世界中形成的关系相比，发展过程更快且更亲密。

网络社交关系除了以上三个方面的诱人之处外，或许还有其他诱人之处。比如，网络的虚拟性使网络社交克服了现实交往的点对点限制，使人们可以有选择地进行一对多、多对多的交流，从而实现了点对面的交流；另外，网络的虚拟性还可以使用户塑造有别于现实身份的“自我”，在一对多的关系中展现多个不同的自我等。以上这些诱人之处使得“90 后”大学生热衷于尝试各种网络社交软件，体验网络社交的“魔力”，发展各种不同的网络关系。他们在网络世界中体验着现实社交所没有的乐趣，探索着现实世界之外的虚拟世界。

二、个体成长之需

一个人信任另一个人总是关乎需求或者目的，即个体想获得自己所需要的或期望的。信任总是与需求形影不离，或者说需求是信任的触发点。如果没有需求，也就不可能关注什么。因而，也就不会主观信任某人。这就意味着需求始终是需求，而没有获得满足。对于“90 后”大学生而言，网络社交关系对他们有着很大的诱惑力，他们很好奇，期望建立这种关系并从中获益，满足自己的心理需求，帮助自己更好成长。

---

① Collins, N. L., & Miller, L. C. Self-disclosure and Liking: A Meta-analytic Review[J].*Psychological Bulletin*, 1994, 116(3): 457-475.

② McKenna, K.Y.A., Green, A.S., & Gleason, M.E.J. Relationship Formation on the Internet: What's the Big Attraction [J].*Journal of Social Issues*, 2002(58): 9-31.

③ Byrne, D. *The Attraction Paradigm*[M].New York: Acxademic, 1971.

④ Byrne, D. An Overview (and Underview) of Research and Theory within the Attraction Paradigm[J].*Journal of Social and Personal Relationships*, 1997, 14(3): 417-431.

美国著名人本主义心理学家马斯洛将人的各种各样的需要按照由低到高的顺序依次划分为七级，如图2－9所示。[①] 其中，归属和爱的需要、尊重需要是人类的基本需要，而且还是人类成长过程中的缺失需要，必不可少。“90后”大学生基本已经满足了生理需要和安全需要，但是这些低层次需要的满足并没有给他们带来幸福或者满足，对归属和爱的需要、尊重需要很快出现，他们需要在社交中获取友谊、爱和尊重。他们在网络上建立各种关系，并期望从这些关系对象那里获得这些需要。尤其是对那些在现实世界中缺少他人“爱”的大学生而言，网络似乎就是他们梦中的伊甸园。无论是正常的对关爱的需求，还是卡伦·荷妮（Ka·ren Horney）在《我们时代的神经质人格》（*The Neurotic Personality of Our Time*）中所提及的病态人格对关爱的需求，网络似乎都可以为之提供。但是，要满足这些需求，就必须尝试在网络上建立各种关系，然后才能获得满足。然而，信任的建立总是更多地被视作发展新型交互范式的关键要素。[②] 因为不管在现实世界中还是在网络虚拟世界中，没有信任存在的关系不仅没有任何实际意义，而且也不能长久维系。

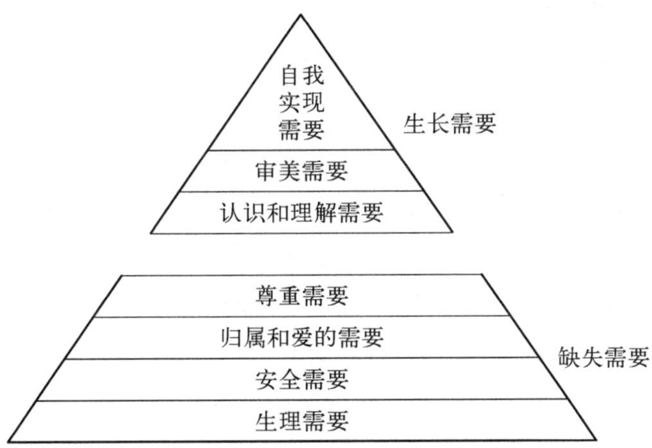

图2－9　马斯洛需要层次结构图

＊资料来源：张春兴.教育心理学[M].杭州：浙江教育出版社，1998：304.

对于本研究中的“90后”大学生被试而言，他们在网络社交过程中所建立起来的各种关系几乎都是建立在信任基础之上的。他们希望自己给予信任的对象能够具有某些特定的品质（例如，诚实、善良、仁爱等）并期望他们的行为能够产生积极结果。但是，

① 张春兴.教育心理学[M].杭州：浙江教育出版社，1998：304.

② Falcone, R., & Castelfranchi, C. Socio-Cognitive Model of Trust [EB/OL]. http://ebooks.narotama.ac.id/files/Encyclopedia%20of%20Information%20Science%20and%20Technology%20(2nd%20Edition)/Socio-Cognitive%20Model%20of%20Trust.pdf. [2012－05－13].

他们也意识到给予信任就像是下赌注，是对他人未来的不确定的不可控制的行为进行投注，而这个过程中总是伴随着风险。[①] 没有不确定性及风险就不存在信任，信任就是明知存在风险却仍要投注的行为。即便如此，对于建立关系而言，这又是不可避免的。他们想要建立长期、稳定的关系就必须先建立信任。简言之，信任是建立网络关系所必需的，是维持网络关系的必需品。

网络信任关系更像是朵“带刺的玫瑰”，那“娇艳的玫瑰”就是可以从中获取的利益，即获取友谊、爱与尊重。实际上，这个利益远不止满足了归属和爱的需要、尊重需要，甚至还包括其他方面的利益，网络上发展的关系多数是“弱联系”，这种类型的关系往往会带来难以预料的利益。然而，摘取这朵“玫瑰”就必须要承担被刺扎的风险，即网络关系中潜在的风险。信任总是与风险结伴而行，在网络环境中，网络信任的风险极为普遍，没有人可以预测给予信任将会产生什么样的风险结果。或许只有谨慎给予信任，才能避免高风险。[②] 在这个意义上，网络信任建立的过程似乎就是获取利益并规避风险的过程，或许这也正是网络关系的引人入胜之处。

信任不只是建立网络关系的基础，也是在网络上获得他人认同的基础。法国著名哲学家利科(Ricoeur)认为，人与人组成的社会离不开人们之间的相互承认。[③] 实际上，这也同样适用于网络世界。毕竟，网络虚拟角色的后台创建者是实实在在的人。具体而言，网络信任关系的发起者之所以会向他人发出信任请求，其目的除了从他人那里获得友谊、爱与尊重之外，也是通过对他人的信任来不断巩固自己的网络角色，完成自我的网络呈现；而信任关系的接受者之所以会接受他人的信任，主要原因是通过他人的认同使得个体自身的网络角色得以实现，在他人的认同中完成网络自我身份的认同。[④]

正如前文所言，网络情境是虚拟角色表演的“舞台”，在这个舞台中，上演的是没有排练过的“表演”，“有时，个体会按照一种既定的方式表现自己，其目的纯粹是为了给他人造成某种印象，使他们做出其所预期获得的特定回应”。[⑤] 但是，在真正的网络社交过程中，往往计划比变化快，已经设定好的某些“程序”可能会受到对方的影响而偏离既定轨道，最终使得对自身自我“形象”的预期与他人对“我”的“形象”的预期融为一体。在这种相互影响的过程中，他们逐渐完成了自我的网络呈现，同时在他人对他们所扮演的“角色”的承认中完成了自我的认同。在这个过程中，他们逐步并同时体验着对

---

① Kollock, P. The Emergence of Exchange Structures: An Experimental Study of Uncertainty, Commitment, and Trust [J].*American Journal of Sociology*, 1994, 100(2): 313-345.

② (波兰)彼得·什托姆普卡.信任——一种社会学理论[M].程胜利,译.北京：中华书局，2005：43.

③ (法)保罗·利科.承认的过程[M].汪堂家,李之喆,译.北京：中国人民大学出版社，2011：3.

④ 何明升,白淑英,等.虚拟世界与现实社会[M].北京：社会科学文献出版社，2011：255-256.

⑤ 同③：5.

认同的承认、对自我的承认及相互之间的承认。由此，在网络社交过程中，网络社交双方往往会“为承认而斗争”，即网络社交双方为了让对方认同自己的网络身份而多次重复博弈。对于“90后”大学生而言，在网络社交中想要获得他人对自己所扮演的虚拟角色的身份认同及承认，实际上是其成长过程中的一种必要的需要，而他人对“我”的身份认同也是获得尊重的前提，获得了身份认同继而才能满足尊重的需要。

小　结

本章先指出了舒尔茨的情境信任结构模型中存在的不足，并在对该模型进行修订的基础上，增加了信任建立动机、信任类别两个构成因素，据此提出了新的模型，用以解释“90后”大学生的网络信任问题。与原有模型相比，新构建的模型能够更好地解释网络情境中的信任问题。随后，本研究详细剖析了网络情境下的情境信任结构模型中所涉及的构成要素，即“谁信任谁”“何种信任”“何处信任”“为何信任”四个问题。本研究认为：网络信任的发生情境是相对狭义的带有某种独特属性的网络空间，网络信任的施信者与被信者都是有目的的行动者（在本研究中，这些有目的的行动者是“90后”大学生及其网络社交对象）所创建出来的虚拟角色。因此，网络信任关系的建立绝非是网络社交双方头脑发热、一时冲动的结果，而是在一定动机的驱使下经过深思熟虑做出的理性选择与判断。同时，不同的网络社交对象会对应于不同类型及维度的网络信任。

第三章　网络信任的发展过程

本章围绕网络信任的建构过程进行了理论分析与实证调研，并根据访谈结果对"90后"大学生的网络信任建构过程进行了探索性研究。研究发现：网络信任并不是先验性地存在于网络互动个体之间，而是网络社交发展到一定阶段的产物。在某种程度上，就网络信任与网络社交的关系而言，这两者在时间及深度维度上表现出类似于双螺旋的发展关系。在网络信任的建构过程中，信任双方之间的相互依赖性及与信任相随的风险是网络信任建构的前提条件，而信任双方在互动过程中的相互熟悉则是网络信任得以建立的基础。"90后"大学生的网络信任过程大致经历了建立关系、维系与深化（或破裂）等发展阶段，有的甚至会发展为现实信任。网络信任的建构是网络社交双方多次博弈的结果，在这个过程中不断涉及双方的认知与判断。由于个体的差异性，网络信任每个发展阶段的转折点也因人而异。同时，在不同的网络社交发展阶段，网络信任的类型及程度也不同。

第一节　前提条件

信任是现实世界中人际关系的重要方面[①]，是社会正常运转的润滑剂。如果没有信任，不仅个体不可能正常生活，人与人之间也不可能建立稳固的社会关系[②]，而且整个社会也会随之陷入一片无序的混乱之中。而在网络上，信任是某些网络活动得以顺利进行的前提条件，任何有实质性意义的关系的建立亦需要一定信任的支撑。发生于网络空间中的这种信任对个体的影响很大，不仅会形成个体在线活动的某些决策[③]，而且会影响

---

① Butler, J. K., & Jr. Toward Understanding and Measuring Conditions of Trust: Evolution of a Conditions of Trust Inventory[J]. *Journal of Management*, 1991, 17(3): 643－663.

② Eisenstadt, S., & Roniger, L. *Patrons, Clients and Friends*[M]. Cambridge: Cambridge University Press, 1984: 16－17.

③ Dutton, W. H., & Shepherd, A. Trust in the Internet: The Social Dynamics of an Experience Technology[R]. Oxford Internet Institute, Research Report, 2003(3).

个体在网络空间的行为。[①] 信任是"数字化生存"的必需品。如果没有信任，也就没有办法通过网络社交与他人建立持久稳定的网络关系。

然而，网络信任并非先验性地存在于网络社交中，也不是自动生成的，而是依赖于一定的前提条件才有可能得以生成，而且这种前提条件还在一定程度上决定了网络信任的类型及建构过程等。在一定前提条件的支配与驱动下，网络信任的建构可以说是网络社交双方于一定基础之上的动态协商的结果。[②] 这个过程不断涉及网络社交双方的认知与判断，是网络社交双方多次博弈的结果。然而，目前尚未有研究涉及网络信任生成的前提条件。考虑到网络信任与现实信任本质上的相似性，本研究认为，虽然两种信任的发生情境发生了变化，但是现实信任得以生成的前提条件依然适用于网络信任。

在长期的大量研究中，学界对信任得以生成的前提条件达成了一定的共识。学界普遍认为：在具体情境中，信任的生成需要具备两个前提条件，即依赖性及风险性。这两个前提条件在信任的建构过程中缺一不可，任何一个条件的缺失，都不能引发信任建构的必要。个体在建构信任之前，清醒地理解与把握这两个前提条件，不仅有助于理性建构网络信任关系，而且有利于网络信任关系的持久维系。以下，研究者将分别简单介绍这两个前提条件的含义。至于其在网络信任建构中的重要性，本研究不再赘述。

一、依赖性

所谓依赖性指的是在任何有实质性的信任关系中，施信者与被信者之间都是相互依赖的。[③] 实际上，只要两个个体之间存在某种关系时，两者之间就是相互依赖的了。[④] 个体之间的依赖性意味着如果没有他者，个体就无法实现其目标或满足其需求。因此，在这种情况下，任何一方都希望确保他者的行为能使自己的依赖性目标得以实现。[⑤] 通常，这些保障措施不是源于控制机制，就是源于信任。然而，控制机制不可能无处不在。因此，在控制机制缺失的情况下，就只能依赖信任了。但是，信任却不是能够轻易获取的。

---

① Urban, G. L., & Sultan, F. Placing Trust at the Center of Your Internet Strategy[J]. *Sloan Managenment Review*, 2000, 42(1): 39-48.

② Lewicki, R. J., & Bunker, B. Developing and Maintaining Trust in Work Relationships[A].Kramer, R., & Tyler, T. (Eds.) Trust in Organizations: Frontiers of Theory and Research[C].Newburry, CA: Sage, 1996: 114-139.

③ Rousseau, D. M., Sitkin, S. B., Burt, R. S., et al. Not so Different After All: A Cross-Discipline View of Trust[J]. *Academy of Management Review*, 1998, 23(3): 393-404.

④ Berscheid, E. Compatility, Interdepence, and Emotion [A]. Ickes, W. (Ed.) Compatible and Incompatibal Relationships[C].New York: Springer-Verlag, 1985: 143-161.

⑤ McKnight, D. H., Cummings, L. L., & Chervany, N. L. Intitial Trust Formation in New Organizational Relationships [J].*The Academy of Management Review*, 1998, 23(3): 473-490.

信任既然是某种切实存在的人际关系，那么信任双方之间必然存在一定的相互依赖性。实际上，在既有的多学科多视角的大量研究中，有很大一部分强调了个体可靠性①②及个体之间的相互依赖性③④在信任产生过程中的重要性。其中，可靠性预期通常必须在信任关系的存在与发展中得以满足，而且这是维系信任的依据。⑤ 施信者与被信者之间的相互依赖意味着施信者有想要实现的需求，而被信者有满足这种需求的潜能。施信者有需求，这就决定了施信者只有给予被信者信任才能使自己的需求得到满足。如果没有这种相互依赖，行动者之间貌似也就也不存在建立信任的必要。在本研究中，施信者对被信者的依赖性主要体现为施信者意欲建构网络信任的动机或者原因，即是第二章“网络信任的构成要素”中所谈及的“为何信任”问题。

实际上，依赖不仅仅存在于信任之中，生活中到处存在着依赖，只是有时候我们显然忽略了人们之间的各种依赖性。即使不平等关系也是相互依赖的关系。⑥ 我们总是喜欢把自己想象成自力更生的个体，依靠自己的力量就可以闯荡世界。然而，在现代社会中，如果我们想像个“人”那样生活，就必须要依赖于他人。生活中如果没有他人，就像生命中没有空气与水一样。在现代社会中，“鲁宾逊”或许只能成为一个传说。人是高度社会化的动物，纵使可以在短期内独立生活，但实际上也是建立在对他人依赖的基础之上的，依靠他人的供给而生活。没有人可以脱离社会而生活。正如亚里士多德(Aristotélēs)所言：“人本质上是社会性动物。那些生来就缺乏社会性的个体，不是低级动物，就是超人。社会实际上先于个体存在。不能在社会中生活的个体，或者因为自我满足而无须参与社会生活的个体，不是野兽就是上帝。”⑦

二、风险性

风险与信任总是如影随形。如果没有风险，也就无所谓信任不信任了。信任所带来的风险，即施信者不能确定被信者的行为结果及不可预期的行为结果可能会带来的

① Holton, R. Deciding to Trust, Coming to Believe[J].*Australasian Journal of Philosophy*, 1994, 72(1): 63-76.

② Blois, K. J. Trust in Business to Business Relationships: an Evaluation of Its Status[J].*Journal of Management Studies*, 1999, 36(2): 197-215.

③ Dhaliwal, J. S., & Benbasat, I. The Use and Effects of Knowledge-Based System Explanations: Theoretical Foundations and a Framework for Empirical Evaluation[J].*Information System Research*, 1996, 7(3): 342-362.

④ Lerch, F. J., Prietual, M. J., & Kulik, C. T. The Turing Effect: The Nature of Trust in Expert System Advice[A]. Feltovich, P. J., Ford, K. M., & Hoffman, R. R.(Eds.) Expertise in Context: Human and Machine[C].Cambridge, MA: MIT Press, 1997: 417-448.

⑤ Shapiro, S. P. The Social Control of Impersonal Trust[J].*American Journal of Sociology*, 1987, 93(3): 623-658.

⑥ (美)迈克尔·施瓦布.生活的暗面：日常生活的社会学透视[M].汪丽华，译.北京：北京大学出版社，2008: 65.

⑦ (美)埃利奥特·阿伦森.社会性动物[M].郑日昌，张珠江，等，译.北京：新华出版社，2002: 1.

潜在损失。实际上，风险是人类社会普遍存在且永恒的特征。我们生活于"风险社会"* 之中，而风险又不是个体所能控制的，也不是大型组织（包括国家）所能控制的。从应对风险这个意义上说，信任是针对风险问题的一种解决办法，信任归根结底就是对不确定性及风险的主观把握。①

信任风险包含两层含义：指向未来的不确定性和脆弱性。不确定性意味着风险较大，而信任的建立能够降低不确定性。② 就后果而言，信任风险会给我们带来各种不愉快及损失。通常，信任伴随着四种不同类型的风险：(1) 他人以恶劣的方式对待我们的风险或者是其行为使我们的预期落空的风险。这是未来的不利事件独立于我们的信任行为的风险；(2) 对不值得信任的人给予信任，除了承担其不适当或有害行为带来的风险之外，我们还要经历负面的心理体验。这种风险与我们的信任行为相关；(3) 在亲密关系中，被信者知道并认可我们的信用，并因此在一些实现它的道德约束之下时发生的风险；(4) 将有价值的事物托付给被信者时发生的风险，这种风险更切实，可能会涉及物质利益上的损失，而不仅仅局限于心理上的不愉快。③

在特定情况下，这四种类型的风险甚至可能同时出现于某一事件。比如，一个考试不及格的学生请求老师让其考试通过，前提条件是该学生在考试后会补交一篇论文。老师考虑到该学生的情况，给予了该学生信任，给出了论文题目及参考资料，并让其考试通过。然而，该学生考试后并未提交论文或归还参考资料。在这个事件中，四种类型的风险同时出现了。教师为自己的信任行为付出了相当可观的代价。

当信任发生于网络情境中时，信任的两个前提条件依然存在且会发挥作用，并没有因情境的变化而变化。网络社交中，施信者对被信者的依赖因其与被信者建立关系的目的的不同而不同。施信者可能热衷于获取信息、发展某种关系，抑或是追求某种形式的娱乐等。信任伴随着的四种不同类型的风险亦有不同程度的表现。如果被信者提供了错误信息或虚假信息、滥用了双方之间的关系（例如，发布虚假信息或者是做出攻击行为）。那么，此时施信者就会陷入不可预知的风险之中，其自身利益就会受到损害。

对于大学生而言，他们在网络社交中面临的信任风险主要是第二种和第三种，偏向

---

* "风险社会"的概念最初由乌尔里希·贝克（Ulrich Beck）提出，指的是现代社会发展到了社会的、政治的、经济的、个人的风险不断地趋向避开制度的监控及保护的阶段。

① Falcone, R., & Castelfranchi, C. Socio-Cognitive Model of Trust [EB/OL]. http://ebooks.narotama.ac.id/files/Encyclopedia%20of%20Information%20Science%20and%20Technology%20(2nd%20Edition)/Socio-Cognitive%20Model%20of%20Trust.pdf.[2012-05-13].

② Heimer, C. A. Solving the Problem of Trust[A].Cook, K. S.(Ed.) Trust in Society[C].New York: Russell Sage Foundation, 2001: 40-88.

③（波兰）彼得·什托姆普卡.信任：一种社会学理论[M].程胜利，译.北京：中华书局，2005：40-42.

于心理及情感上的不愉快经历。尤其是对那些以情感交流作为主要目的及内容的网络社交用户而言，他们在网络上的交往更深层次地体现为"自然之我"的宣泄，心灵的沟通。网络社交是联结思想意识的纽带。[①] 网络社交的风险更多地表现为心理及情感上的伤害。在某种意义上，心理及情感上的伤害往往比物质上的伤害更为严重。因而，在以情感交流为主的网络社交活动中，双方对情感风险的估计会更为全面、细腻，在信任的给予上更为小心谨慎。因而，网络社交中心理及情感上的信任更难以获得。心理及情感上的不安全性是目前阻碍网络社交的重要因素之一。虽然心理及情感上的安全性已经引起了研究者们的关注[②]，但是情感因素在信任形成中发挥了什么作用却依然不得而知[③]。

除此之外，还有研究者从其他视角指出了信任的生成条件。比如，共同的文化背景、他人身份的确定、施信者的积极预期。但实际上，研究发现这些条件并不一定是信任生成的前提条件。本研究的后续部分对此进行了简单的论述。

在本研究看来，信任双方的依赖性及信任结果的风险性是信任得以发生的前提，亦是任何意图建立信任的个体所要面临的事实。信任是连接过去和未来的桥梁，信任与未来的不确定性及不可控制性紧密相关，清醒地意识到这些事实是个体决定是否发展信任关系的前提，并不意味着信任关系的开始。

第二节 基　　础

信任不是无根之花，不会凭空产生，必须需要具备一定的生长土壤（或称为基础）才会产生。最常见、最重要的信任基础就是对信任对象可信性的估计。还有学者认为，信任的基础是熟悉及对彼此所传递信息真实性的确认。[④] 实际上，这都是说，信任是在熟悉他人及确认信息可信性基础之上产生的。不管是熟悉还是对信息可信性的估计过程通常都是在与他人的互动中完成的。没有互动，也就没有机会熟悉他人，也就不可能发展信任关系。因而，要与他人发展信任关系就必须先获得与他人的互动权，进而才能与他人相互熟悉并发展信任关系。在这个意义上，信任源于接触。[⑤] 接触是交往双方了解、熟悉的最直接途径。行动者的期望、信念及机会是行动者付诸行动的最直

① 李春霞，吴永忠.网络交往与人的全面发展[J].自然辩证法研究，2000(12)：30－34.

② Rempel, J. K., Holmes, J. G., & Zanna. Trust in Close Relationships[J].*Journal of Personality and Social Psychology*, 1985(49): 95－112.

③ Lewis, J. D., & Weigert, A. Trust as a Social Reality[J].*Social Forces*, 1985, 63(4): 967－985.

④ 何明升，白淑英，等.虚拟世界与现实世界[M].北京：社会科学文献出版社，2011：262.

⑤ Handy, C. Trust and the Virtual Organization[J].*Harvard Business Review*, 1995, 73(3): 40－50.

接原因。[①] 其中，信念和期望是为行动提供理由的心理活动，是动机方面的因素。在本研究中，“为何信任”解释了行动者建构网络信任的动机，而接触就为行动者日后与他人发展信任关系提供了机会。

一、接触

在与他人的互动过程中，我们熟悉了他人并获得了评估可信性的信息。通常，互动过程中获得的用于评估他人可信性的信息大致可以分为两类：一是与被信者的固有特质相关的信息。例如，诚实、善良、忠诚、可靠等，这类信息通常被视作给予信任判断的依据；二是与信任发生情境相关的信息。[②] 例如，在约束严格的情境中，被信者的可信性相对较高。其中，第一类信息往往决定了社交双方能否拿到接触的“入场券”，进而相互熟悉并发展出信任关系。以下，本研究将简单探讨个体的哪些固有特质会影响到网络社交的开始。

研究者就“90 后”大学生会“选择与怀有什么社交动机的人进行网络社交”这个问题与相关被试进行了访谈。结果表明，在选取网络社交对象时，男女被试在对方的网络社交动机方面表现出一定的差异性。通过对比男女被试对该问题的回答，本研究发现，女性相对男性考虑的因素更多，顾虑更多，交往态度更为谨慎。造成这种现象的原因似乎大部分可以归结为安全性。女性在社会中大多处于弱势地位，更容易受到伤害。各类媒体上经常报道的关于网络社交的不良事件对她们的心理产生了一定的影响，促使她们在网络社交时往往防范意识比较强，任何让她们心理不适的人或事（例如，污言秽语、打探个人隐私等）都可能中断她们的网络社交行为。马科夫斯基（Markovsky）及劳勒（Lawler）提出的“情感网络理论”认为，预期在人们的相遇中是种很重要的力量。如果他们的预期体验为积极的情感，他们将趋于投入这种相遇；如果遭遇消极的情感，他们就会避免这种带来“不良”体验的相遇。[③] 因此，不良体验很容易迫使个体远离这种网络生活。

另外，个人品德在现实世界的人际交往中具有举足轻重的作用，这点也适用于网络社交。“人心向善”，品德较好的个体比较容易开始与他人的互动，而品德不好的个体往往会使与他人的互动死于萌芽状态。就访谈结果来看，几乎所有女性被试均认为言语及行为表现明显怀有不良企图、动机不纯的个体不值得与之互动。如此“拙劣”之人并不诚实、善良，可信性相对较低，跟这样的人打交道没什么意思，而且风险很大，很容

---

① （瑞典）彼得·赫斯特洛姆.解析社会：分析社会学原理［M］.陈云松，范晓光，朱彦，译.南京：南京大学出版社，2010：41.

② （波兰）彼得·什托姆普卡.信任：一种社会学理论［M］.程胜利，译.北京：中华书局，2005：96.

③ （美）乔纳森·特纳.社会学理论的结构（下）［M］.邱泽奇，等，译.北京：华夏出版社，2001：113 - 114.

易受到伤害。在以上种种原因的驱使下，"90后"大学生很可能会因为"道不同，不相为谋"而选择早早中断与这种不适合他们社交的人的交往，选择更好的社交对象。网络上丰富的社交资源为他们开始下一段网络社交提供了很多机会。因而，他们避免了继续这种相遇，转而寻求能够带来积极体验的相遇。

实际上，除了以上两类信息之外，大学生往往还会将有关行为或能力的信息等作为其选择网络社交对象的依据。另外，不同个体选择网络社交对象的依据也不同。我们不可能也无法穷尽所有的可以作为个体选择网络社交对象的依据的信息，因而本研究在此仅探讨了两类比较重要的信息对个体网络社交对象选择的影响，而没有探讨其他信息。不探讨其他信息，并不意味着这些信息不发挥影响作用。对某些个体而言，可能恰恰是本研究中所没有探讨到的信息对其网络社交对象的选择产生了至关重要的作用。

在本研究中，男性被试网络社交对象的选择范围似乎更为广泛一些，原因可能在于男女被试在网络使用上的差异，女性被试较男性被试更多借助网络与他人互动，而男性被试使用网络更多是为了搜索信息或游戏娱乐，因而交流过程中也就不会过多涉及私人信息。访谈及问卷调查中男女被试的回答一定程度上印证了这种猜测。由630名美国大学生参与完成的"学生计算机及互联网调查"(*Student Computer and Internet Survey*)的大型实证研究报告结果亦表明，男女被试在使用网络上会表现出一定的差异，女性被试使用网络的主要用途是与他人交流，而男性被试则更多是为了搜索信息。[①] 造成这种差异的原因大致包括动机[②③]、认知[④⑤]及情感[⑥⑦]三方面的要素，在此不作详述。

二、熟悉

熟悉是信任的基础，没有熟悉也就不可能发展出网络信任。我们通过长期互动来学着信任他人。[⑧] 实际上，互动就是为了熟悉被信者，获取给予被信者信任的信息，给

---

① Jackson, L. A., Ervin, K. S., Gardner, P. D., et al.Gender and the Internet: Women Communicating and Men Searching [J].*Sex Roles*, 2001, 44(5/6): 363-379.

② Shapiro, J. S. Loneliness: Paradox or Artifact[J].*American Psychologist*, 1999(54): 782-783.

③ Wellman, B., & Gulia, M.Virtual Communities as Communities: Net Surfers Don't Ride Alone[A].Smith, M. A., & Kollock, P.(Eds.) Communities in Cyberspace[C].New York: Routledge, 1999.

④ Comber, C., Colley, A., Hargreaves, D. J., et al.The Effects of Age, Gender and Computer Experience Upon Computer Attitudes[J].*Educational Research*, 1997, 39(2): 123-133.

⑤ Morahan-Martin, J. Males, Females and the Internet[A].Gackenbach, J.(Ed.) Psychology and the Internet[C].San Diego, CA: Academic Press, 1998: 169-198.

⑥ Katz, J. E., & Aspden, P. A Nation of Strangers[J].*Communications of the ACM*, 1997(40): 81-86.

⑦ Rawlins, G. J. E. *Moths to the Flame: The Seductions of Computer Technology*[M].Cambridge, MA: MIT Press, 1997.

⑧ Wollebaek, D., & Selle, P. Participation and Social Capital Formation: Norway in a Comparative Perspective[J]. *Scandinavian Political Studiew*, 2003, 26(1): 67-91.

予信任的可能性随着关于被信者的信息的种类和数量的增加而提高。没有作为信任判断依据的信息,信任就是盲目的,而且被信者背叛的机会与风险都很高。因而,对于网络社交双方而言,没有互动就不能彼此熟悉,也就几乎没有机会发展信任关系。即使有,那也是一种"虚拟的信任"。例如,对名人的信任。互动在某种意义上成了发展信任关系的"入场券",至于能不能构建网络信任则取决于网络社交双方在之后的互动过程中的表现。

在网络社交的初始阶段,极少会有人先入为主地认为对方是可信的。在信任度普遍偏低的网络虚拟世界中,社交大部分是从试探性活动开始的。中国人受儒家"性本善"传统教育的影响,虽然相信人性善良,但这并不意味着中国人对他人有着较高的一般信任,而且中国人注重关系取向,信任不相识的人似乎没有多大意义。[①] 因此,在网络社交的初始阶段,信任几乎是不存在的,社交双方不可能进行深层的交流,两个人仅可能会交换一些无关紧要的个人信息,例如,学校、专业等。比较重要的个人信息往往是经过几次交流之后才有可能交换,例如,姓名、兴趣、爱好等。通常,对"90后"大学生而言,只要是正常交流,对方的言语不让人生厌,不超出初识之人交流的范围(例如,言语挑逗、骚扰等),他们几乎都可以与其开始一段网络社交,这也就意味着他们找到了发展信任关系的潜在对象。

在互动过程中,社交双方会逐渐熟悉起来,不断获取给予对方信任的信息,并判断这些信息的可信性,然后据此决定给予信任维系网络社交关系,还是中断网络社交关系。网络信任并不会轻易在初识之人之间建立起来,必是建立在相互熟悉的基础之上的。网络社交关系的质变必是在网络信任发生变化的前提下发生的,网络信任一丝一毫的变化都可能会对网络社交关系产生极大的影响。同时,网络信任的类型及程度又会随着网络社交双方关系的发展而不断变化。正是在这种作用与反作用的过程中,网络信任与网络社交关系得以同时发展。在某种程度上,这两者在时间及深度维度上表现出类似于双螺旋的发展关系。

第三节　建构过程

信任是日常生活中普遍存在的现象,虽然信任在个体生活及社会正常发展中的重要性得到了关注,但是信任的发展过程及功能却极少有系统理论关注。奥尼尔(O'Neill)在其报告中指出:信任生根于对话及面对面的交互。在现代社会,人与人之

---

① 王飞雪,山岸俊男.信任的中、日、美比较研究[J].社会学研究,1999(2):67-82.

间的交流是面对面且双向的，直接的个人交互是信任的基础；然而，在现代社会（她称之为“信息时代”），人与人之间的交流更多发生于陌生人之间，且是单向的。原有的信任建构机制已经不适用于“信息时代”的信任建构规律。①

本研究认为，对于网络社交而言，人与人之间的交流虽然也会发生于陌生人之间，但是这种交流并不都是单向的，而且现实世界中的人际交流的规则仍然在一定程度上适用于网络环境之中。另外，网络信任与现实信任的主体是统一的，虽然说网络信任发生于虚拟角色之间，但是虚拟角色仍受切实存在的社会个体支配。因而，现实世界中的信任与网络信任存在着极大的相关性。纵使信任已悄然发生一定的变化，网络信任的发展过程依然在一定程度上类似于现实世界中的面对面的信任发展过程。毕竟，网络上的“戴着面具”的陌生人之间的交流与现实世界中其他类型的陌生人之间的交流一样，也要经历“陌生—初识—建立关系—维系与深化（或破裂）”这样一个看似十分简单却又极为复杂的发展过程。

信任的种类和水平千差万别。② 在不同的互动过程中，会形成不同类型的网络信任，且随着互动的深入，网络信任的类型及程度会发生相应的变化。网络信任既表现为一个时间节点，也表现为一个发展过程。对不同的个体而言，网络信任发展过程中的转折点是不同的，这种差异与个体的人格特征、信任发生的网络情境、信任所涉及的事件的重要性等众多因素直接相关。除此之外，这种差异还可能与其他一些“说不清，道不明”的要素有一定的关联。因此，研究者对于网络信任发展过程的描述必然会有局限性，本研究在访谈基础上总结出来的网络信任建构过程未必适用于所有个体的信任建构过程，有的个体甚至经历了与此完全不同的信任建构过程。然而，针对不同个体穷尽网络信任的各种建构过程似乎是不现实的。虽然如此，出于研究的需要，本研究仍尝试从理论探讨与实证研究两方面大致勾勒出网络信任的形成与发展过程。

一、发展路径

与国内部分既有研究所持的“网络信任是先验性地存在于网络社交活动之中”的观点不同③④⑤，本研究在大量实证调查的基础上认为，信任并不会先验性地存在于网络社交双方之间，而是网络社交发展到一定阶段的后天产物。原因就在于：信任既没有

① O'Neill, O. A Question of Trust[EB/OL].http://www.bbc.co.uk/radio4/Reith 2002/lectures.shtml.［2012－10－30］.
② （美）安东尼·吉登斯.现代性与自我认同[M].赵旭东，方文，译.北京：生活·读书·新知三联书店，1998：21.
③ 何明升，白淑英.网络和互动：从技术幻境到生活世界[M].北京：中国社会科学出版社，2008：317.
④ 白淑英.网上人际信任的建立机制[J].学术交流，2003，108(3)：9－11.
⑤ 胡蓉.网络人际交互中的信任问题研究[J].图书情报知识，2005(4)：98－101.

内置于我们的基因当中，也并非自古以来就是人类习以为常的行为。实际上，直到200多年前，信任陌生人才成为人类的普遍行为。此前，谁帮助我们生存下来了，谁就赢得了我们的信任。另外，信任不可能先验性存在的现实还与中国人的关系取向有关。中国人向来注重关系取向，在中国人的意识里，“外人”与“自己人”的界限很分明，信任陌生人没有什么实质性的意义。因而，在开始一段网络社交关系时，网络信任是不会先验性存在的。甚至，对某些个体而言，出于安全考虑，他们可能是怀着半信半疑抑或是怀疑的心态开始与他人进行网络社交的。由此，网络信任的建构是一个从无到有的发展过程。这是一个属于网络社交双方的彼此开放、相互自我暴露的过程，亦是网络社交双方长期博弈的结果。

既然网络信任不是先验性存在的，那么网络信任自然是随着网络社交的发展而逐渐积累起来的。本研究在借鉴已有网络信任发展过程的探索成果及归纳访谈结果的基础上认为，网络信任的发展路径大致可以归纳为“网络社交①——网络信任①——网络社交②——网络信任②——网络社交③——网络信任③——现实社交”。在网络社交的不同阶段，网络信任的类型及程度亦不同。在网络信任的发展过程中，个体要不断获取给予对方不同类型及程度信任的依据。这个过程中不断涉及行动者的认知及判断，个体的每次判断都会对网络信任的发展产生重要影响，甚至有可能成为网络信任类型及程度发生变化的临界点。由于个体的差异性，网络信任发生变化的临界点也因人而异表现出一定的差异性。[1]

在网络信任的建构过程中，网络信任①是角色信任，是对网络社交对象所扮演的虚拟角色及身份的认同与信任，这是一种开启了陌生人之间频繁交互的初步信任；网络信任②是认知信任或情感信任，这主要取决于“90后”大学生网络社交的动机。比较典型的就是，以获取信息为主要目的的网络社交往往对应的是网络信任的认知维度，以寻求情感支持为主要目的的网络社交往往对应的是网络信任的情感维度。不过，情感信任往往是在认知信任的基础上发展而来的。因此，也就不能排除网络信任②是认知信任及情感信任的统一体的这种可能性。网络信任③可能会出现两种发展趋势：（1）网络信任破裂；（2）网络信任得到了进一步的发展，进入高阶阶段，即网络信任走出网络，走向现实，甚至发展为现实世界中的信任，这种信任可能会引导网络社交走向个体生活的现实世界。不过，就既有调查结果来看，这种情况发生的概率很低。很多网友见面之后，不仅网络社交关系随之结束，而且之前辛辛苦苦营建起来的网络信任也荡然无存

① Jarvenpaa, S. L., & Leidner, D. E. Communication and Trust in Global Virtual Teams[J]. *Organization Science*, 1999, 20(6): 791－815.

了。当然，也有极少数的网络信任与网络社交关系在现实世界中得到了长足发展。至于网络信任发展成现实世界中的信任之后的发展情况，本研究便不再讨论了。

二、建立关系

网络信任的建立始于对虚拟角色的认同。在实际调查中，大多数被试认为只有在互动双方认可自我及他人的角色并认为对方行为符合角色要求的情况下，信任才能发生。通常，个体自身网络形象的好坏直接决定了其能否与他人开始网络社交，能否在网络社交过程中赢得他人的信任。而网络虚拟技术为参与互动的网络角色蒙上了神秘的面纱，这就为社交双方确认彼此的网络角色增加了难度。

（一）网络角色的形塑

通常，网络角色的形塑大致可以分为两个环节。一是塑造与现实世界中个体类似的"人口统计学数据信息"。例如，网名、性别、头像等。我们姑且称之为网络角色的静态形塑过程。二是在网络社交的过程中，借助文字语言、图片、影音之类的符号形塑虚拟角色的性格、情感、价值观等。这种动态形塑是在与他人的互动过程中逐渐完成的，个体为了继续与对方交往下去，会主动思考他人对自己的印象，不断修改、完善自己的网络角色。在这个过程中，个体可能会在网络角色中融入他人对自己角色的预期，努力使自己的网络角色与他人对自己角色的预期相吻合。这两个环节的实现均依赖于符号。

本研究在前文中曾指出，"90后"大学生会以三种虚拟程度不同的网络角色参与网络社交。实际上，无论个体如何用心良苦地形塑网络形象，其最终目的都是为了能够获得他人对自己网络角色的认同及信任。因为无法获得他人认同的网络角色不可能与他人保持长久的交往，因而这样的网络角色也就自然失去了其生存的空间及存在的价值。因此，个体在塑造网络角色时，往往会考虑该角色能否获得他人认同。

现实世界中的互动发生于切实的社会个体之间，而网络上的互动则发生于受社会个体操控的虚拟角色之间，这种虚拟角色是"现实人"与"虚拟人"的"共生体"。在网络互动的过程中，虚拟角色是借助各种符号得以形象化的。例如，网名、头像、个性签名等。这些不同的符号构成了生活在虚拟世界中的个体的身份。以网名为例，任何网名都是有意义的符号载体，体现虚拟角色的多重属性，并在一定程度上折射出个体的某些心理预期。

任何个体在进入网络之前，都会面临网络身份的选择问题，即选择通过什么样的角色表现自己。实际上，在确定网名及形象时，角色扮演就已经开始了。耶路撒冷希伯来大学学者哈亚·贝沙尔（Haya Bechar）在对网名进行研究时发现，仅有8％的人使用了自己的真实姓名。① 而在本研究中,这个比例更低,几乎没有被试宣称自己的网名就是自己的真实姓名。在网络上,角色扮演的方式就是使用各种符号,就像现实世界中的角色扮演会借助服装、化妆品等道具一样。在网络社交中,个体以各自的符号形式出现,同时失去了其自然身份特征。我们说网络社交是匿名的,是相对于切实的社会个体而言的,指的是彼此并不清楚对方的姓名、相貌、身份及地位等。但是,如果将着眼点放在虚拟角色上就会发现,符号已经透露了个体的不少信息,匿名仅是相对而言②,并不是绝对匿名,绝对匿名是不存在的。

符号塑造形象仅仅是角色扮演的开始,人类的一切行动都是基于符号的互动。在接下来的网络社交过程中,符号互动会继续进行角色扮演。经典的符号互动理论认为,人与人之间的互动是依靠符号来完成的。人是符号的动物,人用符号思考、交流等。在现实世界中,人与人之间的沟通是借助言语符号及非言语符号这两类符号来完成的。但是,在网络世界中,大多数情况下,人与人之间的互动只能借助文字、字符、图片及图标之类的符号来实现。各种具有象征性意义的符号不仅是网络虚拟角色沟通时的中介,亦是虚拟角色与符号互动时的对象。人们在网络社交中的行为在很大程度上依赖于由信息符号及其相关知识体系所构建的数字化疆土。③

网络是符号化的信息存储库,网络社交本质上就是“网络符号互动”,“90 后”大学生借助各种符号传递自己的思想、情感、意志等,他们在对符号意义的共同理解的基础上进行网络社交并协调行为,逐渐改变社交关系。④ 以各种符号为要素进行的网络社交中包含了两个基本要素,分别是以字符、图形、文字、影音、照片、录像等为主要内容的文化要素及以个人价值观、道德观和个性为主要内涵的人格要素。⑤ 随着网络社交的深入,这两种要素所涉及的信息会更丰富,虚拟角色的形象会进一步充实,个体在网络空间所扮演的角色也会更丰满、更真实。

(二)角色认同

实际上,在网络社交伊始,除了网络角色的人口统计学信息能少量揭示角色的信息之外,社交双方之间的寥寥数语也能使双方对彼此的角色有粗略的了解。社交双方可以通过解读形象信息及交流过程中的文本信息形成第一印象。第一印象在人际交流中非常重要,良好的第一印象更容易赢得他人的信任。不好的第一印象不仅很难赢得他

① (美)帕特·华莱士.互联网心理学[M].谢影,苟建新,译.北京:中国轻工业出版社,2001:32.

② 何明升,白淑英.网络和互动:从技术幻境到生活世界[M].北京:中国社会科学出版社,2008:35.

③ 吕玉平.网络交往:信息时代的新交往观[J].理论观察,2000(4):43-45.

④ 刘中起,朱玲怡.网际互动的特质与自我表达的实作思路[J].科学技术与辩证法,2002(6):22-27.

⑤ 谢宝婷.浅析网络互动内涵[J].社会,2002(7):40-42.

人的信任，而且可能让个体根本没有机会与他人开始一段网络社交关系。原因就在于，个体会根据先前与他人交往的经验来预测对方所扮演的角色是否具有可信性，进而决定是否给予其信任。

判断他人可信性的第一步可能就是了解对方的角色。如果对方的角色没有获得认同，对方也就不会获得信任，更不可能在他人的世界获得一席生存之地。因此，就那些后来在网络社交中建立起信任关系的虚拟角色而言，是角色的认同开启了网络信任建构的第一步。这种浅浅的、微妙的信任给个体带来了积极体验，且这种积极体验也支持了他们的前期积极信念及希望，让信任得以深化，促使他们更乐于投入网络社交。① 在这种相遇中，个体与他人的情感联结会不断加强。与现实世界中的人际交往相比，网络社交的功利成分大大降低，所伴随的情感投入会大幅增加。② 在一来二往的互动过程中，社交双方逐渐熟悉起来，网络信任程度不断加深，网络信任维度也有可能转变。

从访谈的结果来看，“90后”大学生在选择网络社交对象上有一定的偏好，他们比较认同或者说倾向于信任那些积极向上、诚实、开朗、幽默、能力好、能够传递“正能量”的正面的网络角色。那些哗众取宠、背离大众价值观、“离经叛道”的“异类”角色或许会在起初引起他人的好奇与关注。但是，“语出惊人”并不见得是件好事，类似的角色最终都会因为与他人没有共同的交流话题而逐渐失去角色存在的价值。而那些在个人信息呈现（例如，个性签名）中附带广告推广内容的角色或者是发送“令人恶心的色情”文本信息之类的骚扰信息的角色往往会被视作没有互动的诚意，此类角色大多是为了实现其经济利益的最大化。网络是他们谋利的工具，而不是交流的工具。对不需要此种广告服务的“90后”大学生而言，因为没有一定的共同基础，也就很难开始网络社交，更不用说获得信任了。因而，网络虚拟角色的塑造不仅对开始一段网络社交，而且对信任的获得也会产生直接影响。

信任往往存在于类似的个体之间，如果施信者与被信者拥有相同的价值观或者是其他类似的东西，认同就会发展成为信任。换句话说，个体相似性比较高的角色更容易获得他人的认同与信任。原因可能在于，对于个体而言，不论是基于生存的本能还是基于理性的度量，他们在一切社会活动开始之前总是优先考虑安全问题，他们会在活动开始之前试图获取能给他们带来安全感的证据。同样，网络社交也需要安全感，而个体相似性可以在一定程度上减少不确定性，增加安全感。本研究选取个体相似性的部分要素进行了问卷调查，数据统计分析结果发现：那些与“90后”大学生有着相同或类似兴

① Kramer, R. M. The Sinister Attribution Error: Paranoid Cognition and Collrctive Distrust in Organizations[J]. *Motivation and Emotion*, 1994, 18(2): 199－230.

② 何明升，白淑英.网络和互动：从技术幻境到生活世界[M].北京：中国社会科学出版社，2008：37.

趣、价值观及经历的网络虚拟角色相对容易获得身份上的认同或者说容易获得信任，如图 3 - 1 所示。实际上，不同的人口统计学信息会对拥有个体相似性的不同要素的虚拟角色的信任产生一定程度的影响，至于具体会产生何种程度的影响，本研究将在“网络信任的影响因素”部分尝试进行详细的理论探讨与数据分析，在此不予详述。

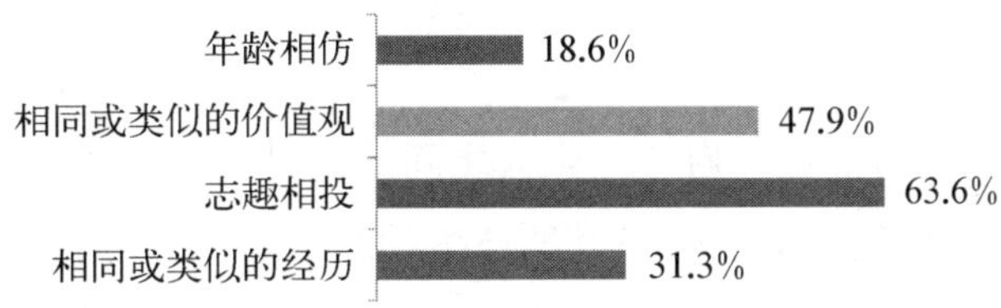

图 3 - 1　拥有个体相似性的不同要素的虚拟角色获取信任的百分比

在本研究看来，个体相似性较高的网络虚拟角色之所以容易获取他人的信任，原因就在于：个体相似性不仅使个体间有了共同语言，而且是判断是否可以给予信任的依据。随着交往的深入，彼此的熟悉度逐渐加深，个体就会对对方进行类别上的划分。而个体相似性正好为划分个体类别提供了一定的依据。具有个体相似性说明对方是“同类”，而差异性则说明对方是“异己”。通常，个体在与他人交往时，会根据以往的经验来假定：特定的社会环境中，只可能发现某些特定类型的个体。① 既然对方是“同类”，那么个体似乎就可以根据以往的经历，依据心理特质的持续性及普遍性的假定来预测对方现在及未来的行动。既然认同对方的身份与角色，又可以预测其行动指向，那么个体就可以尝试给予对方信任了。随之，网络社交双方之间就建立了初步的信任关系。这种建立在个体相似性之上的网络人际关系类似于基于同质性而形成的传统人际关系。

实际上，除了个体相似性可以催生网络信任外，还有其他要素也能够作为信任建立的依据。例如，情感。众所周知，情感交换是网络社交中最显著的特征。但是，情感交换不是不分对象的，而是双方互相选择的结果。② 对那些意在网络社交中寻求情感支持的个体而言，一经主观判断后形成的信任便不再轻易改变了，个体就会对他人产生较强的情感依赖，哪怕是“一厢情愿”的信任也都无所谓了。这里，情感投入就成为发展信任的催化剂，而其他因素在网络信任形成中的作用似乎就不是那么重要了。

三、维系与深化

在网络社交双方之间建立起了初步的信任之后，双方之间的交往会逐渐加深，交流

---

① (美) 欧文 · 戈夫曼.日常生活中的自我呈现[M].冯钢，译.北京：北京大学出版社，2010：1.

② 何明升，白淑英.网络和互动：从技术幻境到生活世界[M].北京：中国社会科学出版社，2008：321.

主题所涉及的范围及深度不断增加。而互动程度的增加也反过来维系与深化了刚刚建立起来的信任，使之得以继续发展。在这点上，网络信任及网络社交关系这两者在时间及深度维度上表现出类似于双螺旋的发展关系。那么，在网络社交过程中，网络信任是如何得以继续发展或者说社交双方是把互动过程中的哪些信息作为信任判断依据的呢？以下，本研究尝试从理论探讨及实证调查两方面简要回答这个问题。

（一）自我暴露

对网络角色的认同与信任开启了陌生人之间的接触。人们通常会与网络上认识的人进行多次互动，由于网络的匿名性及其所产生的时空距离，人们可以在情感上更加诚实与开放。① 这就引发了快速的“自我暴露”(Self-disclosure)。网络使得人们更愿意暴露他们“真实的自我”(True Self，也被称作“真我”)。

“真实的自我”的概念源自巴奇(Bargh)、麦克纳(McKenna)等学者。巴奇、麦克纳及其同事参考希金斯(Higgins)和罗杰斯(Rogers)在人格方面的研究成果基础上提出，在研究网络关系的发展时，应重点考虑“自我”的两个方面，即“真实的自我”与“现实的自我”(Actual Self)。这种说法可能是希金斯等学者研究成果的一个简化版本。② 希金斯认为“自我”包括三个方面：一是“现实的自我”，是“自己和他人”实际上认为“你”是怎样的人的一种表征；二是“理想的自我”(Ideal Self)，是“自己和他人”希望看到怎样的一个“你”的表征，包括对“你”的期许与希望；三是“应该的自我”(Ought to Self)，体现了那些“你”相信“自己”应该拥有的品质。③ 与此相反，在罗杰斯的人本主义人格理论中，“自我”是个核心概念。他认为“自我”通过与他人的互动得以发展，心理治疗的重点是帮助人们发现他们“真实的自我”。④ 巴奇、麦克纳等学者在罗杰斯研究基础之上，将“真实的自我”定义为个体拥有的、希望向其他人表达但往往不能得到表明的特质或特征。与之对应，在借鉴希金斯研究成果基础上，他们将“现实的自我”定义为人们拥有且向社会环境之中的其他人表达的特质或特征。⑤ 与希金斯观点一致，他们还认为，随着一个人与同伴间的信赖与亲密程度的加深，交往双方都更倾向于显露平时不常显露的一些方面。而前文数据统计分析结果也

---

① Whitty, M. T., & Gavin, J. Age/Sex/Location: Uncovering the Social Cues in the Development of Online Relationships [J]. *CyberPsychology & Behaviour*, 2001, 4(5): 623 - 630.

② (英) 莫妮卡·T.惠蒂,(澳) 阿德里安·N.卡尔.网络爱情——在线关系心理学[M].何玉蓉,周昊天,译.北京:商务印书馆,2010: 31 - 32.

③ Higgins, E. T. Self-Discrepancy Theory: A Theory Relating Self and Affect [J]. *Psychologican Review*, 1987, 94 (3): 1120 - 1134.

④ Rogers, C. *Client-Centered Therapy*[M]. Boston: Houghton-Mifflin, 1951.

⑤ Bargh, J. A., Mckenna, K. Y. A., & Fitzsimons, G. M. Can You See the Real Me? Activation and Expression of the "True Self" on the Internet[J]. *Journal of Social Issue*, 2002(1): 33 - 48.

表明：相当多的"90后"大学生在网络社交中会比现实世界中自我暴露程度更深，更容易表现出"真实的自我"。

在网络社交过程中，"真实的自我"的暴露是一个循序渐进、逐渐深化的过程。通常，个体的自我暴露程度随着网络社交的频度及时间的增加而愈加深入。这种观点在很大程度上类似于"社会渗透理论"（Social Penetration Theory）* 所揭示的现象。1973年，奥尔特曼（Altman）及泰勒（Taylor）①提出了"社会渗透理论"。后来，其他研究者②对该理论进行了修订。该理论认为，随着时间的推移，个体之间关系的亲密程度会不断加深。这个过程可以借助"洋葱类比"（Onion Analogy）来描述，即随着关系的发展，人们会暴露自己越来越深层的一些方面。该理论探讨了所暴露的信息涉及的深度及广度。深度指的是从人格表层方面到人格核心方面的维度，广度指的是信息主题的范围。

根据该理论，在网络社交的早期阶段，人们的行动相对谨慎，透露的往往是一些不太私密的信息，而随着互动的深入，人们能够更加放心地向他人透露自己其他方面的信息。网络为人们交流私密的信息提供了更为安全的空间，在这样的一个可以暴露自己核心方面的比较安全的空间中，自我暴露的过程发生得非常快。自我暴露的信息多是与个人的固有特质相关的，而这些信息恰恰为判断个体的可信性提供了依据。信息的增多降低了网络社交中的不确定性，给个体带来了更多的社交安全感，使个体乐于投入网络社交。因而，早期的、快速的自我暴露不仅为今后发展更亲密关系打下了基础，而且也为网络信任向更深程度发展提供了判断依据。③

在意识到网络角色是现实与虚拟的二重角色的前提之下，网络社交双方会依据彼此的网络行为表现来不断修正自我对他人网络角色的看法，并根据自己以往的信任经验来判断他人与自己互动过程之中透露出来的信息是否具有可信性，是否可以作为给予他人信任的依据。研究中我们发现，几乎所有被试与陌生人的网络互动过程大致都遵循了"社会渗透理论"所提及的发展规律。随着互动的深入，社交双方相互透露的信息逐渐向深度及广度扩展。在这样的一个类似"剥洋葱"的互动过程中，社交双方不断

---

* 社会渗透理论是指个体之间从表面化的沟通到亲密的沟通而经历的关系发展过程。根据该理论，亲密性不仅表现在身体上，而且还表现在智力上、情感上以及共同参与的活动上。因此，社会渗透过程必然包括言语行为（语言）、非言语行为（体态语、表情等）及环境导向行为（传播者与受众的距离等）。

① Altman, I., & Taylor, D. A. *Social Penetration: The Development of Interpersonal Relationships*[M].New York: Holt, Rinehart and Winston, 1973.

② Morton, L., Alexander, J., & Altmon, I. Communication and Relationship Definition [A]. Miller, G. R. (Ed.) Explorations in Interpersonal Communication[C].Beverly Hills, CA: Sage, 1976: 105 - 125.

③ Bargh, J. A., Mckenna, K. Y. A., & Fitzsimons, G. M. Can You See the Real Me? Activation and Expression of the "True Self" on the Internet[J].*Journal of Social Issue*, 2002(1): 33 - 48.

给予、寻找、发现可以作为信任判断依据的信息。

（二）网络信任的判断依据

对网络角色的认同与信任开启了社交双方的一般性的试探性交互，但是这种初步的认知信任并不足以长久维系网络社交，只有发展出较深层次的认知信任或情感信任，网络社交才得以长久维系。网络社交过程中，自我暴露程度的逐渐加深就为发展深层信任提供了依据，社交双方对彼此信息的逐渐熟悉降低了网络社交的不确定性。而这些信息正是前文中所提及的用于评估他人可信性的两类信息，分别是：与他人的固有人格特征相关的信息及与网络社交发生情境有关的信息。围绕这两类信息在“90后”大学生发展网络信任中的作用，本研究选取部分被试进行了访谈。

访谈结果发现，这两类信息的确会不同程度地出现在网络社交过程中。其中，“90后”大学生网络社交中出现最多的是第一类信息。随着互动的深入，这类信息会逐渐增加，个体的固有人格特征会逐渐显露出来，日渐增多的信息为降低不确定性提供了依据，同时使得社交双方更加熟悉。信任正是建立在这种基于熟悉的确定性之上的对不确定性的容忍。① 当不确定性逐渐降低的时候，网络信任就会不断朝着深入的方向发展。网络信任也就得以长久维系。

作为网络信任判断依据的第二类信息出现的概率相对较低。其原因可能在于，本研究中的被试多选择了一对一的网络匿名社交模式。这种模式往往比较松散，鲜有严格的约束条件，更不会有他人的监督，自由度相当大。网络上虽然也存在少量的约束条件严格的网络社区，但是这类社区往往不是等级森严的MUD游戏社区，就是主题性较强的社区，这类社区在某种程度上充当了“信息集散地”的角色。总体而言，本研究的被试进入这类社区的频率并不高。即使进入了，也大多是为了浏览信息，发言互动或发布相关主题信息的频率不高，或许用“看客”来形容他们的身份最恰当不过了。因而，该社区的持久互动可以说仅仅发生于几个活跃分子之间。这几个活跃分子之间可能会形成深层次的网络信任，其他人之间则未必。在这样一个约束条件严格，信任程度理应较高的社区中，被试比较容易信任社区中的人。但是如果没有互动，这种信任就只能是单向的，这种单向的信任不能让个体同时体会信任与被信任。另外，这不是一种通过直接接触而形成的信任，非常类似于前文所提及的“虚拟的信任”。说到底，社区成员信任的不是个体，而是社区中的制度及保证制度运行的机制。实际上，在整个网络上，目前还未发展出完整而严密的制度或机制来为信任的建立提供基础或维护网络秩序。在强调言论

① Luhmann, N. *Trust and Power*[M]. Chichester: John Wiley & Sons Ltd., 1979.

自由的前提下，真实世界各种权利的介入必然会在很大程度上遭到网民的排斥或拒绝。[①]

就访谈结果而言，在网络信任的发展过程中，个体不仅仅会依据与他人的固有人格特征相关的信息，如诚实、善良等来判断是否可以给予其进一步的信任，而且还会根据自己先前与他人打交道建立信任的经验来判断是否可以给予对方信任。不少访谈对象都提及，现实世界中先前的交往经验能够有效降低信任判断的复杂性，提高信任判断的效率。经验意味着熟悉，人们以熟悉的事物为基础来理解不熟悉的事物，并不断扩大认识事物的范围。在网络社交过程中，个体需要根据先前的经验将他人的情况融入自己可理解与掌握的范畴之内，这样才可以明确做出信任判断。个体将对方的言语和行为、对方对自己的态度和反应等信息与自身所熟悉的经验结合起来，判断对方与自己之前打交道的人有什么相似之处，并据此划分对方的类型。如果对方是自己所熟悉的若干类型中的一种，那么就可以根据先前与该类型人的交往经验来判断是否可以给予对方进一步的信任。如果对方不是自己所熟悉的类型，那么先前的交往经验就会在信任判断中失效，需要其他判断方法的介入，难度也因而较前者增加。

另外，个体往往还会通过考察他人的言语及行为的前后一致性来决定是否给予其深层信任。卢曼曾指出，互动过程中，他人主动给予与无意间透露出来的不同信息往往是判断与评估他人信任程度的有利依据。[②] 他人的言语及行为的前后一致性程度越高，个体给予他人深层信任的概率也就越高。如果个体发现他人的言语及行为前后不太一致，个体通常会选择接受或忽略，听取他人的解释或自己构造合理解释来说服自己信任他人，只有当不一致性积累到个体无法容忍的程度之时，网络信任才会面临破裂的境地。[③] 因而，个体对于信任的检验并非采取了否证的方式，而是持有一种有失偏颇的实用态度，这种态度重新解释了令人心理不安的不一致。实际上，将一致性程度作为判断个体可靠性的依据是一种非常实用的方法。不过，在现实世界及网络社会中，一致性的判断表现出一定的差异。在现实世界的互动过程中，同时发生的言语信息与非言语信息可以相互佐证个体言语的真实性及可靠性，但是网络社交过程中我们获得他人的信息主要是通过文字的表达，这个过程中丢失了大量的非言语信息，使得这种印证他人言语可信性方法的作用大打折扣。不过，我们依然可以选用其他方式来判断个体的可信性。比如，考察、对比言语及行为的前后一致性。如果说言语信息及非言语信息之间的相互佐证是一种横向判断方法，那么这种依赖于时间次序来判断一致性的方法就是一种纵向判断方法。

---

① 黄厚铭.虚拟社区中的信任与认同[D].台北：台湾政治大学博士学位论文，2000.

② Luhmann, N. *Trust and Power*[M].Chichester：John Wiley & Sons Ltd.,1979.

③ 何明升，白淑英，等.虚拟世界与现实世界[M].北京：社会科学文献出版社，2011：291.

除此之外，个体可能还会借助其他信息（例如，交往频度或交往时间。通常，双方交往频度越高，越容易形成共同的经验、话题或者感受，也就越容易发展网络信任关系）来判断他人的可信性，并以此作为给予对方进一步信任的依据。不同个体选用的方法存在很大差异，想要穷尽各种方法、各种信息也是不现实的。另外，值得注意的是：网络社交中个体之间所建立的信任关系类型不同，个体考察及评估他人网络言语及行为的侧重点也不同。例如，有的信息可以作为给予情感信任的依据，但是却不能作为给予认知信任的依据。反之亦然。

（三）网络信任决定的修正

在网络社交中，由于他人真实有效信息的缺失，个体在互动过程中往往还会存在很多顾虑及疑问。在快速的自我暴露之后，个体掌握的关于他人的信息越来越多，互动过程中的不确定性也就随着信息量的增加而不断降低。在这个逐渐深入的互动过程中，不断涉及互动双方的认知判断。通常，经过对网络社交对象的深入考察与评估之后，个体就会不断修正自己的网络信任决定，最终修正的结果无外乎两种：（1）收回网络信任，断绝网络社交关系；（2）维持现有的网络信任并有可能深入发展网络信任，甚至可能会在认知信任的基础上发展出情感信任。情感信任一般不会发生于以信息交换为主的网络社交个体之间。通常，当网络社交双方发展成朋友或恋人时，就会发生情感上的联结，衍生出情感信任。例如，在网络游戏中的虚拟社区与他人恋爱、约会甚至结婚等。网络信任的两种发展趋向一般都会在“90后”大学生的网络社交过程中出现。在网络信任的两种发展趋向中，网络信任破裂的概率相对更高，“90后”大学生在网络社交中建立起深层次、持久性网络信任关系的概率非常低。

本研究问卷调查结果显示：高达65.2%的“90后”大学生被试有过不被网络社交对象信任的经历；57.7%的“90后”大学生被试有过被他人欺骗的经历；67.4%的“90后”大学生被试与陌生人建立起了网络信任关系；28.5%的“90后”大学生被试与多个网络社交对象建立起了网络信任关系，如图3-2所示。28.5%的这个比例看起来似乎很高，但是值得注意的是：每个“90后”大学生被试的网络社交对象绝不止一两个，日积月累，几年网络社交下来，积累下来的网络社交对象足有几十个，甚至更多。如果将其给

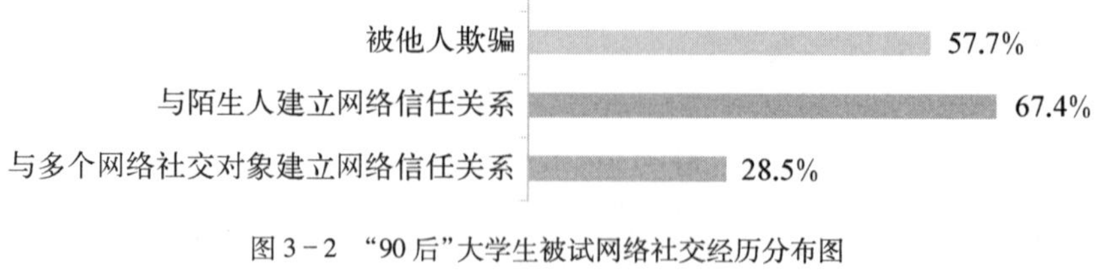

图3-2 “90后”大学生被试网络社交经历分布图

予信任的社交对象的数量占其所有社交对象的数量的比例作为其建立网络信任关系的比例，恐怕这个比例将低于10%，甚至更低。由此，信任毫无疑问就成为"90后"大学生被试网络社交中的奇缺品，并不是每个热衷于网络社交的个体都能与他人建立起网络信任关系。

就那些得以深入发展的网络信任而言，信任程度与交往频率之间存在正相关关系，与交往时间直接相关，还与交往活动形式有关联。研究结果发现，网络社交持续一段时间之后，社交双方可能会改换其他互动方式。在实际调查研究中，网络交流方式的变化可能会对网络关系的发展有着象征性意义。从最初使用网络社交账号（例如QQ、微信）进行交流到改换其他互动方式（例如通电话）或者是提供更多个人信息都代表着对网络关系及他人信任的不断增加。与网络社交对象通电话并不意味着对网络交流的不满意，而是表明了对网络关系进一步发展的承诺，也是网络关系的升华。①

通常，互动方式的变化仅发生于网络社交双方建立起一定信任的情况下，而个人重要信息（例如，住址、照片等）的交换只能发生于较深层次网络信任形成之时。同时，字里行间透露出来的温暖及有人愿意倾听自己的心事所带来的感觉强化了互动双方之间的关系，促使双方分享隐私及秘密。而互动双方之间隐私及秘密的分享反过来亦能极大地提升双方之间的信任感。亦如吉登斯（Giddens）所言，向他人透露不为外人知晓的秘密是要求他人信任的主要心理标志之一，也是当事人所期许的回报。然而，即便如此，也不见得所有人都会交换自己认为比较重要的个人信息②，尤其是那些自己不愿意熟人知晓的"秘密"或"糗事"。网络虽大，但也存在着"小世界"现象，说不定"拐角处"就能遇见现实生活中的熟人。

本研究对"网络社交过程中是否会交换重要个人信息"这个问题进行了调查，数据统计分析结果显示，就那些以人际交流或发展网络关系为目的而进行网络社交的"90后"大学生被试而言，仅12.9%的"90后"大学生被试会与网友交换重要个人信息，54.1%的"90后"大学生被试认为没有必要交换重要个人信息，33.0%的"90后"大学生被试会根据对方对自己的开放程度来决定是否透露重要个人信息，如图3-3所示。单因素方差分析结果表明，男女被试在"网络社交

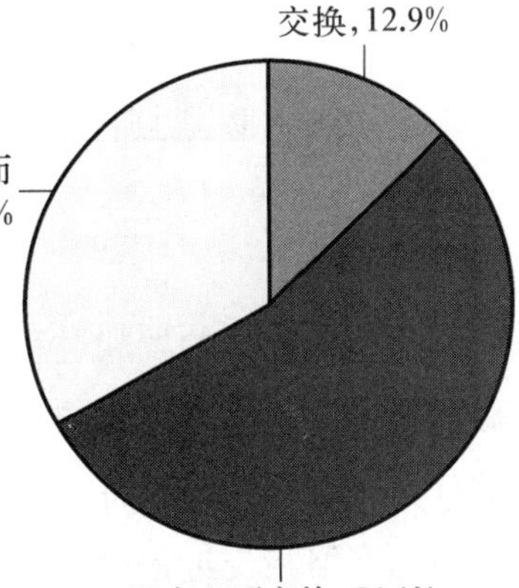

图3-3　"90后"大学生被试重要个人信息交换发生率示意图

① Whitty, M. T., & Gavin, J. Age/Sex/Location: Uncovering the Social Cues in the Development of Online Relationships [J]. *CyberPsychology & Behaviour*, 2001, 4(5): 623-630.

② 何明升，白淑英，等.虚拟世界与现实世界[M].北京：社会科学文献出版社，2011：291.

过程中是否会交换重要个人信息”这个问题上存在显著性差异(Sig=0.000，小于显著性水平0.05)。也就是说，重要个人信息的交换在一定程度上受性别因素的影响。除此之外，可能还会受其他人口统计学信息的影响，本研究在此不进行详细的数据分析。

单因素方差分析结果表明，性别因素会影响到重要个人信息的交换，那么到底是男性被试还是女性被试在网络社交过程中更容易与他人交换这些信息呢？交叉列联表数据分析结果表明，女性被试相比男性被试在网络社交过程中更倾向于保护自己的重要个人信息，轻易不会向他人透露这些信息。究其原因，女性被试相比男性被试会更多考虑与他人交换重要个人信息可能带来的风险，自身安全始终是女性被试在网络社交过程中考虑的第一要素。18.8%的男性被试会向自己的网络社交对象透露自己的重要个人信息，如图3-4所示。当然，也有46.0%的男性被试出于安全及其他方面因素的考虑认为没有必要交换重要个人信息。例如，在网络游戏中，极少会有个体与他人交换自己的重要个人信息，因为不存在这种必要。

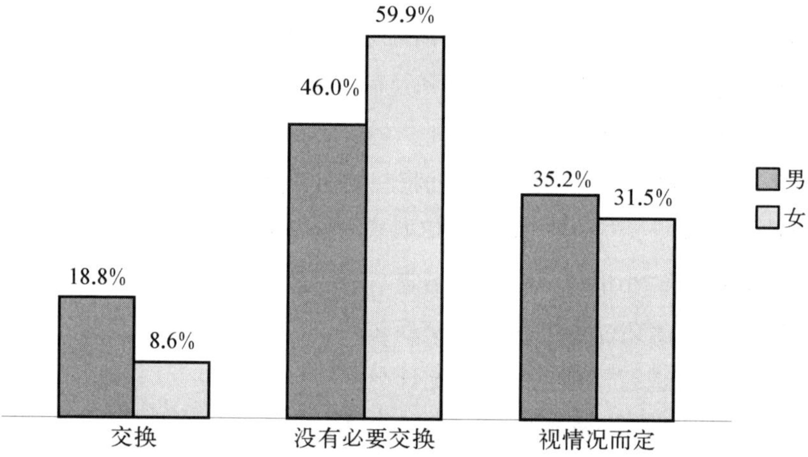

图3-4 不同性别被试重要个人信息交换发生率示意图

从网络信任的发展过程来看，对网络虚拟角色的信任是一种初步的信任。在个体做出信任网络虚拟角色的初步决定之后，网络信任的发展过程才刚刚开始。这种初步信任是一种极具普遍特征的认知型信任，是网络社交双方进行互动的前提与基础。在以后的网络社交过程中，个体会不断审视、评估、考察对方的网络社交行为，并据此修正自己的网络社交行为及对他人的信任决定。① 该阶段是网络信任发展过程中的重要阶段，有关信任的决定随时会被修正或者撤回，该阶段直接决定了网络信任是朝着深入的

① 何明升，白淑英，等.虚拟世界与现实世界[M].北京：社会科学文献出版社，2011：288.

方向发展，还是走向破裂。归根结底，网络信任是个体对不确定性的容忍，其发展趋向直接取决于互动双方在后续的社交活动中的表现。

四、破裂

网络信任作为一种交往态度，是一种易碎的“奢侈品”。建立与维系网络信任不容易，损坏和破坏却极其容易。数据统计分析结果显示，76.9%的“90后”大学生被试认同网络信任是一种脆弱的关系，很容易受到各种因素的影响而走向破裂。新经验随时可能会改变个体对他人可信任性的看法。[①] 即使十次交往中有八九次成功的经验，但仅有的一两次失败的经验就足以使之前建立起来的信任关系消失殆尽，荡然无存。相熟相知的网友顷刻之间形同陌路，甚至还可能给彼此带来挥之不去的心理伤害。

研究中我们发现，在面对“发现他人对自己有欺骗行为（比如，说谎）后会不会选择中断网络社交关系”这个问题时，61.7%的“90后”大学生被试会选择中断网络社交关系。绝大部分个体做出如此选择的原因可能在于他们认为网络上建立起来的信任比较肤浅（有63.6%的“90后”大学生被试认同网络信任是一种肤浅的关系，而且在该态度问题上不存在人口统计学信息方面的显著性差异），不太可能像现实世界中形成的信任那样发展到比较深入的程度。因而，在发现他人对自己有欺骗行为后，他们往往会果断选择中断与该社交对象的网络社交关系，转而建立另一段网络社交关系。

另外，有“90后”大学生被试宣称当自己受到他人质疑时，他们也不会像在现实世界中那样极力补救或修复，而是任由网络信任走向崩溃，出现这种情况的原因可能与网络社交对象资源的丰富性有关。对于“90后”大学生被试而言，他们很容易在网络上找到社交对象，与其辛辛苦苦地维系一段网络社交关系，不如轻松开始另一段网络社交关系，“旧的不去，新的不来”。除非网络社交双方之间的关系发展到一定程度，涉及比较深入的交流之时，个体才会像在现实世界中那样努力维系这种关系。人们忙于在网络上建立新的人际关系，却极少投入时间及精力去维系既有的人际关系。既有的人际关系很快就会被新的人际关系冲淡、替代。

除此之外，另有25.7%的“90后”大学生被试认为会不会选择中断网络社交关系取决于欺骗程度或者是欺骗行为的类型，即网络信任走向破裂的临界点取决于欺骗事件的重要性。从访谈结果来看，这部分被访谈者大多认为要给对方解释的机会。因为在

---

① Bok, S. *Lying*[M].New York: Pantheon, 1978: 26.

特定情况下，特别是在没有照片存在的情况下，个体更容易将自己的网络社交对象理想化，并会有选择性地展示自我。同时，在这种理想化的驱动下，个体往往会对自己的网络社交对象有着很高的期待。基于以上两点考虑，个体如果发现对方对自己有欺骗行为或者脱离自己的预期，也不会完全归咎于他人，往往认为自己也有责任。因而，只要不是对网络社交关系产生“致命伤”的欺骗行为（比如，善意的谎言）都可以得到原谅，并不会影响到网络社交的进行。对于“90后”大学生被试而言，如果真要因此中断与该社交对象的网络社交而重新开始与他人进行网络社交，遇到的人也不一定丝毫欺骗行为都没有，能不能建立起网络信任依然是未知数。利弊权衡之下，似乎没有必要过多计较。只要在以后的社交活动中，小心谨慎就是了。因此，也就不会轻易撤回辛辛苦苦建立起来的信任，撤回信任的决定取决于他人为什么欺骗自己及欺骗了什么。另外，网络信任还有易传染和易扩散的特征。个体被众多网络社交对象中的一个人欺骗了，就有可能对其他人的可信性产生怀疑，甚至会选择中断与其他人的网络社交关系。

网络信任走向破裂的临界点有高有低，而且因人而异，毕竟个体对不确定性的容忍度不同。个体对待网络信任态度差异性的单因素方差数据统计分析结果表明，个体的部分人口统计学信息（学校、性别、专业及年龄）会对网络信任走向破裂的决定产生显著性影响，如表3-1所示。由学校及专业的不同引发的显著性差异可能与大学生身处的组织文化及所学专业知识的不同有关，这两个因素会直接影响到大学生信任态度的形成。年龄引发的显著性差异可能是由个体经验造成的，在很多情况之下，年龄大小与经验多少直接相关。另外，在对网络信任的认识上，亦存在一定的个体差异。不同学校、性别及专业的“90后”大学生被试在“网络信任是不是一种脆弱关系”的认知态度上存在显著性差异。除此之外，其他因素（例如，个性特征、网络经验、技术偏见等）也都会对网络信任走向破裂的决定及对网络信任的认知产生一定的影响，本研究在此不进行探讨。

表3-1 个体对待网络信任态度差异性的单因素方差数据统计分析结果

题项 \ 因素	学校	性别	专业	年级	年龄
发现对方的欺骗行为后，中断网络社交关系	**0.000**	**0.000**	**0.000**	0.401	**0.046**
网络信任是一种脆弱的关系	**0.000**	**0.005**	**0.001**	0.678	0.212

随着网络信任的深入，网络社交双方有可能会涉及物质利益上的来往。但是就访谈结果来看，一旦对方向自己索取财物时，网络社交个体就会变得更加警惕并有可能怀

疑对方的网络交往动机。通常，数额较小的财物索取不会对人际关系产生较大的影响；而数额较大的财物索取往往会使辛辛苦苦建立起来的网络信任走向破裂的边缘。相比较而言，当网络社交中涉及物质交换时，网络上形成的人际关系就变得更加脆弱。尤其是在没有第三方保证的情况下，网络信任走向破裂的可能性就更大了。

在网络信任发展过程中，有关信任的每一个决定都涉及个体的认知判断。个体会对互动过程中他人逐渐呈现出来的大量信息进行认知判断，并以此作为修正有关信任决定的依据。网络信任每个发展阶段的转折点，不仅因人而异，而且因网络信任类型的不同而异。与现实世界中形成的信任相比，网络信任更是一种局部理性行为。这种信任建立于对个体部分虚拟角色熟悉的基础之上，而非对个体所有虚拟角色熟悉的基础之上。这种片面性的信任非常脆弱，此刻的信任并不意味着下一刻的信任，信任随时都有可能走向破裂。因而，网络信任有可能是相当短暂的，甚至对某些网络社交个体而言，网络信任根本就不曾出现过。网络信任就像是一件可遇而不可求的奢侈品。

实际上，就本研究的调查结果来看，在 1/3 左右的“90 后”大学生被试的网络社交过程中，网络信任根本就没有机会生根发芽，另外的 2/3 左右的“90 后”大学生被试虽然发展出了网络信任，但是网络信任发展到相对成熟阶段的比例也并不高。网络信任建立不易，维系更难。① 信任是个微妙的心理概念，一旦支离破碎，就很难恢复原样了。

五、发展为现实信任

对网络虚拟角色的信任并不等于对现实社会个体的信任。对网络虚拟角色的信任往往是因为网络拉开了网络社交双方的距离，距离确保了任何意外都不太可能直接涉及个体的切身利益与安危，这种信任的风险性相对较低。在这个意义上，对网络虚拟角色的信任可以说是由距离做保证的信任。而对现实社会个体的信任则不然，风险相对较大，可能会直接涉及个体的切身利益与安危，这种信任的风险性相对较高。因而，在所要承担的风险上，这两种信任之间有着极大的区别。不过，这两种信任之间依然存在转变的可能性。

通常，当一方认为网络信任发展到相对成熟的阶段（或者是出于其他目的），有必要将网络关系转移至现实世界之时，就有可能发出见面邀请。不过，另一方是否接受邀请则取决于其对两者之间关系的认可程度。实际上，并不是所有的见面邀请都能得到

① Dasgupta, P. Trust as a Commodity[A].Gambetta, D.(Ed.)Trust: Making and Breaking Coopercative Relations [C]. Oxford: Basil Blackwell, 1988: 49－72.

积极回应。有关在线关系发展的研究表明，始于网上的关系有可能会转变为其他渠道的交互，甚至会走出网络，进入现实生活。[①②] 在惠蒂及加文就网上的关系如何转移至现实的研究中，参与者说为了让关系成功进行下去，他们必须不断增加相互之间的信任，相互之间透露的信息越多，代表了关系本身及对网上同伴的信任程度的不断增加。[③] 至于网络信任走出网络，走向现实之时，其发展趋向——是继续深入还是中断依然不得而知。

实际调查结果显示，如果个体接受见面邀请，那么网友之间的初次见面往往在很大程度上决定着关系的未来发展趋向。通常，个体都会将自己的网络社交对象理想化，如果见面之后发现理想与现实之间存在较大差距，关系很可能就到此为止了。以容貌、年龄等个人信息为例，很多网民会在此方面修饰，甚至是撒谎。而且既有研究发现，大多数的网民虽然允许自己在此方面撒谎，却不见得会允许他人在此方面对自己撒谎。[④] 因此，见面就意味着谎言被戳穿，不仅现实世界中的社交就此结束，而且网络社交也可能因此而停止了。网络关系的此种发展趋向与本研究中某些被试的网络关系发展过程有着惊人的相似性。本研究中亦有部分被试宣称他们曾尝试将网络上的关系发展到现实世界中，但是由于种种原因，成功的可能性并不高。至于何种原因，本研究在此不进行探讨。

在线关系走出网络的局限，发展至线下，意味着网络信任将要向现实世界中的信任转变。通常，当一方认为两者之间的关系已经发展到相对成熟的阶段时（当然，也不排除并非因为关系发展成熟而要求见面的可能），就会发出见面的邀请。那么，“90后”大学生被试的网络社交在多大程度上可以完成这种转变呢？本研究调查发现：13.5％的“90后”大学生被试收到过见面邀请并与网友见过面，37.6％的“90后”大学生被试收到过见面邀请但并未与网友见过面；48.9％的“90后”大学生被试从未收到过见面邀请；另外，10.1％的“90后”大学生被试发出过见面邀请而且对方也接受了邀请，9.4％的“90后”大学生被试发出过见面邀请但是遭到了拒绝，80.5％的“90后”大学生被试从未发出过见面邀请（如图3－5所示）。那么，在“是否与网友见面”这个问题上，不同个体是否会受到不同因素的影响呢？单因素方差数据统计分析结果表明，性别因素在

① Baker, A. J. What Makes an Online Relationship Successful? Clues From Couples Who Met in Cyberspace [J]. *CyberPsychology & Behavior*, 2002, 5(4): 363－375.

② Parks, M. R., & Floyd, K. Making Friends in Cyberspace [J]. *Journal of Communication*, 1996(46): 80－97.

③ Whitty, M.T., & Gavin, J. Age/Sex/Location: Uncovering the Social Cues in the Development of Online Relationships [J]. *CyberPsychology and Behaviour*, 2001, 4(5): 623－630.

④ （英）莫妮卡·T.惠蒂，（澳）阿德里安·N.卡尔.网络爱情——在线关系心理学[M].何玉蓉，周昊天，译.北京：商务印书馆，2010：152－157.

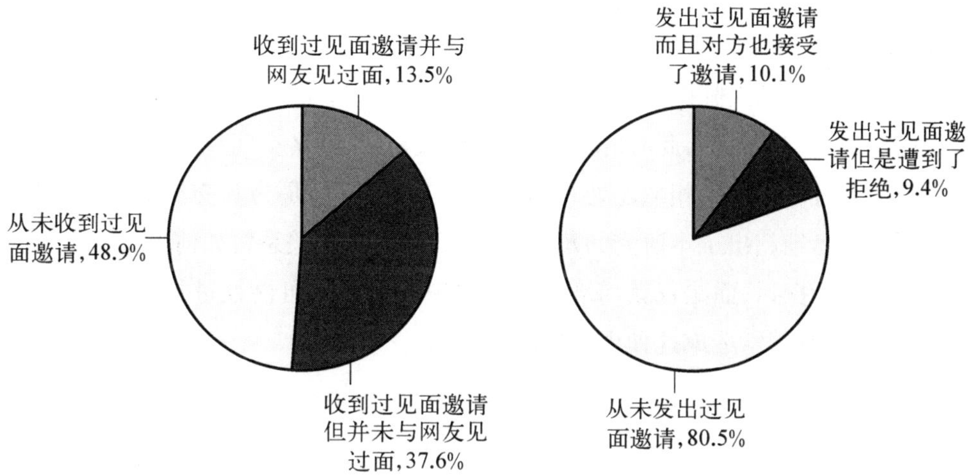

图3-5　“90后”大学生被试与网友见面情况示意图

“90后”大学生被试对待“是否收到过见面邀请并与网友见面”及“是否发出过见面邀请并与网友见面”这两个问题的态度上存在显著性差异(Sig值分别为0.001、0.000),女性被试与网友见面的概率明显低于男性被试与网友见面的概率。此外,个体拥有的可信网友的数量也在“90后”大学生被试对待以上两个问题的态度上存在显著性差异(Sig值分别为0.000、0.000)。拥有可信网友数量越多的个体与其网友见面的可能性越高。

由上述数据统计分析结果可见,对本研究中所调查的“90后”大学生被试,尤其是对女性被试而言,他们与网友见面的概率并不是很高,这也就意味着网络信任转变为现实世界中的信任的可能性比较低。至于与网友见面之后,还能继续维系下去的信任到底有多少,就更不得而知了。因而,对于“90后”大学生被试而言,他们可能更希望网络社交止于网络,网络信任亦止于网络,享受这种带着“朦胧美”的网络社交。

在前文,研究者曾指出,当网络关系发展到朋友或恋人关系时,网络社交双方之间就会产生情感联结,衍生出情感信任。在“90后”大学生被试的网络社交中,网络恋情(在本研究中,网络恋情指的是以网络作为交往平台,将恋情发展到现实世界中的人际关系,而非仅仅止于网络恋情)的发生率远远低于友谊的发生率。37.6%的“90后”大学生被试相信网恋,但是愿意尝试网恋的比例却不足16.7%;大部分的“90后”大学生被试不仅自己不愿意尝试网恋,而且还会劝阻身边的人不要尝试网恋。毫无意外,性别因素在“90后”大学生被试对待网恋的态度上存在着显著性差异。男性被试相比女性被试更倾向于尝试网恋。对于“90后”大学生被试而言,网络社交对象看不见、摸不着,其个人信息真实性难以确定,这也就意味着网络上发展而来的恋情的风险性远远高于始于现实世界的恋情的风险性，且网恋远不如现实世界的恋情来得那么真实。与其这样，还不如直接在现实世界中发展一段恋情。

在网络世界中的人际关系发展为现实世界中的人际关系之后，个体还会进一步调整有关信任的决定。然而，此时的人际关系已经超出了网络空间范围，与其他现实世界中的人际关系有着极大的相似之处，网络在一定程度上只是为其交流提供了契机。此时的人际关系已经超出了本研究的范畴，至于后续的人际关系将如何发展，本研究在此并没有尝试进行探讨，而是仅就网络信任走向现实信任的可能性进行了简单的描述性数据统计，并没有探索造成这种现象的原因。

小　　结

网络信任并不是先验性地存在于进行网络互动的“90后”大学生被试及其网络社交对象之间，而是他们的网络社交活动发展到一定阶段的产物。发生于网络空间中的这种信任对个体的影响很大，不仅会形成个体在线活动的某些决策，而且会影响个体在网络空间中的行为。在这个意义上，网络信任是“数字化生存”的必需品。如果没有信任，任何持久稳定的网络关系都难以建立。在网络信任建构的过程中，信任双方即“90后”大学生被试及其网络社交对象之间的相互依赖性及与信任相随的风险是网络信任建构的前提条件，双方在互动过程中的相互熟悉则是网络信任得以建立的基础。网络信任的建构是一个从无到有的过程，是网络社交双方多次博弈的结果，在这个过程中不断涉及个体的认知与判断。由于个体的差异性，网络信任每个发展阶段的转折点也不同。因而，本研究在访谈大量“90后”大学生被试的基础上总结出来的网络信任建构过程也就不一定适用于所有的个体，而只是适用于与此类似的情境及对象。就网络信任与网络社交的关系而言，这两者在时间及深度维度上表现出类似于双螺旋的发展关系。网络社交的深入为网络信任的发展提供了契机，而网络信任的发展反过来也促进了网络社交的深入。另外，在不同的网络社交阶段，网络信任的类型及程度也表现出一定的差异。

第四章　网络信任的影响因素

网络信任的建构是个复杂曲折的过程，是诸多因素相互作用的结果。本章围绕“网络信任的构成要素”从人、情境及媒介三个方面对“90 后”大学生的网络信任影响因素进行了理论探讨与分析。在论述过程中，研究先从社会学的“自我呈现”理论视角出发，探讨了施信者及被信者在网络社交过程中的虚拟角色形塑如何影响网络信任的建构；接着借助社会学、心理学等学科领域中的相关理论阐释了“90 后”大学生所处的不同现实情境与网络情境因素影响网络信任的机制；最后利用心理学、计算机科学等学科领域中的相关理论分析了“90 后”大学生网络社交所使用的媒介的不同属性对网络信任建构过程的影响。

第一节　个 体 因 素

发生于网络空间中的人际信任是网络信任主体——施信者与被信者在网络信任客体——网络情境中多次互动博弈的结果。在网络空间中，网络信任客体的作用被不断削弱，这就使得网络信任主体的作用被进一步凸显出来。因而，作为网络信任主体的施信者与被信者就基本决定了网络信任建构过程的每个环节，决定了网络信任的发展趋向。网络主体的自身因素因此也就成为影响网络信任建构的主要因素。

在前文中，我们指出网络信任的形成始于对虚拟角色的认同，虚拟角色塑造的好坏直接决定了网络信任能否发生。因而，对于任何意欲在网络社交过程中发展网络信任的个体（不管是施信者还是被信者）而言，他们面临的首要问题就是虚拟角色的自我呈现问题，即要把网络空间中丢失的大量现实世界中可感知的个人信息以一种新的数字化方式（例如，照片、文字、情感符号等）呈现出来。从访谈结果来看，个体在选择信任对象时会明显表现出一定的偏好。既然虚拟角色的塑造对网络信任的发生如此重要，因而有必要探讨虚拟角色的自我呈现方式对于网络信任建构过程的影响。

除了虚拟角色的自我呈现之外，网络信任主体所表现出来的个性特征、知识层次、网络经验等其他个体因素也会对网络信任建构产生一定的影响。这种影响主要表现为施信者的“信任”因素及被信者的“值得信任”因素两个方面，两者发挥作用的方式不同。其中，前者聚焦于施信者自身的哪些特质影响了被信者的选择；后者着眼于被信者自身的哪些特质吸引了施信者，使其明知要承担一定的风险，却仍然愿意将自己的信任投注于被信者。

以下，本研究将分别从施信者及被信者两个方面探讨虚拟角色的自我呈现及网络主体的自身因素等对网络信任建构过程的影响。其中，对虚拟角色的自我呈现的影响的探讨聚焦于理论，而对网络主体的自身因素的影响的探讨则从理论及实证调查两个方面展开。

一、自我呈现理论

（一）自我呈现理论的发展脉络

关于自我呈现（Self-presentation）理论的研究影响最大的当属发源于芝加哥的“符号互动论”学派，该理论强调微观而非宏观层面的互动。“自我”是社会互动的产物，而自我呈现就是一种思考自我、社会等概念的方式。此方面影响较大的有“镜中我”理论及“主我”与“客我”理论等。威廉·詹姆斯（William Jams）有关“自我”的论述对上述两种理论的提出产生了极大的影响。詹姆斯对“自我”的论述遵循了从最一般意义上逐渐深入到对纯粹自我的论述的路径。在最一般意义上，“自我”（Self）是人们称作“我”（Me）的一个东西，是其所有东西的总和。例如，容貌、性格等。接着，詹姆斯从三个方面论述了纯粹自我，分别是“自我的构成”“自我感觉和情绪”“自我寻求及自我保护”。[①]

受詹姆斯“自我”理论的影响，“符号互动论”学派的一位奠基人库利（Cooley）认为，自我呈现是人类的本能性情感之一[②]，并在其于1902年出版的《人类本性与社会秩序》（*Human Nature & Social Order*）一书中提出了“镜中我”这一形象的概念，用于描述互动中可能呈现出来的有关“自我”的形象。在《社会组织》（*Social Organization*）一书中，库利将“镜中我”归纳为三个方面：（1）我所想象的我在他人面前的形象；（2）我所想象的他人对我形象的评价；（3）由上述两个方面引出的自我感觉。“符号互动论”学派的另一位奠基人乔治·米德（George Herbert Mead）在其著作中将“自我”概念的逻辑基础定义为“主我”（I）与“客我”（Me）。他认为，完整的“自我”既是“主我”，又是“客我”，两者都包含在“自我”中，并在特定情境中相互支持。其中，“主我”是个体对他人态度的反应，“客我”是个体自己采取的一组有组织的其他人的态度。当个体要成为共

---

① Jams, W. *The Principles of Psychology*[M].Beijing: China Social Sciences Publishing House Chengcheng Books, Ltd., 1999: 291 - 297.

② （美）查尔斯·霍顿·库利.人类本性与社会秩序[M].包凡一，王源，译.北京：华夏出版社，1999：20.

同体的一员之时，自我的“客我”方面就成为相对重要的方面；而当强调个体的创造性及能动性之时，自我的“主我”方面就成为相对重要的方面。从社会交往角度来看，自我发展的动力源于个体同他人之间的相互影响及相互作用。[①] 有学者指出，“符号互动论”侧重于探究个体在互动过程之中如何创造意义、如何呈现与构建自我、如何定义所处的场景并与他人互动。[②]

实际上，自我呈现理论在提出之初并未受到学界的重视，一直被当作一个“冷概念”而存在，后来才逐渐成为社会心理学领域中的一个重要理论。在该理论的发展过程中，不少学者介入其中，但真正使该理论大放异彩的是社会学家戈夫曼。与其他研究者相比，他的研究视角尤为独特。他关注日常生活中人们面对面互动的具体细节，关注那些隐含着的、不公开的互动规律。在《日常生活中的自我呈现》(*The Presentation of Self in Everyday life*)一书中，戈夫曼提出了“拟剧理论”(Dramaturgy)，也称“自我呈现”或“印象管理”。他把人的日常生活与交往比喻为“戏剧表演”，互动或生活的社会情境是“舞台”，人就是舞台上的“表演者”。表演或者说自我呈现就是个体调整自己的行为以给他人留下某个特殊印象的过程，泛指一般人在行事时表现自己的方式。在该著作中，戈夫曼还提及了“印象整饰”的概念，他认为个体会通过该概念来塑造某种形象，使自己表里如一，符合他人对自我角色的期待。因此，在与他人互动时，个体会不断关注自己所接触到的各种对象，以及各种对象所形成的有关个体自身的印象，以试图给他人留下一个自己希望的印象。在戈夫曼看来，自我呈现是人际互动的基本条件，为了互动与交流，人们必须定义情境及所要扮演的角色。自我呈现活动使交往中的每个参与者都能很好地了解各自的角色，从而使交往得以顺利进行。

戈夫曼的自我呈现理论从社会文化传统视角探讨传播者的传播行为，而社会文化传统的理论前提是我们借助社会互动来构建一种既具统一性又具灵活性的“自我”认知。因此，该理论明显局限于社会学研究范畴。该理论还启迪了社会心理学关于“自我”及“印象管理”(Impression Management，也有人译作“印象整饰”)的一系列研究。例如，琼斯(Jones)及其同事对自我呈现理论进行了扩展，他认为自我呈现还应包括个体企图控制他人对自己个人特征的“印象管理”。[③] 这一思想引起了心理学界对“印象管理”的兴趣，改变了该理论局限于社会学研究范畴的地位，推动了该理论在其他领域的发展。

---

① Mead, G. H. *Mind, Self and Society*[M].Chicago: The University of Chicago Press, 1934.

② (美)斯蒂芬・李特约翰，凯伦・福斯.人类传播理论[M].史安斌，译.北京：清华大学出版社，2009：94－102.

③ Jones, E. E., & Pittman, T. S.Toward a General Theory of Strategic Self-Presentation[J].*Psychological Perspective on the Self*, 1982(1): 231－262.

随后，阿金(Arkin)、赖瑞(Leary)等心理学家对“自我呈现”及“印象管理”进行了一系列从理论到测量的研究。尽管如此，社会学家及人格心理学家一般还是将“自我呈现”视为边缘概念，并未将其纳入核心概念的范畴。20世纪80年代后，有关“自我呈现”的概念分析出现了明显的变化。众多学者重新对该概念进行了剖析，引发了“自我呈现”研究的热潮，将相关研究推至一个新的水平，即他们把研究兴趣从对概念的好奇转向将其视为一个根本的人际过程，且是可以进行学科分析的人际过程。①

在研究过程中，赖瑞等学者也指出了“自我呈现”不同于“印象管理”之处。他们认为：“自我呈现”倾向于个体对自我的自我表现，而“印象管理”则是个体对他人的自我表现。两者的不同之处表现在两个方面：一是两者的心理机制不同。“自我呈现”由认知过程调节完成，而“印象管理”既需要认知过程调节，还需要借助外显行为表现出来；二是两者的激发与限制因素不同，若干影响“印象管理”的社会因素极少或根本不会对“自我呈现”产生影响。② 尽管如此，两者所使用的策略与技巧依然有一定的相似性。③

（二）自我呈现理论在网络上的适用性

戈夫曼、赖瑞等学者在提出以上理论时，关注的是面对面情境下的互动。由于时代限制，他们并未考虑到网络社会中以媒介为中介的交往。不过，很多学者认为网络情境下的人与人之间的交往与互动所涉及的各要素与戈夫曼的“拟剧理论”中的各要素相符合。因而，“拟剧理论”依然适用于网络情境下的人与人之间的交往与互动。④⑤⑥ 当前，国内有关网络自我呈现的研究多聚焦于探讨个体在网络上如何呈现与塑造自己的形象、所使用的呈现工具与策略、网络世界中的自我呈现与现实世界中的自我呈现两者之间的相似性及差异性。相比较之下，网络时代，个体在网络世界中自我呈现的内容更加丰富、采取的策略更加多元、所展示的形象与目标更加接近。在某种意义上，网络为传统自我呈现理论的发展与实施提供了新的发展空间，是对原有舞台的延伸。在现实世界中，个体在同一时刻仅能在一个舞台上表演一个角色；而在网络世界中，个体在同一时刻能在多个舞台上(即多个网络空间)表演多个相同、类似或毫无瓜葛的角色。或许从这个意义上说，网络更适合自我呈现理论的应用与发展。

---

① 徐瑞青.论自我呈现[J].求是学刊，1994(4)：8－13.

② 刘娟娟.印象管理及其相关研究述评[J].心理科学进展，2006(2)：309－314.

③ (美)乔纳森·布朗.自我[M].陈浩莺，等，译.北京：人民邮电出版社，2004：139.

④ Douglas, K. M., & McGarty, C. Identifiability and Self-presentation: Computer-Mediated Communication and Intergroup Interaction[J].*British Journal of Social Psychology*, 2001(40): 399－416.

⑤ 黄少华.网络空间中的自我呈现[J].未来与发展，2009(4)：71－73.

⑥ 丁道群.网络空间的自我呈现——以网名为例[J].湖南师范大学教育科学学报，2005(3)：97－100.

网络上任何虚拟角色的实现都包括了“自我呈现”及“自我构建”两个部分。[①] 戈夫曼指出，在现实世界中，我们都像是“舞台”上的“演员”，尽力让“观众”相信我们就是某种人，即使实际上我们并非这种人。在网络上，“前台”或者说“舞台”就是个体互动时所处的网络空间，“后台”就是屏幕之后个体身处的现实世界，表演时的搭档就是个体的互动对象，“观众”（在一对一的网络互动情境中，不存在“观众”）是互动场域中的其他参与者，“某种人”实际上就是个体期望他人看到的具有某种特征的虚拟角色，而实际意义上的表演者就是虚拟角色背后的创造者，个体借助其所创造出来的虚拟角色（类似于道具）来实施自己的表演行为。因而，任何个体在进入网络之前都面临着虚拟角色的构建问题，即选择什么样的角色或者形象。此时，个体关注的是从自身意愿出发所进行的自我呈现，也就是根据自己的喜好或内心的真实感受来创造专属于自己的角色。而在随后与他人的互动中，个体之间会相互影响，个体自己和他人会对个体自身角色产生一定预期，这种影响及预期往往会促使个体根据自己和他人对自身角色的预期及反应来不断修正自身角色，以使自己的角色获得他人认同，获得生存意义及空间。这个过程就是在角色自我呈现的基础之上，以他人的视角为考虑基点的自我建构。即个体通过想象在互动中他人如何评价自己，并从他人的观点中获得自我形象及自我感受，由此自我建构形象的过程。

实际上，在网络信任建立之前，不管是施信者还是被信者都要先“表演”好各自在网络上塑造出来的角色。只有获得他人对其身份及角色的认同，个体塑造出来的角色才有可能获得生存意义及空间而继续生存下去，网络信任才可能发生。在网络信任形成与发展过程的不同阶段，施信者与被信者对角色的自我呈现及自我建构关注程度也呈现出一定的差异。其中，施信者往往会更加关注角色的自我呈现，通过将信任委托给他人，使个体在与他人的互动中不断巩固自身角色；而被信者则更关注角色的自我建构或者说“印象管理”。在这个意义上，网络信任的建构过程就是网络虚拟角色获得他人认同并获得生存意义及空间的过程。因而，网络信任的施信者与被信者如何呈现与建构虚拟角色直接影响了信任的一切主要方面，不仅成为他人判断自身可信性的依据，而且直接决定了网络信任的形成与发展。

二、施信者因素

（一）网络角色的自我呈现

在前文，我们指出，网络信任的产生需要具备一定的前提条件，其中之一便是个体

① 何明升，白淑英，等.虚拟世界与现实世界[M].北京：社会科学文献出版社，2011：273.

之间的依赖性，这种依赖性更多表现为某种需求上的相互依赖。“我”有某种需求且自己无法满足，而他人有满足这种需求的能力，“我”便尝试与他人建立信任，通过建立与他人之间的信任以便使自身的需求得到满足。就网络信任对象而言，并不是随随便便什么人都可以与施信者发展出稳定而持久的信任关系。施信者作为网络信任的发起者，仅会尝试将信任托付给那些可以满足自身网络需求的个体，而且这个个体还必须是施信者所认同的人，并不是所有能满足其需求的个体都可以托付信任。在网络信任的形成过程中，个体不断发展与完善自己的网络角色，并逐渐实现对自己网络角色的认同。施信者在建构虚拟角色时的自我呈现主要是根据自己的意愿来选择将一个甚至是多个与自我有关的“形象”展现在网络上。与现实中稳定、整体的自我呈现不同，网络上的自我呈现更多表现出平行的、片段化的特征。①

另外，网络在一定程度上消除了时空及身份的限制，只要个体愿意，就可以同时异地表演多个相同、相似或不同的角色。网络上创建角色的自由度相当高，使得网络个体的自我呈现成为一种私人行为，而且同一个体创造的网络虚拟角色极少存在“穿帮”的可能性，这就消除了个体同时表演多个角色有可能会“露馅”的后顾之忧。同时，网络互动者的角色塑造与自我呈现不仅受到个体知识结构知识层次的限制，而且在相当程度上也会受到个体生活品位、生活方式、价值观念及个性特征等因素的影响与制约。② 因此，这种因人而异的自我呈现表现出很强的主观性及个体差异性。这无疑会对网络信任的建立产生重要影响。

网络是一种介于“真实个体”与“幻想个体”之间的潜能空间，个体可以在这个潜能空间中根据自己的意愿创造出各种各样的虚拟角色。虚拟角色在创建过程中加入了不同程度的“想象”或“美化”成分，对网络信任的建构产生影响的正是这些不同程度的“想象”或“美化”成分。“想象”或“美化”成分的多少在一定程度上影响了网络信任建构的难易程度，而且导致引发个体初步信任的机制也不同。

在前文，我们指出，“90后”大学生被试在网络社交过程中所使用的网络虚拟角色大致可以分为三类，其中一类角色基本是现实生活中的真实角色在网络上的迁移。这类角色在网络上的自我呈现以现实“原型”为基础，与现实“自我”的相似性极高，“想象”成分很少。网络角色与现实角色之间虽有一定差异，不过“自我偏差”很小，角色塑造难度相对较低，个体较容易获得网络身份的自我认同。因而，个体在以这种身份与他人建构网络信任的过程中，就可以把现实生活中自己与他人的交往经验或熟悉的他人

---

① 何明升，白淑英，等.虚拟世界与现实世界[M].北京：社会科学文献出版社，2011：274－275.

② 刘中起，风笑天.“虚拟镜像中的真实”——网路人际互动者的自我呈现[J].安徽科技，2002(7)：47－48.

之间的交往经验作为认知判断的基础，对他人的可信性进行主观判断，进而决定是否给予他人信任。相对而言，以这种网络身份发起网络信任的个体是在比较客观的情况下做出的信任决策。信任决策的产生主要依赖于个体在现实生活中积累起来的经验及认知，较少受到第三方的影响。

在现实世界中，人们有着各种各样的理想，而其中真正实现的理想却很少。因此，个体总是借助某种个性化的方式来间接表达自己这些无法实现的理想。网络的出现，正好为个体提供了一个前所未有的实现自我理想的平台，使得个体能够在虚拟空间中通过扮演自己无法在现实世界中实现的角色而在一定程度上"实现"自己的理想。因此，这些"理想"角色在创建过程中难免加入了一些自己并不熟悉的"想象"成分来达到"美化"或"重塑"现实角色的目的。这种角色虽然很符合个体的意愿，更能在束缚较少的环境中展现个体的内心，但是由于与现实角色的差异较大，在虚拟角色的形塑过程中缺乏现实经验作为基础，因而角色的自我呈现过程往往时刻充满了挑战。由于"现实角色"与"网络角色"之间的差异性较大，这就为网络角色的自我认同增加了难度。个体需要在与他人的互动过程中逐渐完成角色的自我呈现，并在他人对自己网络角色认同的过程中逐渐实现对虚拟角色的自我认同。因而，当个体以这种"理想"角色成为信任的发起者时，往往会选择那些与自己形塑出来的角色有一定相似性或者能够帮助自己形塑角色的个体互动，并期望与之建立信任关系，在互动过程中，逐渐完善虚拟角色。

在虚拟角色形塑的过程中，个体通常会根据他人对自己角色的预期及反馈不断做出修订，或者直接模仿与自己预期"角色"类似的他人的网络角色来完成网络角色的自我呈现。在以这种"理想"角色与他人建构信任的过程中，由于个体在现实世界中积累起来的经验已经不能作为判断他人可信性的依据，因而在这种具有不确定性的情境中，个体信任决策的产生只能是个体信任意愿或者是其他因素(例如，关于他人的大量信息)发挥作用的结果。通常，关于他人的信息越多，就越容易形成关于他人的熟悉，不确定性因而也就越少。而信任与对不确定性的容忍及把握程度有关，不确定性越低，信任产生的可能性就越高。在降低不确定性方面，有学者提出了"不确定性缩减理论"*(Uncertainty Reduction Theory, URT，也有国内学者译作"降低不确定性理论")。[1] 根据该理论，个体可能会使用消极、

* 该理论又称"初始互动理论"(Initial Interaction Theory)，属于传播学理论范畴。该理论最早由伯格(Charles Berger)和卡拉伯利兹(Calabrese)于1975年提出。他们建构此理论是为了解释陌生人在第一次互动时如何使用传播来降低彼此之间的不确定性。他们认为：陌生人初次相遇时，最关心的是如何在交流过程中消除不确定性，提高交流的可预测性。该理论包括两个过程：预测——预见自己和对方行为选择的能力；解释——理解自己和对方行为选择的能力。

① Berger, C. R., & Calabrese, R. J. Some Explorations in Initial Interaction and Beyond: Toward a Developmental Theory of Interpersonal Communication[J]. *Human Communication Research*, 1975, 1(2): 99-112.

积极、交互策略等降低不确定性的方法。[①②] 具体方法，在此不进行详述。

（二）其他因素

除了施信者的虚拟角色自我呈现之外，施信者自身的某些因素也会对网络信任产生显著影响。有研究表明：个体的人格特质[③]、网络经验[④]、现实经验[⑤]、技术偏见及网络社交资源、对未来交互的预期[⑥⑦]等因素都会对信任的建构产生一定的影响。另外，在网络信任的不同阶段，发挥影响作用的因素不同；即使同一因素在网络信任的不同阶段影响程度也不同。

就既有研究而言，关于个体的人格特质对信任影响的心理学研究很多。例如，多伊奇（Deutsch）的研究表明，信任与个体的人格倾向之间存在强相关关系[⑧]，信任倾向越高的人越容易相信他人。赖兹曼认为，信任与个体对人性的观点之间存在强相关关系。[⑨] 信任的心理学研究认为每个人都有稳定的人格特征，这种人格特征能够影响他是否愿意在特定情境中给予信任[⑩]，而且这种特征与个体个性中的其他方面息息相关[⑪]。心理学界将这种人格特征称为信任倾向，认为这是个体儿童时期社会化习得的结果，源于个体童年时期形成的个人信仰或者是成长经历[⑫]，是个体人格中的核心部分。信任倾向比较稳定，会贯穿个体生命的始终，除非被后继的经验冲击或者改变才会发生变化，而且这个过程发展得十分缓慢。[⑬] 因此，本研究认为，个体的人格特征即使

① Berger, C. R. Beyond Initial Interaction: Uncertainty, Understanding, and the Development of Interpersonal Relationships [A].Giles, H., & Clair, R. St. (Ed.) Language and Social Psychology [C]. Oxford, UK: Basil Blackwell, 1979: 122 - 144.

② Berger, C. R., Gardner, R. R., Parks, M. R., et al. Interpersonal Epistemology and Interpersonal Communication[A]. Miller, G. R.(Ed.) Explorations in Interpersonal Communication[C].Beverly Hills, CA: Sage, 1976: 149 - 171.

③ 丁道群，沈模卫.人格特质、网络社会支持与网络人际信任的关系[J].心理科学，2005(2)：300 - 303.

④ Lee, M. K. O., & Turban, E. A Trust Model for Consumer Internet Shopping[J].*International Journal of Electronic Commerce*, 2001, 6(1): 75 - 91.

⑤ Hardin, R. The Street-level Epistemology of Trust[J].*Analyse & Kritik*, 1992(14): 152 - 176.

⑥ Tidwell, L. C., & Walther, J. B. Computer-Mediated Communication Effects on Disclosure, Impressions, and Interpersonal Evaluations: Getting to Know One Another a Bit at a Time[J].*Human Communication Research*, 2002, 28(3): 317 - 348.

⑦ Walther, J. B. Anticipated Ongoing Interaction Versus Channel Effects on Relational Communication in Computer-Mediated Interaction[J].*Human Communication Research*, 1994, 20(4): 473 - 501.

⑧ Deutsch, M. Trust, Trustworthiness, and the F Scale[J].*Journal of Abnormal and Social Psychology*, 1960, 61(1): 138 - 140.

⑨ Wrightsman, L. S.Personality and Attitudinal Correlates of Trusting and Trustworthy Behaviours in a Two-person Game [J].*Journal of Personality and Social Psychology*, 1966, 4(3): 328 - 332.

⑩ Rotter, J.B. Generalized Expectancies for Interpersonal Trust[J].*American Psychologist*, 1971, 26(5): 443 - 452.

⑪ Rotter, J. B. Interpersonal Trust, Trustworthiness, and Gullibility[J].*American Psychologist*, 1980(35): 1 - 7.

⑫ Delhey, J., & Newton, K. Who Trusts? The Origins of Social Trust in Seven Societies[J].*European Societies*, 2003 (5): 93 - 137.

⑬ Erikson, E. H. *Childhood and Society*[M].New York: W.W. Norton & Company, 1963.

在网络环境中也能发挥作用,会对网络信任的建构产生影响。

另外,个体的某些人口统计学因素也会对网络信任的建构产生一定的影响。例如,受教育程度。有研究表明:受社会及教育的影响,个体可能会较他人表现出更高水平的信任。[①] 实际上,有关信任的研究表明:不管是在什么情境中,教育都是信任的有力预测器。有学者认为教育与收入一样,象征着某种社会地位。地位越高的人,信任程度越高。[②③] 教育,尤其是接受过大学教育的人,大学教育拓展了其对世界的认知与看法,使其能够接触更多的人,形成更为客观的信任观念。因而,相对而言,接受教育程度越高的个体,越能在具有不确定性的情境中做出理智、客观的信任决策。

不同因素会对不同个体的网络信任建构产生不同的影响。实际上,本研究调查结果显示,同一因素也会对不同个体的网络信任建构产生不同的影响。本研究在前文中指出,施信者比较容易认同和信任那些与自己有着较高个体相似性的网络角色。那么,这种结果是否与个体的某项人口统计学数据信息有关呢? 为了检验该假设,本研究进行了单因素方差分析。在进行单因素方差分析时,本研究将个体相似性的四个要素作为数据分析的观测变量,个体的五项人口统计学数据信息作为控制变量,显著性水平 α 设定为 0.05。如果概率值 p 小于显著性水平 α,则认为该项人口统计学数据信息对拥有不同个体相似性要素的角色的信任产生了显著性影响,且影响效应不全为 0。数据统计分析结果表明,不同的个体人口统计学数据信息的确会影响对拥有不同个体相似性要素的角色的信任(如表 4－1 所示,其中,粗体标记数据表示显著性差异)。

表 4－1　个体人口统计学数据信息对角色认同的单因素方差分析结果

个体相似性的四个要素 / 个体的五项人口统计学数据信息	相同或类似经历	志趣相投	相同或类似价值观	年龄相仿
性　别	0.143	0.125	**0.000**	0.762
专　业	**0.036**	0.271	**0.000**	0.057
学　校	**0.000**	0.894	**0.000**	**0.004**
年　级	0.091	0.122	**0.009**	0.056
年　龄	0.094	0.099	0.141	0.156

根据表 4－1 中的数据统计分析结果,性别对拥有相同或类似价值观的角色的信

① Ahn, T. K., & Ostrom, E. Social Capital and Collective Action[A].Castiglione, D., & Wolleb, G.(Ed.) The Handbook of Social Capital[C].New York: Oxford University Press, 2008: 70－100.

② Patterson, O. Liberty Against the Democratic State: On the Historical and Contemporary Sources of American Distrust[A].Warren, M.(Ed.) Democracy and Trust[C].New York: Cambridge University Press, 1999: 151－207.

③ Putnam, R. D. Bowling Alone: America's Declining Social Capital[J].*Journal of Democracy*, 1995, 6(1): 65－78.

任、专业对拥有相同或类似经历及价值观的角色的信任、学校对拥有相同或类似经历及价值观的角色的信任、年级对拥有相同或类似价值观的角色的信任产生了显著性影响，而年龄没有对研究所涉及的个体相似性的四个要素的角色的信任产生显著性影响，甚至不会产生影响。综合来看，对拥有相同或类似价值观的角色的信任最易受到性别、专业、学校、年级等四项人口统计学数据信息的影响。虽然前文的数据统计分析结果表明，与个体志趣相投的虚拟角色最容易获得信任，但是单因素方差分析结果表明，性别、专业、学校、年级及年龄这五项人口统计学数据信息并不会对志趣相投、年龄相仿的角色的信任产生显著性影响。

那么，具体是人口统计学数据信息中的哪个要素会对带有明确特征的角色的信任产生显著性影响？为了了解不同因素发挥的影响作用，研究进行了相关数据的二联列表统计分析。表 4－2 是"个体的人口统计学数据信息对个体相似性的四个要素认同度的列联表"，该表以百分比的形式明确标注了不同的被试群体对虚拟角色信任的分布情况。其中，不存在显著性影响关系的两个要素所对应的百分比并未进行标注。

表 4－2　个体的人口统计学数据信息对个体相似性的四个要素认同度的列联表

个体相似性的四个要素 / 个体的人口统计学数据信息		相同或类似经历	志趣相投	相同或类似价值观	年龄相仿
性别	男	—	—	38.0％	—
	女	—	—	55.1％	—
专业	文科	35.8％	—	56.7％	—
	工科	26.2％	—	38.1％	—
	艺术	31.8％	—	48.5％	—
学校	扬大	37.7％	—	53.5％	—
	镇江高职	40.4％	—	37.5％	—
	华政	28.9％	—	59.6％	—
	二工大	18.4％	—	38.4％	——
年级	一	—	—	40.9％	—
	二	—	—	51.0％	—
	三	—	—	54.1％	—

就性别因素对角色信任的影响而言，38.0％的男性被试倾向于信任与自己有相同或类似价值观的角色，女性被试所占比例为 55.1％，女性被试明显更倾向于信任与自己有相同或类似价值观的角色；就专业因素对角色信任的影响而言，文科专业被试比工科

专业被试、艺术专业被试更倾向于信任与自己有相同或类似经历及价值观的角色；就学校因素对角色信任的影响而言，镇江高职的被试相比其他三所学校的被试更倾向于信任与自己有相同或类似经历的角色，而华政的被试相比其他三所学校的被试更倾向于信任与自己有相同或类似价值观的角色；就年级因素对角色信任的影响而言，三年级的被试相比其他两个年级的被试更倾向于信任与自己有相同或类似价值观的角色。

实际上，影响个体建构网络信任的因素很多。在研究取向上，研究者们从宏观层面或微观层面探讨了不同因素对网络信任建构的影响。在研究视角上，研究者们从心理学、社会学及跨学科的视角分析了不同因素发挥的不同影响作用。由于研究的出发点及学科背景等众多因素的不同，学界并未就所有因素发挥的影响作用达成共识。这是一项浩大复杂的工程，任何意图穷尽所有影响因素的研究都是不可行的，本研究没有能力一一验证所有因素的影响作用，而且这样做也是不现实的。因而，本研究并未就此进行深入研究。在未来的研究中，这可能是无法避免的难点与重点问题。对该问题的深入探讨，有助于研究者更理智地看待网络信任建构问题。或许网络信任建构的最大难题不在于网络情境的复杂性，而在于网络信任关系主体自身的复杂性。

三、被信者因素

网络信任是网络社交双方多次互动博弈的结果。既然如此，那么除了施信者之外，被信者无疑也会对网络信任的建构产生一定的影响。施信者不会无缘无故将信任随意委托给任何人，必定是被信者具备了一些“值得信任”的因素，而这些因素吸引了施信者，使其甘愿承担一定的风险而做出信任委托的决策。这些“值得信任”的因素也是通过被信者在网络上的自我呈现得以呈现出来的。与施信者的自我呈现焦点不同的是，被信者的自我呈现注重的是留给他人关于“自我”的印象，更多涉及个体自身网络角色的印象管理。以下，本研究将依然从“网络角色的自我呈现”视角论述被信者如何在网络角色的印象管理过程中呈现“值得信任”因素。

（一）网络角色的印象管理

在网络信任的建构过程中，被信者并不是处于被动地位，而是有接受或拒绝施信者信任委托的权利，被信者的反馈直接决定了信任关系的未来发展趋向。“拒绝”意味着信任没有发展空间，“接受”虽表明信任有发展空间，但并不意味着信任能够得到长久发展。由此，被信者在网络信任建构中也掌握了一定的主动权。实际上，被信者的主动权自其投身进入网络空间就已经开始了，确切地说始于网络角色的自我呈现。被信者自我呈现的方式及内容等就成为日后吸引施信者的“值得信任”因素，即信任判断依据。

在现实世界的人际交往中，第一印象很重要。在很多时候，如果个体给他人留下的第一印象不好，以后也很难有机会再次证明自己是值得信任的。第一印象的重要性在网络社交中依然适用。如果个体给他人留下的第一印象不好，则很可能被拉入"黑名单"，失去发展信任关系的机会。因而，对那些意欲在网络上发展信任关系的个体而言，他们必须重视网络角色印象管理，即如何在网络上塑造一个能够吸引他人并获得他人认可的虚拟形象。通常，这个虚拟形象是个体出于自身的意愿，从他人的视角出发想象并塑造出来的虚拟"公众自我"形象。① 在网络角色的形塑过程中，个体需要不断移情，将自己放在他人的位置，考虑他人对自己虚拟角色的心理反应②，并以此作为建构角色的部分依据。因而，被信者的网络角色印象管理比施信者的自我呈现更需要获得他人的认同，这样才能吸引他人并获得生存意义及空间，进而赢得他人的信任。

个体为了将多元自我的某一面展现出来，在网络空间中塑造理想的角色形象，就需要对网络角色进行一定的控制与管理，有选择地呈现信息内容，有意识地操控自我呈现的面貌。为此，个体在网络形象的形塑过程中也就需要一定的辅助手段及策略，并表现出不同的印象管理类型。③④⑤ 与离线交流相比，在线社交中的印象管理更容易控制且更易变化。有关网络印象管理的研究表明，个体在现实世界中的部分印象管理策略不仅在网络情境下依然适用⑥，而且可以有效地帮助个体完成虚拟角色的形塑，并使虚拟角色表现出一定的特征。

在网络虚拟角色的形塑过程中，网络的匿名性及开放性等特性使得个体拥有极大的自由性，可以随意隐匿或凸显部分信息来控制他人获得的有关自己的信息。在网络上，他人所获得的对个体的认知与了解大部分依赖于个体的有意表现。实际上，最初吸引他人发出信任请求的也正是个体在角色的静态形塑中有意呈现出来的信息。例如，网名、个性签名等标签。这些标签不仅使个体达到了形塑角色的目的，成为他人对个体进行类别划分的依据，而且还能使他人自觉按照个体呈现的形象与之进行互动，即发展何种网络人际关系。

对于网络信任的构建而言，被信者在形塑角色时所使用的这些标签直接影响了施

① 何明升，白淑英，等.虚拟世界与现实世界［M］.北京：社会科学文献出版社，2011：278.

② Ickes, W. Empathic Accuracy[J].*Journal of Personality*, 1993, 61(4): 587－610.

③ Arkin, R. M. Self-presentation Style[A].Tedeschi, J. T.(Ed.) Impression Management Theory and Social Psychological Research[C].New York: Academic Press, 1981: 311－333.

④ Tetlock, P. E., & Manstead, A. S. R. Impression Management versus Intrapsychic Explanations in Social Psychology: A Useful Dichotomy[J].*Psychological Review*, 1985, 92(1): 59－77.

⑤ Jones, E. E., & Pittman, T. S.Toward a General Theory of Strategic Self-Presentation[J].*Psychological Perspective on the Self*, 1982(1): 231－262.

⑥ Taejin Jung, Hyun Sunyong, & Steven Mcclung. Motivations and Self-Presentation Strategies on Korean-Based: Cyworld Weblog Format Personal Hoepages[J].*CyberPsychology & Behavior*, 2007, 10(1): 24－30.

信者的主观判断，进而影响了施信者是否愿意向被信者发出信任委托。有实证研究结果表明，一张照片提供的信息往往多于一堆文字提供的信息，似乎文字所提供的信息相对抽象，不如照片那般形象。因而，那些在印象管理中提供了个人照片的个体相对更容易与其他个体发展在线关系。当然，这其中无疑也包括了信任。[①] 根据学者赖歇尔(Reicher)在"自我分类理论"*(Self-categorisation Theory)基础上提出的"社会识别/去个人化(Social Identification/Deindividuation, SIDE)理论"[②]，在某些情境下，在线社交用户会为他们的虚拟交流伙伴构建理想甚至是有点夸张的印象，尤其是在视觉匿名的情况下[③]。对方在自己心目中的"完美"形象往往会促使个体做出没有事实依据的判断，而网络角色中照片的使用有效避免了这种情况的发生，可以使个体做出相对客观的判断。这点在本研究中并未得到验证，而且就调查结果而言，照片在个人信息呈现中表现出两种截然不同的作用——既可以帮助个体逾越非个人化的障碍从而促进交互，又可以削弱个人化的优势从而阻碍交互。有"90后"大学生被试表示：照片在判断他人可信性中的作用不大，因为很难判断其真实性。反而是他人的"个性签名"及某些人口统计学信息(例如，年龄、就读院校)等个人资料促使自己与其交互并委托信任，尤其是那些与自己有一定个体相似性的网络角色更容易获得青睐。个体的"个性签名"往往能在一定程度上表明其心理状态或内心世界，因而研究中很多被试表示会通过浏览他人的"个性签名"等个人资料来选择互动对象。

个体在网络角色中使用的网名、个性签名等标签构成了个体留给他人的第一印象，

---

① Walther, J. B., Slovacek, C. L., & Tidwell, L. C. Is a Picture Worth Thousand Words? Photographic Images in Long-term and Short-term Computer-Mediated Communication [J]. *Communication Research*, 2001, 28(1): 105－134.

* "自我分类理论"产生的直接理论背景是泰弗尔的"社会认同理论"(Social Identity Theory)，是"社会认同理论"在理论上的延伸。该理论针对社会自我概念、去人格化的前提条件和结果等一系列假设，从社会认知的角度阐释了个体主动将群体心理化后，集体现象与自我的社会认知和相位的联结过程。该理论认知过程的核心部分就是去人格化，去人格化的完成包括形成内群体分类和自我分类显著两个前提条件、去人格化的结果、各种具体的群体现象。自我分类过程中受两个动机的引导：自我提升(Self-enhancement)和减少不确定性(Uncertainty Reduction)。这两个动机表明了群体力争既好又独特的倾向。"自我分类理论"与"社会认同理论"的最大区别在于：(1)关注重点的转移。"社会认同理论"重点对没有群际冲突情况下的内群体偏见进行解释，核心心理假设具有认知动机性，即个体寻求自己群体与其他群体的积极区分，从而产生积极社会认同。"自我分类理论"不仅仅是解释某一具体群体行为，而是聚焦于解释某一心理群体，阐释自我和他人的认同水平及类型如何随个体的动机、价值、期望、背景知识等发生变化；(2)个人认同与社会认同的关系问题是两个理论的认知基础。"社会认同理论"认为，个人认同与社会认同是一个连续体的两极，社会行为沿着从人际到群际的连续体发生变化。而"自我分类理论"认为，显著的个人认同和社会认同对自我知觉具有相反作用并分别产生人格化和去人格化。

② Reicher, S. Social Influence in the Crowd: Attitudinal and Behavioral Effects of De-individuation in Conditions of High and Low Group Salience[J]. *British Journal of Social Psychology*, 1994, 23(4): 341－350.

③ Lea, M., & Spears, R. Love at First Byte? Building Personal Relationships over Computer Networks[A]. Wood, J. T., & Duck, S. W. (Ed.) Understudied Relationships: Off the Beaten Track [C]. Newburry Park, CA: Sage. 1995: 197－233.

由于“认知吝啬”*(Cognitive Miserliness)现象的存在，这些标签也成为他人了解个体的主要因素。不过，随着网络社交的进行，在线社交用户对他人的印象也会随着时间发生变化。[①] 与离线交流相比，网络社交中的印象管理更容易控制。例如，在信息发送之前，个体可以随意编辑、修改信息，而这在现实世界面对面交流情境中几乎是不可能的。另外，网络交流过程中不太容易发生非言语信息或身体外貌信息的意外发送。现实世界面对面交流情境中所需的某些认知—行为资源(例如，审视环境、关注对方的非言语行为)并不一定非要出现在网络交流中。[②] 因而，在交流过程中，交流者就可以将注意力更多集中于根据他人信息的特点、内容、类型来考虑他人的心理反应，理解他人的态度和情感，从而创建更多目标性更强的信息，将自己诚实、可靠等“值得信任”因素呈现给他人，以赢得他人的信任委托。[③]

因此，就被信者网络角色印象管理在网络信任建构过程中的作用而言，被信者虚拟角色的网名、个性签名等个人资料是吸引他人发出社交请求的重要因素，也是他人判断个体可信性并做出初步信任决定的依据。信任的根源是社会个体之间的各种交往活动，是个体长期交往经验内化的结果。个体之间建立起了初步的信任意味着互动活动的开始，在后续的网络社交过程中，个体所定义的角色标签内容与个体网络行为内容之间的一致性程度就成为施信者进一步修订信任决定的依据。两者之间的一致性程度较高意味着互动频率及时间可能会增加，而信任往往会随着互动频率及时间的增加而增加，因此较高的一致性程度意味着网络信任有深化发展的可能。反之，则意味着信任削弱甚至是中断。因此，被信者网络虚拟角色的形塑过程更多是以他人的角度想象并塑造角色的过程，是以移情来“概念化他人”的自我塑造过程。被信者网络角色的印象管理是被信者沟通内在世界与外在世界的机制，是关于“自我”的信息与外界反馈(即施信者的反馈)不断交换互动的过程。

(二) 其他因素

在《可信赖的顾问》(*Trusted Advisor*)一书中，三位作者梅斯特(Maister)、格林(Green)以及加尔福德(Galford)提出了一个信任公式，用以计算商业领域的信任。他们认

---

* “认知吝啬”概念源于认知心理学家对社会认知的研究，产生于人类的思维过程。“认知吝啬”指的是在判断与选择的过程中，受个体的认知能力以及客观情形的复杂性所限，个体往往很难做到“完全的理性”，而是“吝啬”于自身的认知能力做出决策，导致社会认知及社会判断中出现大量偏差。

① Walther, J. B. Impression Development in Computer-mediated Interaction [J]. *Western Journal of Communication*, 1993(57): 381 - 398.

② Burgoon, J. K., & Walther, J. B. Noverbal Expectancies and the Evaluative Consequences of Violations [J]. *Human Communication Research*, 1990, 17(2): 232 - 265.

③ Walther, J. B. Group and Interpersonal Effects in International Computer-Mediated Collaboration [J]. *Human Communication Research*, 1997, 23(3): 1 - 43.

为,T = (C × R × I) /S 。其中,T 代表的是信任(Trust);C、R、I 三个要素是赢得信任的基础,C 代表的是可信度(Credibility),指的是人们给出的可以证明自己没有言过其实的种种信息;R 代表的是可靠度(Reliability);I 代表的是亲密度(Intimacy),是信任中最强有力的情感因素之一;S 是自我导向意识(Self-orientation),这是该公式中唯一的一个负面因素。自我导向意识越强烈,我们越倾向于无法信任他人。① 本研究认为,该公式也适用于网络情境中的人际信任。其中,S 是该公式中唯一关乎施信者的因素,T 与 R 是关乎被信者的"值得信任"因素,通常借助网络角色的自我呈现得以体现出来。I 是施信者及被信者共同所有的因素。

实际上,除了互动中个体本身所直接表现出来的人格特征之外的"值得信任"因素,个体的网络声誉也可以作为判断个体可信性的依据。虽然有学者指出,网络信任不能模糊取决于网络声誉。② 但实际上,网络声誉却是施信者决定是否给予信任的重要依据之一。③ 动机和能力是决定信任的关键变量。④ 而个体所拥有的声誉正是其行事动机和能力的最好证明。在实际的网络社交过程中,很少有个体会频繁更换网络社交账户,多数个体拥有相对固定的账户及相对长久的虚拟角色。他们在与他人的互动中不断形塑这个虚拟角色,直至这个虚拟角色获得他人认同。获得他人认同后的虚拟角色与身份不再是一个简单的"交往符号",其背后蕴含了个体的大量信息,而网络声誉正是个体的大量信息中的一部分。因而,网络声誉高的个体相对会得到更多人的认可与信任,更容易获得施信者的信任委托,因为其他人对"我"的信任为"我"获得施信者的信任提供了理性判断基础,这就是卢曼所谓的"信任中的信任"(Trust in Trust)现象。由此,网络声誉也就成为影响网络信任建构的重要因素之一。而关于个体的网络声誉在网络信任建构过程中的作用也在研究中得以证实,不少被试表示会将网络声誉作为发展信任关系的判断依据。

此外,被信者虚拟角色中呈现出来的其他因素也可能成为吸引施信者给予信任的依据。虽然本研究并未对此进行探讨,但实际调查结果显示,不仅的确存在这种被信者身上某种"说不清,道不明"的因素促使施信者决定给予信任的情况,而且还存在施信

---

① (美)克里斯・布洛根,朱利恩・史密斯.信任代理[M].缪梅,译.北京:北方联合出版传媒(集团)股份有限公司 & 万卷出版公司,2011:72-74.

② Falcone, R., & Castelfranchi, C. Socio-Cognitive Model of Trust [EB/OL]. http://ebooks.narotama.ac.id/files/Encyclopedia%20of%20Information%20Science%20and%20Technology%20(2nd%20Edition)/Socio-Cognitive%20Model%20of%20Trust.pdf.[2012-05-13].

③ Conte, R., & Paolucci, M. *Reputation in Artificial Societies: Social Beliefs for Social Order*[M].Boston, MA: Kluwer Academic Publishers, 2002.

④ 王绍光,刘欣.信任的基础:一种理性的解释[J].社会学研究,2002(3):23-39.

者"一厢情愿"无条件给予他人信任的情况。在"后传统社会"，赢得信任是时常之需，但是信任却不能轻而易举获得，这个时候"无条件的信任"或许就是明智之举。①

综上所述，本研究从社会学自我呈现的研究视角出发，对施信者及被信者的虚拟角色的自我呈现问题进行了理论上的探讨，尝试分析了个体的自我呈现如何影响网络信任建构。除了虚拟角色的自我呈现外，本研究还探讨了个体的其他因素（例如，人格特征）等对网络信任建构的影响。遗憾的是，由于本研究对该问题的论述聚焦于理论层面，并未涉及量化研究，因而也就无法以数据的形式测算出不同因素的影响作用。

第二节　情境因素

虚拟角色是网络信任的主体，亦是影响网络信任建构的主要因素。除此之外，还有其他能够对网络信任建构产生重要影响的因素。毕竟，个体行为在受到内部制约的同时也会受到外界的制约。② 罗特尔将那些除了信任主体之外的，能够对信任关系产生重要影响并通过作用于信任主体来发挥其对信任关系的影响作用的事物都称为信任的客体。③ 何明升、白淑英等认为能够对现实信任关系产生影响的客体是外部的制度环境和社会规范、社会的道德约束、信任主体当时所处的情境特征；而对于网络信任关系而言，网络的虚拟性及匿名性特征使得前两者的作用大大削弱，因而能够对网络信任关系产生影响的客体主要是特定的网络情境，而网络情境对网络信任关系的影响非常有限。④ 另外，有学者指出，信任的发生与当时的发生情境有关。⑤ 即使是已经获得信任的个体，情境依然可以发挥影响作用。⑥ 由此，情境的影响作用不仅体现在现实世界信任的建构中，而且在网络世界信任的建构中依然适用。同时，有学者也指出，社交双方对网络情境的共同认知是网络信任关系得以建立与维系的基础，不同的网络情境会产生不同类型及程度的网络信任。⑦

不过，本研究认为以上观点显然存在不足之处。根据上述学者的观点，制度与道德等只能对网络上的人际信任关系产生微弱的影响，即现实环境中的要素几乎不会对网

---

① Beck, U., Giddens, A., & Lash, S. *Reflexive Modernization*[M].Cambridge, England: Polity Press, 1994: 187.

② (法) 阿尔弗雷德·格罗塞.身份认同的困境[M].王鲲，译.北京：社会科学文献出版社，2010：7.

③ Rotter, J.B. Generalized Expectancies for Interpersonal Trust[J].*American Psychologist*, 1971, 26(5): 443-452.

④ 何明升，白淑英，等.虚拟世界与现实世界[M].北京：社会科学文献出版社，2011：257.

⑤ Blomqvist, K. The Many Faces of Trust[J].*Scandinavian Journal of Management*, 1997, 13(3): 271-286.

⑥ Sheppard, B. H., & Sherman, D. M. The Grammars of Trust: A Model and General Implications[J].*Academy of Management Review*, 1998, 23(3): 438-458.

⑦ 何明升，白淑英，等.虚拟世界与现实世界[M].北京：社会科学文献出版社，2011：265-272.

络信任产生影响。然而,有学者从“跨文化比较研究”的视角证明,不同的文化环境会对网络信任行为产生巨大影响。在人际信任水平较高的文化环境中,人们更愿意信任网上行为,网络社交中的信任水平也就越高。而在人际信任水平较低的文化环境中,网络上的信任行为则更多取决于个体的人格特征及社交技巧等。[①] 因而,本研究认为“制度与道德等只能对网络上的人际信任关系产生微弱影响”这种观点有失偏颇,这种观点明显忽略了网络角色的创建者是不可能独立于现实而仅存在于网络空间的切实社会个体的事实。虽然网络信任发生于网络虚拟角色之间,但是网络虚拟角色毕竟是由处于现实社会环境之中的具体的社会个体来操纵与表现的。因此,网络信任建构是现实情境因素与网络情境因素共同作用的结果,只不过两者发挥的作用不同,这个过程大致可以用图 4－1 表示。

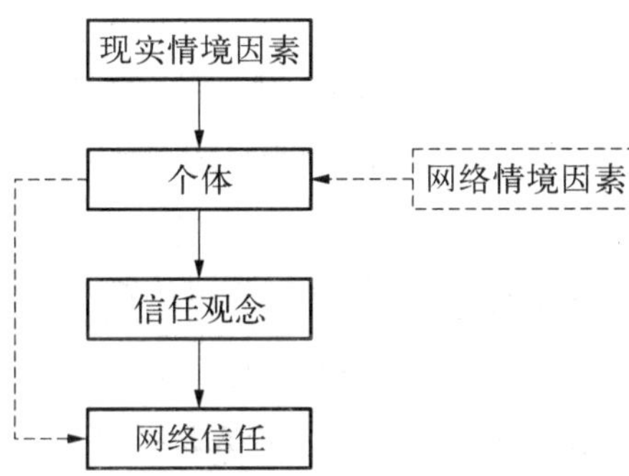

图 4－1　影响网络信任建构的情境因素的作用

因此,这种将网络信任置于现实情境因素之外考虑的观点明显忽略了网络世界与现实世界的重合性,存在三点不足。

其一,以上观点明显割裂了网络世界与现实世界的关联性及重叠性。对于本研究的被试而言,网络已经进入他们的生活达十年之久,早已深深融入他们的生活。网络世界与现实世界的界限异常模糊,甚至可以说是没有界限的。他们现实生活的世界不是单一的网络世界,也不是唯一的现实世界,而是两者的结合体。在现实世界中,他们能够见到实际的活生生的人,但是彼此交流的内容很大一部分却是来自由无限人组成的网络空间。

另外,网络社交主体之“形”虽然是虚拟的,但是网络社交主体之“魂”却是实实在在的社会人;网络社交看似是超越时空的,不过其根本还是在现实世界之中。网络社交赖以存在的超越时空的网络空间可以被视为一个相对于现实世界的有限意义域,这个

① 何明升,白淑英,等.虚拟世界与现实世界[M].北京:社会科学文献出版社,2011:252.

有限意义域仍然处于人类活动的场域之中，网络社交只不过是信息技术发展过程中产生的一种超越时空限制的人类联系方式。

其二，信任作为一种在后天活动中习得的对周围其他人行为表现的预期①，其本身无法摆脱特定的社会文化传统及社会构成的制约与影响。网络的介入虽然会对个体的信任观念产生一定的影响，但是网络信任依然无法摆脱某些现实因素的制约与影响。不过，制度、社会规范、道德约束等现实因素并不是即时在网络环境中发挥作用，而是长期作用于个体，影响个体信任观念的形成。信任作为个体所具有的心理特质，虽有个体差异性，但这种心理特质的形成与个体生活的社会环境是分不开的。因而，认为现实情境中的因素不会对网络信任产生较大影响的观点显然忽略了这样的事实，即个体不可能独立于现实而仅存在于网络空间中。因此，人们日常生活中的信任态度与其在网络中的信任行为必然有一定的关联。

人们不仅会将制度、社会规范、道德约束等现实因素带入到网络世界中，而且会将现实世界中形成的“刻板印象”（Stereotyping）* 也融入网络世界中。“刻板印象”在网络社交过程中发挥着巨大作用，会使人们在不知不觉中将现实世界中的经验、情感、意识等带入网络世界之中。网络个体会根据现实世界中的“刻板印象”来评价与考察他人。个体在进入网络世界之前是在现实世界中成长起来的，他们在现实世界中习得各种观念。在一个信任程度很低的现实世界中，个体普遍缺乏信任，在这种恶劣环境中，个体形成了与此相适应的世界观与价值观。如果在现实世界中，个体相互不信任，又何以会在网络上信任他人？我们很难想象出，在低信任度环境中成长起来的信任度较低的个体会普遍在网络上发展出较好的人际信任。这种情况发生的概率很低，对于某些个体而言，有这种可能；但是对于群体而言，似乎有点不可思议。因此，日积月累，现实世界中的部分因素终究会促使个体形成某些观念，而这些观念可能会影响网络信任的形成与发展。

其三，个体在判断他人可信性时往往以现实世界中与他人打交道的经验作为判断依据，并以此对他人进行类别上的划分，这就大大降低了判断他人可信性的难度。而当经验不能作为信任判断依据时，个体在现实世界中形成的信任观念就会在网络信任建

---

① Barber, B. *The Logic and Limits of Trust*[M]. New Brunswick, NJ: Rutgers University Press, 1983.

* “刻板印象”也称“定型化效应”，是指按照性别、种族、年龄或职业等进行社会分类形成的关于某类人的固定印象，是关于特定群体的特征、属性与行为的一组观念或者说是对与一个社会群体及其成员相联系的特征或属性的认知表征。由于“刻板印象”往往不是以直接经验为依据或是以事实材料为基础，而是凭一时偏见或道听途说形成的，大部分的“刻板印象”可能是错误的，甚至是有害的。关于“刻板印象”的特征，有学者将其归纳为：（1）是对社会人群的一种过于简单化的分类方式；（2）在同一社会文化或同一群体中，“刻板印象”具有相当的一致性；（3）多与事实不符，有的甚至是错误的。

构过程中发挥影响作用。而个体的经验和信任观念都是在现实因素的作用下形成的。因此,在网络信任建构过程中,现实世界中的某些因素依然会发挥影响作用。

基于以上三点考虑,本研究将从现实情境及网络情境两个方面探讨影响网络信任建构的因素,并尝试分析这些因素发挥作用的机制。其中,个体受现实情境因素影响形成的信任观念会在网络上发挥作用,现实情境因素的影响作用是间接的,因而对现实情境因素影响作用的探讨主要从宏观、中观、微观三个层面以具体要素为例说明现实情境因素如何影响信任观念的形成。而对网络情境因素影响作用的探讨则聚焦于个体网络社交时所选取的具体情境这一微观层面。

一、现实情境因素

总体而言,现实情境因素作用于网络信任的方式大致可以归结为两种。

第一种,信任作为一种在后天活动中习得的对周围其他人行为表现的预期,其本身无法摆脱特定的社会文化传统及社会构成的制约与影响。后天活动促使个体形成有关信任的某些观念,比如,经济失衡严重的环境可能会导致个体的信任度偏低,这些观念会直接体现在网络信任建构过程之中。也就是说,网络社交双方长期生活的现实环境通过影响个体信任态度的形成而对个体的网络信任建构发挥较大作用。

第二种,信任具有多变性及复杂性,现实世界中的某些事件可能会直接冲击公众的信任观念,直接影响网络信任的程度。生活在低信任的现实环境中的个体似乎难以创建一个高信任的网络环境。因为网络会将个体的邪恶扩大,暴露出更多的社会弊端。如此消极的环境,又如何发展较好的网络信任呢?低信任的现实环境对应于较低的网络信任,而不是较高的网络信任。个体在现实世界中的信任态度与其在网络上的信任行为有一定的关联。因此,探讨现实情境因素对网络信任的影响应该从现实情境因素对现实世界中信任态度的影响着手。

对社会学家而言,信任不仅仅弥漫于社会生活的每个角落,涉及行动者个体,极具个人性,而且更是一种社会关系,浸淫着制度、结构等诸多社会性因素。信任在很大程度上突破了个体的界限,成为一种社会关系。这种社会关系根植于整个社会政治、经济与文化的大背景之中,它的形成带着深刻的社会制度的烙印。以下,我们将以宏观层面的经济及微观层面的家庭成长环境为例简要探讨现实情境因素对个体信任观念的影响。

(一)经济与信任

信任本身是嵌入在社会结构和制度中的一种功能化的社会机制。[①] 这种社会机制

---

① Luhmann, N. *Trust and Power*[M]. Chichester: John Wiley & Sons Ltd., 1979.

会受到诸多制度因素的影响。宏观层面，影响信任的最重要因素是社会中的经济失衡或者说经济不平等水平。[①] 有研究表明，社会信任与经济平等、机会平等这两种彼此不同而又相互关联的平等之间存在因果关系。当经济资源分化或者当人们觉得有些人享有不平等之优待时，人与人之间的社会关系就会变得紧张。在这种情况下，社会信任是无法生根发芽的，取而代之的是仇视怨恨及怀疑丛生。[②] 种种社会迹象表明：社会中的不平等程度愈高，人与人之间的信任水平逾低。以下，本研究以经济失衡为例探讨不平等与社会信任之间的关系。

尤斯拉纳以全球多个国家为研究对象，在大量数据统计分析的基础上测算出了信任的总体水平与经济失衡之间的关系，如图 4－2 所示。显然，信任与经济失衡之间呈现出负相关关系。那么，信任与经济失衡之间为何呈现出负相关关系？这是因为社会资源的分配在信任的形成过程中至关重要。经济均衡可以提升信任，而经济失衡就会降低信任。经济均衡提升信任的原因在于：（1）收入的合理分配使人们乐观地相信他们也可以分享社会财富，而乐观是信任的基石；（2）收入的合理分配加强了社会中不同群体的联系。当社会中部分人的收入远远超过其他人的时候，不论是社会顶端还是社会底端的人都不可能将其视为自己阵营中的一员，更不可能认为彼此有共同的命运，因

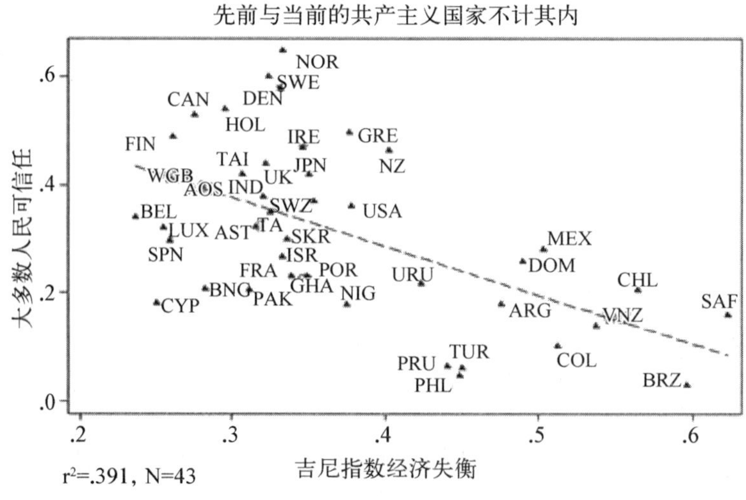

图 4－2　信任的总体水平与经济失衡之间的关系图

＊资料来源：Uslaner, E.M. Trust as a Moral Value[A]. Castiglione, D., Van Deth, J.W., & Wolleb, G. (Ed.) The Handbook of Social Capital[C]. New York: Oxford University Press, 2008: 101－121.

---

① Uslaner, E. M. Trust as a Moral Value[A]. Castiglione, D., van Deth, J.W., Wolleb, G. (Ed.) The Handbook of Social Capital[C]. New York: Oxford University Press, 2008: 101－121.

② （瑞典）博・罗斯坦. 政府质量：执政能力与腐败、社会信任和不平等[M]. 蒋小虎，译. 北京：新华出版社，2012: 172－176.

此，也就不可能信任那些与自己不同的人。个体在感觉到彼此之间存在共同约束时，往往比较容易产生信任。随着经济失衡程度的加深，这些共同约束也就随之被破坏了，个体对他人的信任感也就下降了。因而，经济失衡带来的是悲观及不信任，经济失衡程度越高，信任程度也就随之越低。①

信任程度的高低对社会及个人有直接影响。在信任程度高的社会中，大部分人都认为他人是可信的，即使并不可信的个体也会被认为是可信的，他们受益于整个社会的信任体系或者说是信任文化。反之，如果社会中普遍缺乏信任，即使是个人记录良好的个体被认为不诚实的概率依然会很高。我们周围的规范会鼓励我们去信任还是不信任，信任文化可能唤起信任行为，而不信任文化可能唤起不信任行为。也就是说，个体会以他人对待自己的方式对待他人。如果个体被认为是可信的，个体就会以一种比较值得信任的方式对待他人。反之亦然。因而，信任体系能够直接影响个体对他人可信性的判断及他人对个体本身可信性的判断。即使当情境发生变化时，这种情况依然存在。

另外，信任反映了一种社会文化中的个体与他人交往的机会。信任将我们与那些跟我们不同的人联系起来。对陌生人的信任促使人们形成了"利他"价值观，不管在什么情况下都愿意给予他人帮助，即使这个人与我们不同。同时，对陌生人的信任使得我们愿意从积极的角度评价陌生人的意图，并愿意承担与之相伴的风险。这种积极的心态增加了我们与陌生人交往的机会，让我们认为大部分人都是"亲社会"的，不会做出伤害我们的行为。信任程度高的环境中成长起来的个体往往会对他人有较高的信任度。哪怕是与他人网络社交时，高信任度的个体依然会将现实世界中的对他人的信任迁移至网络世界中，现实世界中形成的信任观念依然可以在网络世界中发挥作用。就本研究的被试而言，他们成长于不同经济条件的家庭之中，经济借助社会文化对信任发挥影响作用，使不同个体形成不同的信任观念。这种信任观念也会体现在个体的网络生活中，因为网络世界是现实世界的延伸，而且两者是相互交织、融合的关系，个体的网络生活不可能脱离现实生活的影子。因此，网络上的信任依然受到现实环境的影响，不过这种影响是通过长期影响个体的信任观念而发挥作用的，而网络社交双方当时所处的社会环境可能并不会产生很大的影响。

除此之外，现实情境中还有大量潜在因素可以对个体信任观念的形成产生重大影响。例如，国家对个体信任观念的形成有着重要影响。国家的可信性能够影响其产生人际信任的能力。② 国家的可信性由政府机构创造，而国民对国家的信

---

① Robteutscher, S. Social Capital and Civic Engagement: A Comparative Perspective[A].Castiglione, D., van Deth, J. W., Wolleb, G.(Ed.) The Handbook of Social Capital[C].New York: Oxford University Press, 2008: 208－240.

② Levi, M. A State of Trust[A].Levi, M., & Braithwaite, V.(Ed.) Trust and Governance[C].New York: Russell Sage Foundation, 1998: 77－101.

任程度也在一定程度上表现为国民对政府机构的信任程度。但是，就国家信任的生成而言，大部分的政府机构都不能创造出信任。① 在所有的政府机构中，只有检察院及公安部门有“能力”创造出信任。② 在正常状态下，这些机构不仅是公平的，而且能够通过制定各种法律法规、规章制度来防止没有社会良知的人犯错误来产生信任。但是，就现实结果而言，公共机构提高社会信任程度不容易，降低社会信任程度却轻而易举。当本应该维护社会公平与正义的执法机构因为种种原因而不能履行职责的时候，国民的信任程度自然就会降低，随之产生的结果就只能是社会信任程度的普遍降低，而不是提升。

（二）家庭成长环境与信任

在个体信任观念形成过程中，虽然宏观层面的经济、政治、文化都会发挥影响作用，但这大多发生于个体进入社会环境之后。实际上，在个体信任观念形成的初期，并不是这些宏观层面的因素在发挥作用，而是与个体有密切关系的微观层面的因素在发挥作用。例如，父母、兄弟姐妹等个体家庭成长环境中的因素。这些因素不仅影响力最大，而且持续时间最长。个体对家庭成长环境中这些“重要他人”*（Significant others）的信任会直接影响到其对其他重要他人（例如，老师、同龄人）及社会上大多数人的信任，而且这种影响作用将贯穿个体一生。

目前，关于不同时期不同因素对个体信任影响的研究数不胜数，这当中有很大一部分涉及家庭成长环境对个体信任的影响。在这些研究者中，埃里克森（Erikson）较早认识到生命初期的信任的重要性。他指出，个体与其生命中的重要他人（例如，父母、老师、同龄人）建立基本信任的能力会影响个体终生的心理机能。个体所拥有的基本信任可以使其感知到他人是可以信赖的，并有信心与他人发展人际关系。③ 在基本信任对于人际信任的重要性这点上，鲍尔比（Bowlby）提出了与埃里克森观点类似的“依恋理论”（Attachment Theory），认为依恋是婴儿与其重要他人（例如，看护人）之间的情感联结，能够影响个体成长过程中的社会机能。④ 连接依恋情结与社会发展之间的主导

---

① Rothstein, B., & Stolle, D. Political Institutions and Generalized Trust[A].Castiglione, D., van Deth, J.W., Wolleb, G.(Ed.) The Handbook of Social Capital[C].New York: Oxford University Press, 2008: 273 - 302.

② Uslaner, E. M. Trust as a Moral Value[A].Castiglione, D., van Deth, J.W., Wolleb, G.(Ed.) The Handbook of Social Capital[C].New York: Oxford University Press, 2008: 101 - 121.

* “重要他人”是一个形容人际关系的词语，是心理学及社会学都关注的一个概念，指的是在个体社会化以及心理人格形成的过程中对其产生重要影响的具体人物。这一概念最早由美国社会学家米尔斯（Mills）提出。米尔斯的“重要他人”源于乔治·米德的“自我发展”论述。在《心灵、自我与社会》（*Mind, Self and Society*）一书中，乔治·米德提出了“泛化他人”的概念，用这一概念说明个体“自我”形成中他人的影响作用。

③ Erikson, E. H. *Childhood and Society*[M].New York: W.W. Norton & Company, 1963.

④ Bowlby, J. *Attachment and Loss*(*Vol.*1) *Attachment*[M].New York: Basici Books, 1969.

机制就是“内部工作模型”*（Internal Working Model，IWM）。[①]

后来，萨凯（Sakai）在整合有关依恋及“内部工作模型”理论研究的基础上提出了“信任的终生发展与功能观”理论（The Function and Development of Trust across the Life-span），人际信任发展过程假设模型如图 4－3 所示。[②] 根据萨凯的这一理论，在信任的发展过程中，儿童对家庭成员的信任可以推广至对其他重要他人的信任。例如，老师、同龄人。儿童对这些重要他人的信任可以逐渐推广至对广义层面上的他人（即社会上的大多数人）的信任。在所有重要他人中，父母对个体信任观念的影响持续时间最长且作用最大。图 4－3 概括了信任如何从家庭成长环境中的重要他人（例如，父母、兄弟姐妹）推广至其他重要他人（例如，老师、同龄人）再推广至广义层面上的他人的过程，及这些不同的因素如何影响个体信任观念的形成。

此前有关信任发展过程的研究认为信任的形成过程中包含两个要素：周围的环境特征及个体内心要素。其中，父母教养方式[③]、与同龄人的关系品质[④]通常都被视作主要的环境要素。个体内心因素则包括外向型个性[⑤]、信息加工方面的个体差异[⑥]等。在研究中使用了“行为基因法”（Behavioral Genetics Approach）的实证研究发现：基因几乎无法解释儿童为什么会改变对重要他人的信任[⑦]，而成长环境则能够很好地预测个体行为[⑧][⑨]。除此之外，还有大量的实证研究证明了这种结论的可靠性。可见，个体的成

* “内部工作模型”具有两个要素，一是他人（*others*），即当个体寻求帮助时，能够对依恋对象的反应做出客观评价的人；二是本性（*self*），指的是使个体确信可以寻求帮助的自尊。

① Bowlby, J. *Attachment and Loss*(*Vol.*2) *Separation: Anxiety and Anger*[M].New York: Basici Books,1973.

② Sakai, A. Children's Sense of Trust in Significant Others Genetic verse Environmental Contributions and Buffer to Life Stressors[A].Rotenberg, K.J.(Ed.) Interpersonal Trust During Childhood and Adolescence[C].New York: Cambridge University Press,2010: 58.

③ Bernath, M. S., & Feshbach, N. D. Children's Trust: Theory, Asssessment, Development, and Research Directions [J].*Applied & Preventive Psychology*, 1995, 4(1): 1－19.

④ Rotenberg, K. J. Same-sex Patterns and Sex Differences in the Trust-value Basis of Children's Friendship[J].*Sex Roles*, 1986, 15(11/12): 613－626.

⑤ Shikishima, C., Hiraishi, K., & Ando, J. Genetic and Environmental Influences on General Trust: A Test of a Theory of Trust with Behavioral, Genetic and Evolutionary Psychological Approaches [J]. *Research in Social Psychology*, 2005(22): 48－57.

⑥ Rotenberg, K. J. Children's Cue Use and Strategies for Detecting Deception[A].Rotenberg, K. J.(Ed.) Children's Interpersonal Trust: Sensitivity to Lying, Deception, and Promise Violation[C].New York: Springer-Verlag, 1991: 43－57.

⑦ Manke, B., & Plomin, R. Adolescent Familiar Interactions: A Genetic Extension of Social Relationshs Model[J]. *Journal of Social and Personal Relationships*, 1997(14): 505－522.

⑧ Bokhorst, C. L., Bakermans-Kraneburg, M. J., Fearon, R. M. P., et al. The Importance of Shared Environment in Mother-Infant Attachment Security: A Behavioral Genetic Study[J].*Child Development*, 2003, 74(6): 1769－1782.

⑨ O'Conner, T. G., & Croft, C. M. A Twin Study of Attachment in Preschool Children[J].*Child Development*, 2001, 72(5): 1501－1511.

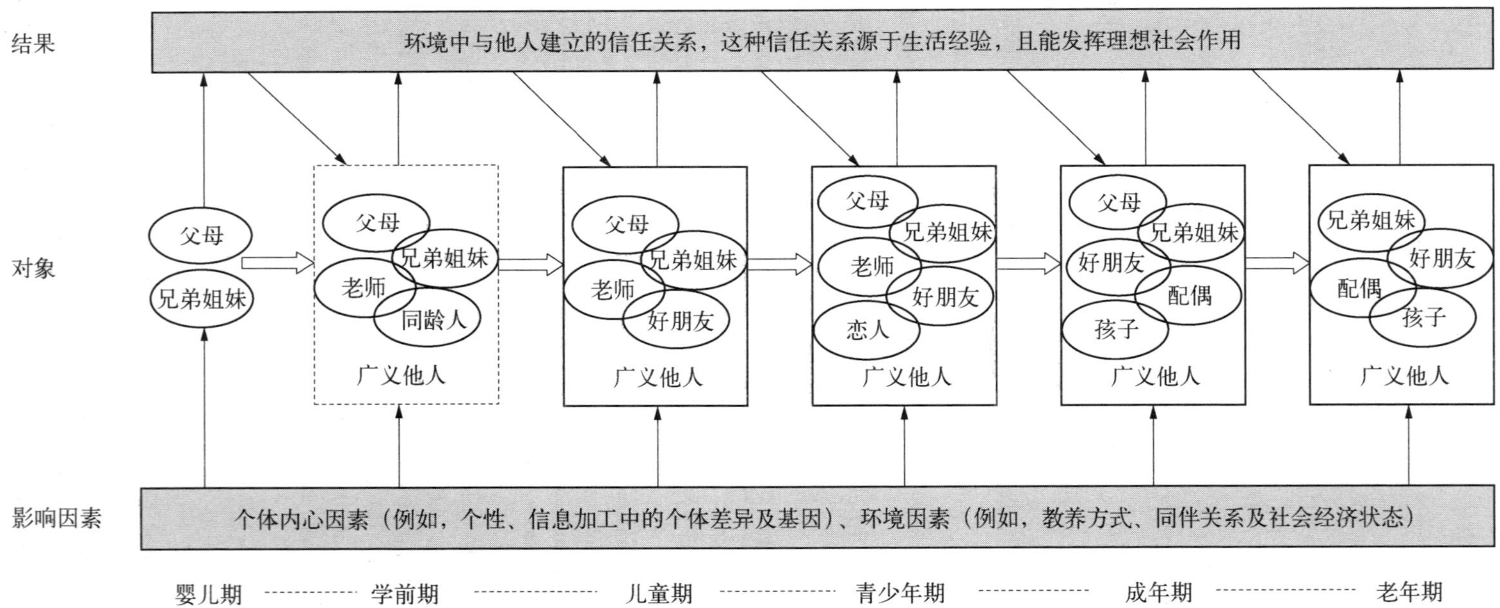

图 4－3　人际信任发展过程假设模型

＊资料来源：Sakai, A. Children's Sense of Trust in Significant Others Genetic verse Environmental Contributions and Buffer to Life Stressors[A].Rotenberg, K. J.(Ed.) Interpersonal Trust During Childhood and Adolescence[C].New York：Cambridge University Press, 2010：58.

长环境对其信任观念的形成产生的影响远远大于基因产生的影响。

根据发展心理学及“内部工作模型”理论，儿童对重要他人的信任是其信任家庭之外他人的基础。由此，那些有助于发展对父母、兄弟姐妹信任的因素，尤其是父母教养方式这类环境因素也会影响儿童对非家庭成员的信任。婴儿期(0至1.5岁)形成的信任观念将影响其一生。而在这个时期，家庭是儿童的主要成长环境，是影响儿童信任观念形成的主要因素。因此，在这个意义上，家庭环境因素对个体信任观念的形成有着至关重要的影响。随着个体进入学校，老师、同龄人等环境因素将逐渐发挥影响作用。不过，家庭情境因素根深蒂固的影响作用将持续下去，而且可以用于合理解释对其他重要他人的信任现象。[①] 例如，有研究表明：儿童会根据他人的信任行为来选择朋友[②]，而这些选择出来的朋友往往与其有最相似的心理特征[③]。实际上，这种选择朋友的机制可能会使个体受用终生。而心理特征的形成往往源于家庭成长环境。因此，个体对他人的信任在很大程度源于家庭成长环境的影响。

信任是一种相对稳定的心理特征。个体的信任观念一旦形成，就很难改变，除非后续的经验修正了这种观念。不过，通常这是个非常缓慢的过程。为此，我们有足够的理由相信：个体受家庭成长环境影响而形成的信任观念也会在网络情境下与他人的互动活动中继续发挥作用。

以上，本研究仅以宏观层面的经济及微观层面的家庭成长环境为例探讨了现实情境因素对个体信任观念的影响。实际上，中观层面的某些因素也会对个体信任观念的形成产生一定的影响。例如，亚文化。在前文，本研究提及的信任的跨文化研究表明：个体信任观念的形成与文化差异有密切关系，文化对信任有明显的影响。[④] 在本研究中，所有“90后”大学生被试均成长于儒家传统文化背景下。虽然在地域上可能存在一定的文化差异，不过这并不足以引发个体形成与普世观念差异很大的信任观念。然而，大量的亚文化研究表明：隶属于特定群体的亚文化会使该群体中的个体形成与非群体成员截然不同的价值观念及生活方式等。由此，似乎可以推断出：不同的青少年亚文化也可能会对个体信任观念的形成产生一定的影响。实际上，特定的青少年亚文化可以直接影响个体对网络社交对象的选择及其在网

---

① Sakai, A. Children's Sense of Trust in Significant Others Genetic verse Environmental Contributions and Buffer to Life Stressors[A]. Rotenberg, K.J.(Ed.) Interpersonal Trust During Childhood and Adolescence[C]. New York: Cambridge University Press, 2010: 56-84.

② Rotenberg, K. J., & Morgan, C. J. Developemnt of a Scale to Measure Individual Differences in Children's Trust-value Basis of Friendship[J]. *Journal of Genetic Psychology*, 1995, 156(4): 489-502.

③ Ito, Y. *The Developemntal Psychology of Gender*[M]. New York: McGraw-Hill, 2000.

④ 王飞雪，山岸俊男.信任的中、日、美比较研究[J].社会学研究，1999(2)：67-82.

络上与他人建构网络信任的过程。这种影响作用部分通过青少年彼此之间行为上的模仿体现出来。

二、网络情境因素

现实情境因素对网络信任建构的影响主要体现为长期作用于个体信任观念的形成，而网络情境因素对网络信任建构的影响则首先体现为网络环境是否具备生成网络信任的条件，其次才是网络情境的其他因素对网络信任建构的影响。如果网络不足以支撑信任的生成（实际上，研究及事实均表明网络可以作为信任的生成空间，只不过这个空间还不够成熟、完善），那么其他因素（比如，网络情境的差异）又何以发挥影响作用？以下，我们将围绕这两方面来探讨网络情境因素对网络信任建构的影响。

（一）网络可以作为信任的生成空间

网络信任难以建构且信任度普遍较低，是不是与网络自身先天畸形或生长空间不足有关？实际上，国外学界在这个问题上一直存在争论，而国内学界则无一例外在未经任何论证的情况下，就先验性地认为网络满足了信任的生成条件，可以作为信任的生成空间。或许在他们看来，这个问题根本就不存在论证的必要性。关于这个问题，国外学界争论的焦点在于网络能否满足信任生成的两个基本条件：（1）共同的文化、制度背景；（2）被信者身份的确定性。持反对意见的学者认为网络并不能满足以上两个基本条件，因而网络环境中也就不可能出现信任。[①②③] 持赞成意见的学者则坚持认为以上两个基本条件均不是信任生成的必要条件，或网络完全可以满足以上两个基本条件。[④⑤⑥]

本研究认为，不论是理论研究还是实证调研的结果都表明，网络完全具备信任生成的条件，可以作为信任的生成空间。而以上所谓的必要条件也并不是信任生成的必要条件，而是另有其他必要条件，即前文中所提及的“个体之间的相互依赖性及信任结果的风险性”。这两个条件才是一切信任得以建构的必要条件，而网络完全可以满足这

---

① Nissenbaum, H. Securing Trust Online: Wisdom or Oxymoron[J]. *Boston University Law Review*, 2001, 81(3): 635－664.

② Pettit, P. The Cunning of Trust[J]. *Philosophy & Public Affairs*, 1995, 24(3): 202－225.

③ Seigman, A. B. *The Problem of Trust*[M]. Princeton: Princeton University Press, 2000.

④ Papadopoulou, P. Applying Virtual Reality for Trust Building E-Commerce Environments[J]. *Virtual Reality*, 2007, 11(2－3): 107－127.

⑤ Weckert, J. Trust in Cyberspace[A]. Cavalier, R. J.(Ed.) The Impact of the Internet on Our Moral Lives[C]. Albany, New York: University of New York Press, 2005: 95－120.

⑥ Vries, P. d. Social Presence as a Conduit to the Social Dimensions of Online Trust[A]. Jsselsteijn, W. I., Kort, Y. d., Midden, C., et al.(Ed.) Persuasive Technology[C]. Berlin: Springer, 2006: 55－59.

两个条件。即使上述所谓的必要条件是信任生成的必要条件,网络也是可以满足这些条件的。因而,网络完全可以作为信任的生成空间。在本研究的后续部分,我们将借助日本学者山岸及菊池(Yamagishi & Kikuchi)提出的"不确定环境中信任的社会学分析"来论证"网络不具备信任生成条件"这种观点的错误之处及共同的文化、制度背景并不是信任生成的必要条件。

在本研究中,信任在一定程度上是行动者 A 依赖于行动者 B 执行某种具体行为而做出的决策。行动者 A 信任行动者 B 的决定依赖于其对行动者 B 可信性的评估。信任行为包含一定的风险:被信者的行为与预期或约定行为相反(这是本研究前文中所提及的一类风险)。通常,施信者会通过寻找一定的保障来降低风险,而其愿意承受风险的阈值就取决于保障措施的可用性。

根据在线信任反对者的观点,个体互动环境中共同的价值观及规范是施信者决定是否信任被信者的基本条件。价值观及规范可以促使施信者认为被信者能够以较低背叛的风险来实施其预期行为。原因可能在于:其一,共同的价值观及规范为施信者及被信者提供了评价正确行为的方法;其二,被信者有根据共同价值观及规范来行为的社会压力,这种社会压力就阻止了其背叛施信者。

持反对观点的尼森鲍姆(Nissenbaum)认为信任的生成环境应具备四个要素:公开信息,通常被理解为社会公开背叛及忠诚案例的常规;奖励与惩罚,是个体实施某种行为的结果;(文化及道德)规范,用于引导社会个体的行为;国家政策,用于为那些遭受信任背叛的个体提供安全网。[①] 尼森鲍姆认为在线环境不具备以上四个要素,因此个体在网络环境中不能信任他人,而必须小心谨慎,要对他人有所保留。该分析的假设在于在线环境中共同背景的缺失及由保障缺失带来的高风险使得施信者评价被信者可信性的能力会严重受限。

我们可以将尼森鲍姆的观点总结为个体只有在可以对被信者使用社会压力以及安全网的结构化环境中才能承受信任风险。而在线环境因共同价值观及规范的缺失导致了其非结构化的特征。这种环境的高度不确定性阻碍了信任的生成。个体也就不能在在线活动中获得他人实现其目标、不怀疑他人行为的"积极体验"。[②] 这种信任分析及随之而来的对在线信任的异议建立在自身存在争议的假设之上,即社会规范及基础设施在信任生成中的作用。在这方面,山岸与菊池早已经对信任如何在不确定性环境中

---

① Nissenbaum, H. Securing Trust Online: Wisdom or Oxymoron[J]. *Boston University Law Review*, 2001, 81(3): 635-664.

② Tuomela, M., & Hofmann, S. Simulating Relational Social Normative Trust, Predictive Trust, and Predictive Reliance Between Agents[J]. *Ethics and Information Technology*, 2003, 5(3): 163-176.

生成及如何影响社会动态做出了发人深省的分析。[①]

山岸与菊池在研究中分析了信任与确信(Assurance)之间的差异。他们认为信任及确信都是个体对他人合作性的预期,不过信任建立在对被信者可信性评价的基础之上,而确信源于对“与关系相关的……激励机制”的感知。这两者之间的差异在美、日两国居民的“跨社会问卷调查”结果中得到了确证。研究表明美国居民社交中的信任水平高于日本居民。他们认为出现这种结果的原因在于两国不同的社会及文化体系。日本是一个高度等级化、结构化的国家,每个人都知道不公平行为会产生严重后果。在这种环境中,规范及道德观为社交提供了保障,因而个体形成的不是信任而是确信。因为信任选择并不是源于对他人可信性及由被信者的欺骗而产生的潜在风险的评价,而是源于社会基础设施为施信者提供了保障。相反,美国居民社会生活的特点是高度信任。因为美国社会的结构化程度低于日本,不公平行为不太容易受到指责及惩罚,总体的不确定性程度很高。信任因而就成为风险社会的关键因素,维护着社会成员的利益。[②] 信任关系的存在大大降低了环境的不确定性,因为个体发展出了“社会智慧”并学会了如何综合评价互动对象的可信性。

山岸及菊池以上有关信任的分析有力驳斥了信任的生成需要共同价值观及规范的背景约束的观点。他们强调信任并不取决于安全,而是取决于个体对环境不确定性的容忍程度。个体能够化解信任决定所带来的风险,因为个体能够不断完善可信性评价标准,随时改变动态环境中的行为评价方法,及时修订信任决策。通常,在完善可信性评价标准的过程中,总是伴随着一定的风险。如果没有风险或者风险受到社会及道德的严格限制,那么信任就被确信取代或者倾向于确信了。因此,在非结构化环境中出现的是信任而非确信,共同的文化及制度背景也并不是信任生成的必要条件。由于尼森鲍姆等的假设中存在失误,因而其谬论的产生也就不足为怪了。

根据尼森鲍姆等的观点,身份的确定性是信任生成的必要条件之一。因为确定了他人的身份就可以将其与过去的表现联系起来,便于评价被信者的可信性。但是,由于网络社交大多是匿名的,而且不需要提供其离线身份,这就使得个体的身份不容易确定。因此,在线信任的反对者认为在线环境不能,至少是不可能积累起潜在被信者的声誉。其结果就是“信任在如斯环境中难以发展,因为个体不能确定与其交流的个体身份”。[③] 需要

---

① Yamagishi, T., & Kikuchi, M. Trust, Guiilibility, and Social Intelligence[J]. *Asian Journal of Social Psychology*, 1999, 2(1): 145 - 161.

② Kollock, P. The Emergence of Exchange Structures: An Experimental Study of Uncertainty, Commitment, and Trust [J]. *American Journal of Sociology*, 1994, 100(2): 313 - 345.

③ Johnson, D. G. Ethics Online, Shaping Social Behavior Online Takes More than New Laws and Modified Edicts[J]. *Communication of the ACM*, 1997, 40(1): 60 - 65.

指出的是：尽管在线社交提供了虚构个体身份的可能，但是授权及认证程序依然发挥作用（例如，新浪微博的实名认证体系）。如果有必要，个体在既定在线环境中的身份依然可以得到确证。实际上，本研究调查结果发现，发生于陌生人之间的网络社交，即使其中一方确认了另一方在现实世界中的真实身份，但是因为双方先前并没有打交道的经验，也依然无法将其在线身份与离线身份结合起来。除非其中一方为人尽皆知的"名人"，而这种情况很少见。由此可见，即使个体的真实身份得到确认也不一定会在网络信任建构过程中发挥作用。另外，即使个体的真实身份难以得到确认，在线身份与离线身份无法发生关联，还有其他办法（比如，判断个体行为的前后一致性）可以判断个体的可信性。由此，身份的确定性不能构成信任生成的必要条件。因此，我们或许也只能得出身份的不确定性增加了信任建构难度这样的结论，而不能认为建构信任必须知晓他人的真实身份。

综上所述，共同的价值观及规范、身份的确定性都不足以构成信任生成的必要条件。而前文所论及的"个体之间的相互依赖性及信任结果的风险性"才是信任得以生成的两个条件。至于为何是这两者，前文已经详述，在此不再赘述。这两个条件在任意情境中都能得到满足，网络情境也不例外，因而网络可以作为信任的生成空间。只不过由于缺少适当的保障措施，网络作为信任的生成空间还存在一定的不足。或许正是网络的这种不成熟与不完善在一定程度上影响了网络信任的建构。

（二）网络情境的影响

既然网络完全具备信任生成的条件，事实也表明网络上的确存在不同类型及程度的网络信任，那么网络的哪些特性会影响网络信任的建构呢？前文中我们指出，网络信任发生于一个个有限的网络空间，不同的网络空间会产生不同的网络情境，情境因素可能会影响到网络信任的建构。而调查结果亦显示：不同的网络情境中的确会产生不同类型及程度的网络信任，而且不同的网络情境中判断他人可信性的依据也表现出一定的差异。在约束条件严格（例如，实名制）的网络情境中，个体网络信任建构难度相对低于在毫无约束条件的网络情境中网络信任建构难度。由于目前尚未有成熟的相关理论可以解释为什么不同的网络情境会产生不同类型及程度的网络信任，我们只能以与"90后"大学生被试网络社交息息相关的某些网络情境中生成信任的事实经验及调查研究的结果举例描述出现这种情况的可能性，无法以量化的形式说明情境的差异性在多大程度上发挥这种影响作用。

网络的虚拟性及开放性使得网民可以随意转换身份，但是网络身份的随意转换却不利于网络关系的发展，尤其是在那些相对固定的网络空间中。在这类空间中，个体往往会使用相对固定的虚拟身份、网名、账户信息。只有这样，个体才能在这个网络社区中生存下去，进而得到社区成员的认可并有可能发展出一定的网络信任关系。在这样的网络社区中，随着时间的推移，每个账户都会积累起一定的声誉或等级信息，这些信息表明个体进入网络社区的时间、对网络社区的贡献。有被试认为，这些信息往往会成为判断他人可信性的依据，如果这些信息表明个体嵌入该网络社区的时间较长，是“熟客”，那么就在一定程度上代表了个体的可信性程度较高。

与此类似的情形还存在于网络游戏社区中。在游戏情境中，个体在选择搭档时往往会将对方在游戏中的等级、头衔、财富值等纳入考虑范围，因为等级代表了实力，是能力的象征。个体对搭档的选择建立在对对方能力信任的基础之上，或许在他们看来，与能力更强的人合作可以更好地完成游戏任务。另外，在游戏情境中往往存在一定的制度规范及行为约束，等级要求明显。因而，游戏情境中建立起来的信任可能会受到某些制度性因素的影响。另外，就信任维系时间来看，游戏情境中建立的信任维系时间往往比较短，大多会随着游戏的结束而结束。而在聊天交友情境中，能力并不一定是判断他人可信性的标准。或许是个体的经验或对他人的预期，甚至是某些“说不清，道不明”的因素直接影响了信任关系的建构。就游戏情境中生成的信任而言，这是一种建立在对他人能力可信性基础之上的认知维度的信任。由于合作性游戏中几乎不涉及任何与完成游戏任务无关的话题交流，因而这种信任也就不包含任何情感维度。除非这种信任在游戏情境外有了更深入的发展。

与上述多人网络交互情境不同，一对一的网络社交情境中信任建构的难度相对更大。例如，微信这种高度匿名性的网络社交情境很可能就会增加信任建构的难度。在这样的一对一交互情境中，个体可以任意创建虚拟角色与他人进行网络社交。即使这个角色失败了，还可以创建一个新的角色重新开始。在这种情境中，如果不存在“实名制”或“社区公约”等限制，那么，就几乎不存在任何可以约束个体的条件，也无法保障个体权益不受侵犯。因而，如果两个人的交互时间比较短，那么可以用作信任判断依据的信息就很少，只能依靠个体的人格特质或者是某些策略来（例如，前文所提及的个体通过搜索大量信息来降低他人不确定性的积极策略、消极策略及交互策略等）判断他人的可信性了。在这种网络社交情境中，个体之间多是进行情感方面的交流与互动，较少涉及信息的分享。因而，在这种网络社交情境中建构起来的信任多倾向于情感维度。不过，情感维度的网络信任也大多以认知维度的信任为基础，是在认知维度的信任基础上的进一步发展。在信任维度发生变化的过程中，网络信任的程度也朝着深化的方向进一步发展，最终发展成为认知维度的信任与情感维度的信任的结合体。实际上，不管是现实世界中的信任还是网络世界中的信任都是日积月累的结果，信任的建构过程类似于社会资本的积累过程。信任程度由浅及深的过程就是社会资本由少及多的过程。

另外，某些实名制社交网站在“90后”大学生被试中也占有较高的渗透率。例如，“人人网”。在这种网络社交情境中，个体之间建构网络信任的难度相对低于在匿名情境中建构网络信任的难度。个体对他人的信任建立在对“实名制”这种制度的认可基础上，他们往往会先入为主地认为这种制度已经对他人的身份进行了审核，其所提供的个人信息具备一定的可信性。在这种心理的作用下，个体往往会比较容易地做出初步的信任判断，而网络信任的后续发展则很大程度上依赖于社交双方交互的过程与结果。与以上几种网络社交情境发挥作用的机制相比，这种实名制网络社交情境发挥影响作用的机制表现出一定的差异性。

实际上，就网络情境因素对网络信任建构的影响而言，大部分被试宣称：自他们选择进入什么样的网络情境开始，网络情境就已经开始对他们的网络人际关系的发展发挥影响作用了，网络情境决定了他们如何发展、发展什么样的网络人际关系。网络上的任何人际关系都是在信任基础上发展的，因此网络情境因素在网络人际关系发展伊始就在很大程度上决定了网络信任朝着什么维度的信任发展，并且影响着网络信任的发展过程。不过，在网络人际关系的后续发展过程中，网络情境因素的影响作用可能会逐渐减弱，甚至会消失。

以上，本研究从现实情境因素与网络情境因素两个方面论证了情境因素影响网络信任建构的机制。研究结果显示：现实情境因素与网络情境因素影响网络信任建构的机制不同。现实情境因素大多是通过长期作用于个体使其形成相对稳定的信任观念而影响网络信任建构，而网络情境因素通常直接通过影响个体的交流方式而发挥影响作用。在约束条件严格的网络情境中，大多数网民只能接受某种权力的实施，却无法参与某种权力的行使。

第三节　媒 介 因 素

网络信任的形成与发展除了受作为主体的人及作为客体的情境等诸多因素的影响外，还会受到另一客体的影响，这就是交流媒介。不同交流媒介由于自身的工具性质及传播特点的差异性，在满足人们需要的内容及程度等方面也存在差别。[①] 交流媒介特性的不同意味着其所提供的交流方式不同，而不同交流方式形成的网络关系会存在显著性差异。[②] 因此，本研究认为交流媒介也会在一定程度上对网络信任建构产生影响。

---

① 孟威.网络互动：意义诠释与规则探讨[M].北京：经济管理出版社，2004：112.

② Whitty, M. T., & Gavin, J. Age/Sex/Location: Uncovering the Social Cues in the Development of Online Relationships [J].*CyberPsychology & Behaviour*, 2001, 4(5): 623 – 630.

交流媒介对网络信任建构的影响表现为多个方面，本研究仅从以下两个方面探究不同交流媒介对网络信任建构的影响，并以第一个方面为主。首先，信任是对不确定性的容忍，而不确定性的程度与信息量直接相关。因此，不同交流媒介在网络交流中可再现的信息量，尤其是非言语信息量会直接对网络信任建构产生影响，而且在网络信任发展的不同阶段会发挥不同的影响作用。网络社交中非言语信息及身份信息的缺失及交流的短暂性特征会促使用户选择性自我表征且将交流对象理想化，自我暴露程度更深。① 这或许会对网络信任建构产生重大影响。其次，不同交流媒介在设计之初都定位于不同的用户群体，具备不同的服务功能。例如，“开心网”与“人人网”的用户群体定位就明显不同，“开心网”的用户以都市白领为主且社交方式为匿名社交，而“人人网”的用户多为在校学生且社交方式为实名制社交；另外，就功能而言，这两个社交网站的功能也截然不同，前者主要是通过游戏缓解工作压力，而后者则主要是为了方便熟人间的联络。这些定位的差异也可能会影响到网络信任建构。当然，除此之外，交流媒介的其他特性也可能会对网络信任建构产生一定的影响。限于篇幅，在此不进行探讨。

一、交流方式因素

对于以媒介为中介的交流而言，许多专家学者指出，不同交流媒介传递的信息量不同，且所有的交流媒介都会在某种程度上减少面对面交流时可利用的社会背景线索等非言语信息。② 那么，丢失了大量非言语信息的不同形式的网络社交到底会不会降低信任？关于该问题的研究至今未在结论上达成共识。有学者认为网络交互势必会降低信任，因为交互过程中丢失了面对面交互过程中可感知的大量非言语信息，而非言语信息通常被视作识别欺骗的主要方法。③ 而亦有学者强烈认为，在网络社交中，大量信息及新型社交网络的有效使用可以加强信任。④ 当然，还有学者持中立态度，认为网络信任的形成与非言语信息的关系不大，可能是其他因素的作用更大。⑤

本研究认为，不同网络交流方式是否会降低信任这个问题实际上包括了两个子问题。第一个子问题，不同网络交流方式是否会对网络信任建构发挥不同的影响作用？

---

① Joison, A. N. Self-disclosure in Computer-Mediated Communication: The Role of Self-awareness and Visual Anonymity [J]. *European Journal of Social Psychology*, 2001, 31(2): 177 - 192.

② Sproull, L., & Kiesler, S. Reducing Social Context Cues: Electronic Mail in Organizational Communication [J]. *Management science*, 1986, 32(11): 1492 - 1512.

③ Wallace, P. *The Psychology of the Internet*[M]. Cambridge: Cambridge University Press, 2001.

④ Dutton, W. H., & Shepherd, A. Trust in the Internet: The Social Dynamics of an Experience Technology[R]. Oxford Internet Institute, Research Report, 2003(3).

⑤ Walther, J. B. Computer-Mediated Communication: Impersonal, Interpersonal, and Hyperpersonal Interaction [J]. *Communication Research*, 1996, 23(1): 3 - 43.

如果有影响作用,那么这种影响作用是增加、维持还是降低了网络信任建构的难度?第二个子问题网络世界中的信任程度是否低于现实世界中的信任程度?实际上,回答第一个子问题的关键在于不同交流方式所呈现出来的信息,尤其是非言语信息。这个子问题可以归结为非言语信息对网络信任建构的影响作用。而第二个子问题或许根本就不存在回答的必要性,这是个因人而异的问题。以下,本研究以“90 后”大学生被试为例,探讨不同交流方式对网络信任建构的影响作用。既然这个问题的关键在于非言语信息,那么在探讨这个问题之前,有必要弄清楚不同的网络交流方式都电子化再现了哪些非言语信息及非言语信息在人际互动过程中有什么功能。

(一) 三种网络交流方式中的非言语信息

在网络交流史上,基于文本的网络交流(Text-based Communication)(例如,电子邮件)是至今应用范围最广、应用时间最长的一种交流方式。在这种交流方式中,交流双方无法像在现实的面对面交流中那样可以看见、听见或者是触摸到彼此,双方之间的交流仅能借助文字实现,多种感觉通道的缺失,使得基于文本的网络交流表现出极大的局限性。交流双方不仅不能在交流过程中做出表达感情变化的行为,而且丢失了大量至关重要的非言语信息(例如,表示不同语义的体态语),更不用说借助多种感觉通道表现或感受“亲密”行为。[①] 值得庆幸的是,热衷于网络交流的网民创建了大量的“副语言”[②],使网络文本交流内容更丰富,在一定程度上弥补了由于视听觉通道的不可用而造成的视听觉类非言语信息的缺失。例如,使用文字缩写、标点符号等表示语调的变化,而表情符号则广泛用于表示情感、态度的变化。[③] 这些手段不仅可以表示出语调、情感、态度的变化,而且大大缩短了句子长度,提高了交流的流畅度,丰富了文本交流的形式。[④]

现在,这些网络交流技巧日臻成熟,被广泛应用于网络交流中。不少网络交流工具更是直接融入了图形符号元素,便于用户使用。例如,腾讯 QQ 的“表情管理”功能模块,使用户不仅能使用自身既有静态或动态符号,而且还能自定义添加甚至是绘制符号,大大丰富了网络交流语言,提高了网络交流效率,且使得用户不必为符号的绘制或

① Bitti, R. P. E., & Garotti, P. L. Nonverbal Communication and Cultural Differences: Issues for Face-to-face Communication over the Internet[A]. Kappas, A., & Krämer, N. C. (Ed.) Face-to-Face Communication over the Internet[C]. New York: Cambridge University Press, 2011: 81 - 99.

② Walther, J. B. Interpersonal Effects in Computer-Mediated Communication: A Relational Perspective[J]. *Communication Research*, 1992 (10): 52 - 90.

③ Derks, D., Bos, A. E. R., & von Grumbkow, J. Emoticons and Social Interaction on the Internet[J]. *Computers in Human Behavior*, 2007, 23(1): 842 - 849.

④ Walther, J. B., & D'Addario, K. P. The Impacts of Emoticons on Message Interpretation in Computer-Mediated Communication[J]. *Social Science Computer Review*, 2001, 19(3): 323 - 345.

记忆而大伤脑筋。但是，对于当时技术背景下的网络交流用户而言，交流工具显得相对“笨拙”，他们需要更多时间来学习、发展能够恰当传递社会信息的“副语言”技巧，才能在网络交流中熟练有效使用“副语言”来恰当准确地表情达意，建立关系。①

除以上充分考虑利用视觉通道“图文并茂”丰富网络交流的形式及内容外，不少网络交流工具还利用听觉通道增强用户网络交流体验。例如，网络技术的发展使得借助网络进行语音交流成为可能，个体使用各种网络软件与世界各地的人进行廉价甚至是免费的语音交流。网络语音交流较网络文本交流大幅提升了人际交流效率，在一定程度上避免了听觉通道信息的缺失。然而，遗憾的是在网络语音交流中大多数的非言语信息（例如，面部表情）仍无法利用，这就很容易导致交流过程中语义的缺失或者是误读，造成交流双方的困扰。

虽然在交流过程中增加视听觉通道可以有效丰富交流过程中的信息，但是计算机中介交流还是一直被诟病缺少非言语信息，难以呈现交流中的所有信息。② 尽管人们已经清醒地意识到这种缺陷，但是这并没有阻碍人们追求并发展类似现实中面对面交流的网络交流方式的热情。在过去的若干年里，网络视频交流（Video-mediated Communication，VMC）的出现，将听觉及视觉通道融为一体，部分弥补了网络交流中非言语信息的缺失。在网络视频交流情形下，用户可以在实时发送、接收图片与文本的同时获取视听觉通道中表现出来的部分非言语信息（例如，语言的停顿、面部表情）。网络视频交流较网络文本交流速度更快，适用范围更广，即使是不会文字录入或者是文字录入速度较慢的人群也可以便捷使用。另外，较其他网络交流方式而言，网络视频交流中电子化再现的大量非言语信息营造了一种了“看得见、听得着”的氛围，不仅在某些情境下有助于良好人际关系的建立③，而且有效迎合了用户“远在天边，近在眼前”的交流需求。由此，甚至有人宣称以文本交流为主的网络社交似乎大有被网络视频交流替代的趋势。④

（二）非言语信息的交际功能

在人际互动过程中，虽然非言语信息使用得很频繁、很自然，但是在很多情况下，细致并系统地描述目前已知的所有非言语信息仍然很困难，大量非言语信息的作用及意

---

① （英）亚当·乔伊森.网络行为心理学——虚拟世界与真实生活[M].任衍具，魏玲，译.北京：商务印书馆，2010：38.

② Walther, J. B., & Tidwell, L. C. Nonverbal Cues in Compute-Mediated Communication and the Effect of Chronemics on Relational Communication[J].*Journal of Organizational Computing*, 1995, 5(4): 355 - 378.

③ Fernández-Dols, J. M., & Pilar, C. To Be Seen or Not to Be Seen: The Presentation of Facial Information in Everyday Telecommunications[A].Kappas, A., & Krämer, N. C.(Ed.) Face-to-face communication over the Internet[C].New York: Cambridge University Press, 2011: 39 - 52.

④ Kappas, A., & Krämer, N. C. Face-to-Face Communication over the Internet[C].New York: Cambridge University Press, 2011: ix.

义至今不能获得完全解读，其动态变化性亦不能完全借助其他符号表征系统得以建构、替代、分离或再现。

当前，国内专家学者对非言语信息的研究还处于起步阶段，他们从各自的研究视角出发对非言语信息在人际互动过程中的作用进行了探索性研究，相关研究多散见于各大学报，代表性研究还比较少。颜春峰认为，非言语传播的作用往往是言语传播难以替代的，其在人际传播中的作用主要表现为传播态度情绪、补充言语信息及替代言语信息三个方面[①]；乐国安在考察言语信息与非言语信息传递信息意义一致性的基础上指出，两者之间的关系可以归结为强化、弱化、冲突、不相干四种关系[②]。李果红根据非言语信息传递内容的不同指出，非言语信息具有控制（提供准确理解言语信息的提示）、人际（传播态度、情感，有助于实现交流目的）、标志、图解（形象表示物体大小、形状等）、适应等功能。[③] 田学军将非言语信息作为整体进行研究，总结出非言语信息最具普遍性意义的三项交际功能：内隐功能（包括信息功能、代言功能、文化传承功能）、伴随功能（包括同效功能、异效功能）、模糊功能。[④⑤] 史小芳认为非言语交际是言语交际的补充，具有言语交际的伴随性特征及言语功能，具体的言语功能表现为强化、指代、弱化、补充言语信息。[⑥] 另外，还有极少数学者研究了个别非言语现象的具体含义及作用。[⑦⑧] 虽然，不同学者对非言语信息作用的表述不同，但实际上，他们都从不同侧面揭示了非言语信息在人际互动过程中具有普遍意义的交际功能。在相同文化背景下，大多数的非言语行为具有较为确定的含义，即使交流情境不同，也不会发生太大变化。

对于以媒介为中介的交流而言，许多专家学者指出，不同交流媒介传递的信息量不同，且所有的交流媒介都会在某种程度上减少面对面交流时可利用的社会背景线索等非言语信息。[⑨] 在网络视频交流中，由于交流媒介通道缩减导致了部分非言语信息的缺失，减少了可用非言语信息量，但这并不影响非言语信息主要功能的发挥。本文无意于探讨具体非言语行为的含义，而是将非言语行为作为整体进

---

① 颜春峰.论非言语信息在人际传播中的作用[J].南昌大学学报，1999(9)：103－106.

② 乐国安，梁定勇.咨询心理学[M].天津：南开大学出版社，2002：161－162.

③ 李果红.非言语行为对交际能力的影响[J].云南师范大学学报，2004(5)：35－39.

④ 田学军.非言语信息在东西方课堂教学中的文化解读[J].沈阳师范大学学报（社会科学版），2006(6)：150－152.

⑤ 田学军.非言语信息交际功能研究[J].内蒙古农业大学学报（社会科学版），2008(3)：319－322.

⑥ 史小芳.非言语行为与跨文化交际[J].哈尔滨学院学报，2010(4)：123－125.

⑦ 郑秀恋.非言语行为与跨文化交际[J].浙江理工大学学报，2005(3)：99－101.

⑧ 闫阳.跨文化交际中的非言语行为差异[J].河南工业大学学报（社会科学版），2008(4)：84－86.

⑨ Sproull, L., & Kiesler, S. Reducing Social Context Cues: Electronic Mail in Organizational Communication[J]. *Management Science*, 1986, 32(11): 1492－1512.

行探讨。研究中发现，非言语信息在网络视频交流过程中发挥的普遍意义的交际功能大致可以归为两类。

1. 传播态度、情感

人的精神意识的传递及内心世界（例如，态度、情感）的揭示不仅可以借助言语信息来实现，而且还可以借助非言语信息来实现。如果说言语信息是有声传递意义、思想及情感的手段，那么非言语信息就是以异曲同工的方式实现、延续、辅助言语信息传情达意的手段。在交流过程中，非言语信息可以通过提供反馈信息来表现出态度的变化，从而调整言语交流的进程，转换交流者之间的角色。[①] 也就是说，情感状态可以通过言语信息表达，也可以通过非言语信息表达。例如，焦虑不安可以通过语调、面部表情、目光表现出来。[②] 个体无意识的平常的动作也能表示出情感的变化。"眉目传情""执手相看泪眼，竟无语凝噎"一类的非言语信息在某些情形中似乎比言语信息来得更真切，更能有效表达态度、情感。

非言语交流是表达态度、交流感情的主要手段之一[③]，是一种表征交流者之间关系发生变化的"关系语言"。在特定的人际关系情境中，非言语信息的表征涉及与交流双方及双方间关系有关的需求。例如，在网络视频交流过程中，有些需求并不是以直接明确的语言说出来，而是通过语调、目光间接体现出来。即使没有字典给出非言语信息的功能，但是非言语信息仍然是非常重要的信息。有学者指出，非言语信息的变化涉及与交流双方及双方间关系有关的很多方面：社会及个人地位[④]，交流过程中的情感状态和人际态度、社会关系等[⑤]。

在网络视频交流过程中，非言语信息不仅可以表示出对交流对方的态度，而且可以表示出对交流主题的态度。对方是否喜欢、投入或厌烦当前探讨的话题，都可以通过视听觉通道传达的非言语信息得以确认。例如，言语的停顿、目光的长时间注视可能意味着对方很重视当前探讨的话题，而沉默、眼神的飘忽不定则说明对方回避或不想继续当前探讨的话题。交流过程中涉及双方间的社会（角色）关系的信息是随时变化的，而这些动态变化的信息可以通过恰当合理使用非言语信息表达出来。

---

① Ridgeway, C. L., Berger, J., & Smith, LeRoy. Nonverbal Cues and Status: An Expectation States Approach[J]. *American Journal of Sociology*, 1985, 90(5): 955 - 978.

② Costa, M., Dinsbach, W., Manstead, A. S. R., et al. Social Presence, Embarrassment, and Nonverbal Behavior[J]. *Journal of Nonverbal Behavior*, 2001, 25(4): 225 - 240.

③ 颜春峰.论非言语信息在人际传播中的作用[J].南昌大学学报, 1999(9): 103 - 106.

④ Leffler, A., Gillespie, D. L., & Conaty, J. C. The Effects of Status Differentiation on Nonverbal Behavior[J]. *Social Psychology Quarterly*, 1982, 54(3): 153 - 161.

⑤ Bitti, R. P. E., & Garotti, P. L. Nonverbal Communication and Cultural Differences: Issues for Face-to-face Communication over the Internet[A]. Kappas, A., & Krämer, N.C. (Ed.) Face-to-Face Communication over the Internet [C]. New York: Cambridge University Press, 2011: 81 - 99.

2. 补充、替代言语交流

非言语交流是人类进行交际的重要手段，与言语交流一同构成人类的交际行为。实际上，非言语行为像言语行为一样可以“说话”，而且非言语行为“说”的内容时常比言语行为表达的内容更多、更真切。语言交流心理学家梅拉比安(Mehrabian)在大量实验研究的基础上指出，在情绪传递的过程中，言语的作用仅占7%，语调、语速等声音信息的作用占38%，表情和动作的作用占55%。[①] 在类似的研究中，伯特威斯特发现非言语行为可以传达出交流过程中65%的信息。虽然，两位学者在非言语行为传递信息量的比例上没有达成一致，但是不可否认，两位学者均认为，交流过程中非言语行为传递的信息量超过了言语行为传递的信息量。这种不见诸文字，却能被理解的微妙代码[②]，甚至在某些情境下足以取代有声的言语交流，胜任人际间的交流活动，即所谓的“无声胜有声”。

网络视频交流中往往会在言语交流之外辅以恰当有效(也可能是无意识的)的非言语交流，借此强化或弱化语境。交流过程中的非言语信息不断影响并改变言语信息所传递的内容，而且非言语信息的恰当使用往往会引起对方的注意并给对方留下深刻印象，比较容易取得更好的效果。[③] 但是，非言语信息的不恰当使用也可能会导致负面效果的出现，毕竟非言语信息有时候会模糊言语信息所要表达的意义。[④] 甚至，非言语信息可能会“出卖”言语信息所要表达的意思，揭示交流者的真实意图。英国心理学家阿盖伊尔(Agaer)等人的研究表明，当言语信息与非言语信息出现不一致时，人们往往会选择相信非言语信息所表达的意义。这是因为，言语信息容易受意识的控制，出现“心口不一”的情况，而传递非言语信息的行为是受外界刺激产生的无意识反应，不易被抑制或掩盖，更能昭示交流者的本意。正如弗洛伊德所言，血肉之躯不可能保守秘密，即使嘴巴可以沉默，但是身体其他部位传递的非言语信息也会将其出卖。

虽然网络视频交流中非言语信息主要交际功能的发挥并未因媒介的介入而受到比较大的影响，但是不可否认，媒介的介入使得某些重要的非言语信息在一定程度上丢失

---

① 贾玉新.跨文化交际学[M].上海：上海外语教育出版社，1998：447－469.

② (美)威尔伯·施拉姆.传播学概论[M].陈亮，译.北京：新华出版社，1984：76.

③ Fichten, C. S., Tagalakis, V., Judd, D., et al. Verbal and Nonverbal Communication Cues in Daily Conversations and Dating[J].*The Journal of Social Psychology*, 1992, 132(6): 751－769.

④ Feldman, R. S., Devin-Sheehan, L., & Allen, V. L. Nonverbal Cues as Indicators of Verbal Dissembling[J].*American Educational Research Journal*, 1978, 15(2): 217－231.

了，例如嗅觉及触觉信息。[①] 不少心理学家指出，嗅觉通道传递的某些信息，有助于自我表征。[②] 例如，现实世界中，不少人使用香水辅助自我表征。而亲吻、拥抱等人与人之间的肢体接触也能传递交互过程中的情感信息。

（三）非言语信息对网络信任建构的影响

既然非言语信息在人际互动过程中具有如此重要的作用，那么这种人际传播功能是否也体现在网络信任建构过程中呢？有学者认为，个体的容貌、穿着等非言语信息在一定程度上表征了个体身份，直接观察个体的身体特征就大致可以判断出其可靠性。[③] 亦如塞利格曼（Seligman）所言，"通常（被信者）的衣着、行为及举止等会使施信者形成对其道德观及忠诚的认识"。[④] 根据这种观点，视频交互可以让施信者观察到被信者的某些特征，而这有助于施信者预测其未来行为，并以此作为信任判断依据。由此，可电子化再现非言语信息量越多的交流方式越有助于网络信任建构。而此前亦有研究结论证明了这种推断的可能性。研究者对四种不同交流方式（面对面交流、视频交流、语音交流、网络文本交流）中的"社会两难游戏"中涉及的信任问题进行实验研究后发现：网络情境中发展信任的难度远远大于面对面情境中发展信任的难度。在信任的建立方面，文本交流明显劣于其他三种交流方式。[⑤]

然而，本研究调查结果显示，上述结论并不完全适用于"90后"大学生被试发展网络信任的情形。网络情境中发展信任的难度虽然的确大于面对面情境中发展信任的难度，但是，网络文本交流并不总是处于劣势。实际上，网络文本交流、语音交流、视频交流在网络信任的不同发展阶段具有不同的影响作用。在网络信任的初始发展阶段，网络文本交流是重要的交流方式。几乎所有被试都表示，他们不会与在网络上相遇的陌生人使用语音交流、视频交流这类非言语信息丰富的交流方式进行交流，即使对方提出这种要求，也往往会被他们视为无理要求而拒绝，网络社交关系就会至此结束。反而是网络文本交流为他们与陌生人发展网络信任提供了契机，他们会接受网络文本交流请求，但却不一定会接受语音交流或视频交流请求。

---

① Parkinson, B., & Lea, M. Video-linking Emotions [A]. Kappas, A., & Krämer, N. C. (Ed.) Face-to-face Communication over the Internet[C].New York: Cambridge University Press, 2011: 100 – 126.

② McCoy, N. L., & Pitino, L. Pheromonal Influences on Sociosexual Behavior in Young Women[J]. *Physiology and Behavior*, 2002, 75(3): 367 – 375.

③ Pettit, P. The Cunning of Trust[J]. *Philosophy & Public Affairs*, 1995, 24(3): 202 – 225.

④ Seligman, A. *The Problem of Trust*[M]. Princeton, New Jersey: Princeton University Press, 2000.

⑤ Bos, N., Olson, J., Gergle, D., et al. Effects of Four Computer-Mediated Communications Channels on Trust Development[Z]. In Conference on Human Factors in Computing System. Minneapolis, Minnesota, April, 20 – 25, 2002.

由此，在网络信任的初始发展阶段，语音交流、视频交流这类非言语信息丰富的交流方式可能会不利于网络信任的发展，原因就在于这两种交流方式会暴露个体过多的个人信息，甚至有可能将个体置于危险的境地。对"90后"大学生被试而言，网络文本交流中传统意义的社会线索的缺失并不意味着社会线索本身的缺失。[①] 如果有需要，他们仍然可以通过某些途径获取相关信息。有时候，少量的信息恰恰能够透露出更多的信息。[②] 因此，语音交流及视频交流不利于为个体创造交互的机会。没有交互的机会，也就不存在发展网络信任的可能性。由此，物理因素造成的交流者的视觉匿名性及同时在场性的缺失为发展网络信任增加了可能性。[③] 即，非言语信息的缺失对人际关系的建立有积极作用[④]，为个体之间发展网络信任提供了契机[⑤]。

本研究从实证调查中所获得的"非言语信息的缺失对人际关系发展有积极作用"这个结论与既有研究结论相悖。此前有关计算机媒介交流社会效应的理论及研究表明，非言语信息的缺失会对人际关系的发展产生负面作用。持这种观点的学者以"社会临场感理论"对此进行了解释，认为媒介信息系统的数量越少，一个人所能体验到的社会临场感越弱。社会临场感的降低最终会反过来降低交流者之间的亲密度。[⑥] 因而，计算机媒介交流因为信息感知系统的较少融入，而导致了较弱的社会临场感。不仅如此，与传统的面对面交流相比，网络社交中因社会线索的相对缺失使得在线人际关系品质不高。[⑦⑧⑨] 当然，以上结论并不适用于任务导向而非社交导向的交流。然而，实际上，很多学者认为，"社会临场感理论"本身就存在缺陷，该理论的合理性有待商榷。例

---

① Spears, R., & Lea, M. Social Influence and the Influence of the "Social" in Computer-Mediated Communication[A]. Lea, M.(Ed.) Contexts of Computer-Mediated Communication[C].London: Harvester Wheatsheaf, 1992: 30-65.

② Walther, J. B. Visual Cues in Computer-Mediated Communication: Sometimes Less Is More[A].Kappas, A., & Krämer, N. C.(Ed.) Face-to-Face Communication over the Internet[C].New York: Cambridge University Press, 2011: 17-39.

③ Lea, M., & Spears, R. Love at First Byte? Building Personal Relationships over Computer Networks[A].Wood, J. T., & Duck, S. W.(Ed.) Understudied Relationships: Off the Beaten Track[C].Newburry Park, CA: Sage. 1995: 197-233.

④ Walther, J. B., Slovacek, C. L., & Tidwell, L. C. Is a Picture Worth Thousand Words? Photographic Images in Long-term and Short-term Computer-Mediated Communication [J].*Communication Research*, 2001, 28(1): 105-134.

⑤ Walther, J. B. Relational Aspect of Computer-mediated Communication: Experimental Observations over Time[J]. *Organizational Science*, 1995, 6(2): 186-203.

⑥ Short, J., Williams, E. & Caristie, B. *The Social Psychology of Telecommunication*[M].London: John Wiley and Sons, 1976.

⑦ Slouka, M. *War of the Worlds: Cyberspace and the High-tech Assault on Reality*[M].New York: Basic Books, 1995.

⑧ Berry, W. *Sex, Economy, Freedom and Community*[M].New York: Pantheon, 1993.

⑨ Heim, M. The Erotic Ontology of Cyberspace[A].Benedikt, M.(Ed.) Cyberspace: First Steps[C].Cambridge: MIT Press, 1992: 59-80.

如，即使用户认为视频交流的社会临场感强于网络文本交流的社会临场感[①]，但是这也并不是因为视频交流过程中所提供的大量非言语信息的动态性导致了其较高的社会临场感[②③]。因此，该理论不足以解释交流过程中信息量对人际关系发展的影响[④⑤⑥⑦]，而且"社会临场感理论"并未明确社会临场感所需的信息系统的临界值。因为，就人际关系发展而言，网络交流过程中过多的信息量并不一定优于适中水平的信息量。[⑧] 不过，亦有学者从其他角度阐释了非言语信息的缺失对人际关系发展的影响。他们认为，交流过程中电子化再现的外貌等身体特征是一种能更多引发积极评价的信息。[⑨] 交流过程中大量的信息能够降低不适感及不确定性，增强相互之间的好感。[⑩⑪] 例如，网络交流中出现的照片能明显增加彼此的好感。

与以上两种极端观点不同，沃瑟认为两种结论都有支持证据。在沃瑟看来，在某些情境中，网络交流是非个人的（Impersonal）、人际的（Interpersonal）甚至是超个人的（Hyperpersonal），而超个人的观点则超越了亲密的离线互动的人际关系的发展。[⑫] 原因可能就在于，网络交流一般比面对面交流持续的时间更短。因此，在时间有限的情况下，网络交流不利于人际关系的发展；但是如果时间足够充分，交互者就会积极寻找、展现社会及个人信息，双方以此建构彼此的印象，关系很容易就会发展至正常

---

① Rice, R. E. Media Appropriateness: Using Social Presence Theory to Compare Traditional and New Organizational Media [J].*Human Communication Research*, 1993, 19(4): 451－484.

② Noll, A. M. Anatomy of a Failure: Picturephone Revisited[J].*Telecommunications Policy*, 1992, 16(4): 307－316.

③ Tang, J. C., & Isaacs, E. Why Do Users Like Video? Studies of Multimedia-Supported Collaboration[J].*Computer Supported Cooperative Work*, 1993(1): 163－196.

④ Baym, N. K. The Emergence of Community in Computer-Mediated Interaction[A].Jones, S. G.(Ed.) Cybersociety: Computer-Mediated Communication and Community[C].Thousand Oaks, CA: Sage, 1995: 138－163.

⑤ Fulk, J., Schmitz, J. A., & Schwarz, D. The Dynamics of Context-Behavior Interactions in Computer-Mediated Communication[A]. Lea, M.(Ed.) Contexts of Computer-Mediated Communication[C]. London: Harvester Wheatsheaf, 1992: 7－29.

⑥ Spears, R., & Lea, M. Social Influence and the Influence of the "Social" in Computer-Mediated Communication[A]. Lea, M.(Ed.) Contexts of Computer-Mediated Communication[C].London: Harvester Wheatsheaf, 1992: 30－65.

⑦ Steinfield, C. Computer-Mediated Communication in Organizational Settings: Emerging Conceptual Frameworks and Directions for Research[J].*Management Communication Quarterly*, 1992, 5(3): 348－365.

⑧ Whittaker, S., & O'Conaill, B. The Role of Vision on Face-to-Face and Mediated Communication[A].Finn, K. E., & Wilbur, S. B.(Ed.) Video-Mediated Communication[C].Mahwah, NJ: Lawrence Erlbaum, 1997: 23－49.

⑨ Storck, J., & Sproull, L. Through a Glass Darkly: What Do People Learn in Videoconferences[J]. *Human Communication Research*, 1995, 22(2): 197－219.

⑩ Berger, C. R., & Calabress, R. J. Some Explorations in Initial Interaction and Beyond: Toward a Developmental Theory of Interpersonal Communication[J].*Human Communication Research*, 1975, 1(2): 99－112.

⑪ Berger, C. R., & Douglas, W. Studies in Interpersonal Epistemology: III. Anticipated Interaction, Self-Monitoring, and Observational Context Selection[J].*Communication Monographs*, 1981(48): 183－196.

⑫ Walther, J. B. Computer-Mediated Communication: Impersonal, Interpersonal, and Hyperpersonal Interaction[J]. *Communication Research*, 1996, 23(1): 3－43.

的人际水平。①②③ 由此,似乎可以推断出：网络交流中非言语信息的缺失并不是影响网络关系发展的决定性因素,网络关系发展还受到交互双方交流持续时间的影响。

不管不同交流方式中呈现的非言语信息如何影响了网络关系发展,在网络关系的初始发展阶段,或者是在个体做出信任的初步决定时,网络文本交流相对其他两种网络交流方式更有可能为网络信任提供发展契机。随着网络关系的深入发展及网络信任的建立,个体有可能会改变交流方式。个体改变交流方式并不是因为对当前交流方式的不满,而是对双方之间信任关系建立的认可。而其他两种网络交流方式中所呈现的大量非言语信息就有可能成为个体修正信任决定的依据。例如,个体可以根据虚拟角色使用的照片(前提是个体在形塑虚拟角色时使用了自己的照片)、年龄等标签与视频交流中所呈现出来的个体容貌之间的一致性来修正关于他人可信性的认知,并以此作为决定信任未来发展趋势的依据。在这点上,网络文本交流的影响作用稍逊于其他两种网络交流方式的影响作用。

由此,在网络信任发展过程中,网络文本交流提供了网络信任建立的机会。但是,在后续的发展过程中,如果个体之间改变了交流方式,那么语音交流或视频交流中电子化再现的非言语信息就会发挥影响作用,成为个体修正信任决定的依据。

二、媒介定位因素

几乎所有的交流媒介在研发之初就有明确的功能及用户群体定位。有调查研究结果表明：国内不同社交网站的用户群体表现出明显的差异,而同一社交网站内用户之间的关系强弱程度也不同,如图 4－4 所示。④ 本研究认为,这一调查研究结果可能在一定程度上说明不同社区的信任程度存在一定的差异。用户群体之间的差异很可能导致个体之间建构起来的信任类型不同。除此之外,还可能导致不同社区内个体之间的信任程度不同。而出现这种情况的原因可能是不同社交网站的定位不同。另外,交流媒介的不同定位还可能会影响到网络信任建构难度。以下,本研究尝试以案例的形式来论述交流媒介的不同定位对网络信任建构难度的影响。

(一) 服务对象与信任

在所有实名制社交网站中,“人人网”在“90 后”大学生被试中占有较高的渗透率。

---

① Chidambaram, L. Relational Development in Computer-Supported Groups[J]. *MIS Quarterly*, 1996, 20(2): 143－163.

② Walther, J. B., & Burgoon, J. K. Relational Communication in Computer-Mediated Interaction [J]. *Human Communication Research*, 1992, 19(1): 50－88.

③ Walther, J. B., Anderson, J. F., & Park, D. Interpersonal Effects in Computer-Mediated Interaction: A Meta-Analysis of Social and Antisocial Communication[J]. *Communication Research*, 1994, 21(4): 460－487.

④ 李翔昊.SNS 浪潮——拥抱社会化网络的新变革[M].北京：人民邮电出版社,2010：77.

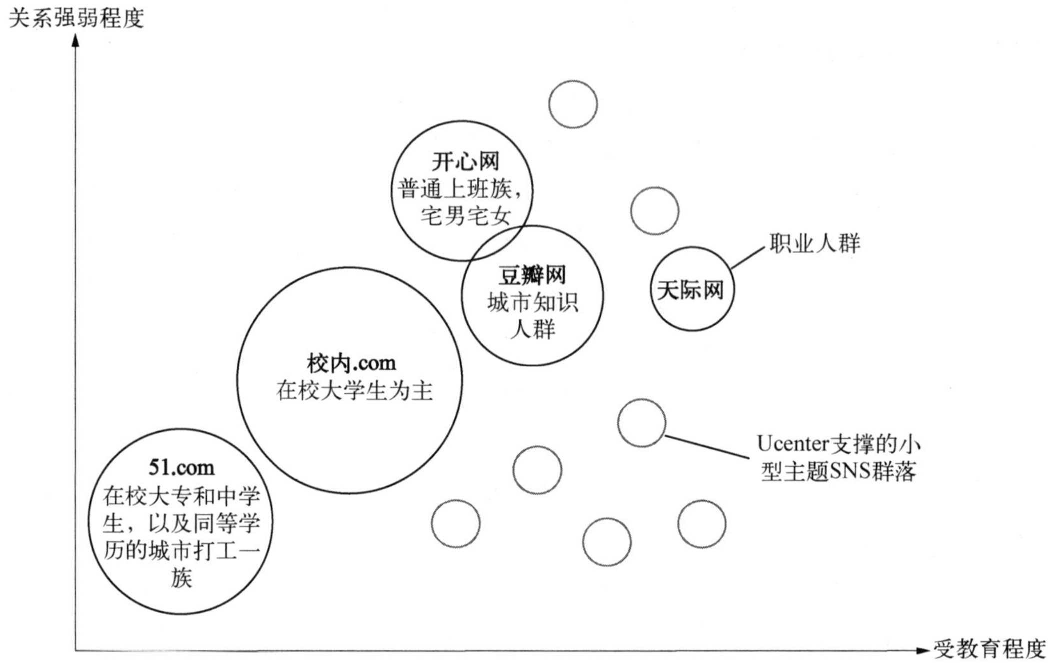

图 4－4　国内不同社交网站的用户群体分布图

＊资料来源：李翔昊.SNS 浪潮——拥抱社会化网络的新变革[M].北京：人民邮电出版社，2010：77.

不过，这个社交平台的发展并非一帆风顺，为了克服发展过程中的瓶颈，该社交平台经历了目标用户群体定位上的转变。目标群体的扩大虽然增加了用户数量，但是这种转变却为用户之间建立网络信任增加了难度。以下，本研究以该网络社交平台为例，论述用户群体定位如何影响网络信任建构难度。

"人人网"的前身是创建于 1999 年的"校内网"，定位于校园范围内的社交。其最重要的特点是限制具有特定大学网络协议地址或者大学电子邮箱的用户注册，这样就保证了注册用户绝大多数都是在校大学生。2009 年 8 月，"校内网"更名为"人人网"，定位于为不同身份的人提供交流平台。重新定位后的"人人网"用户群体更加广泛，但却增加了网络信任建构难度。此前，用户群体以在校大学生为主，个体可以通过"朋友"找"朋友"的功能来认识他人，不同个体之间存在一定的"学缘"关系。用户群体相对单一，个体之间的相似性较高，因而比较容易建立起初步的信任关系。而重新定位后的"人人网"，虽然发展势头良好，用户群体的多样性相对提高，但却失去了原来的特色，其服务对象的针对性大大降低，专业化程度也随之降低。对那些在这个平台上发展人际关系的个体而言，转型产生的后果就是个体判断他人可信性的难度明显提高，而整个网络社区信任程度也随着用户群体的快速膨胀而逐渐降低。

服务对象单一，不利于网络社交平台的长远发展。服务对象多元，却导致网络社区信任程度偏低。这是国内社交网站普遍存在的一种现象。虽然各网络社区出于保障用户权益、规范用户行为等目的，制定了社区公约，但是这些公约却并未切实发挥制约与规范作用。例如，即使“新浪微博”规定用户“实名制”交流（实际上，根本无法做到实名制，因为服务商依然不能确保用户身份的真实性），制定了社区公约并声明违反社区公约的用户要受到一定的惩罚，但还是不能完全杜绝用户滥发虚假、歪曲事实的微博。在某些时候，社区公约形同虚设，根本无法发挥制约作用。

（二）服务功能与信任

不同的社交网站会为不同用户群体提供不同的服务。例如，有的社交网站以提供游戏服务为主，有的社交网站以发展人际关系为主。即使是提供相同服务的社交网站，也会表现出一定的差异。同是游戏类社交网站，有的提供单人网页游戏，有的提供多人联网合作游戏。不同交流方式形成的网络关系会存在显著性差异。[①] 在这种服务功能及交流方式明显不同的社交网站上，个体之间的信任程度及信任类型必然会表现出一定的差异。以下，本研究以游戏类社交网站为例，分析服务功能不同的交流媒介如何影响网络信任建构。

目前，国内存在各种类型的以游戏服务为主的社交网站。覆盖范围最广的一类可能是单人网页游戏，这类游戏社交网站部分会以维系现实世界中的人际关系为主。例如，“开心网”主要是为上班族提供互动游戏服务，不过在大学生群体中也占有较高的渗透率。其最火的游戏就是“朋友买卖”“抢车位”及“偷菜”。“开心网”利用既有人际关系进行传播。用户可以导入微软网络服务联系人列表来查找、邀请或添加好友到“开心网”上，这就保证了用户一上来就有认识的朋友。这种传播模式使得网络人际关系建立在现实人际关系基础之上，人际信任程度相对较高，但是这种较高的信任程度往往也仅存在于现实世界中的熟人之间，陌生人之间较少会发展出信任关系。对用户来说，“开心网”所提供的社交游戏是繁重工作之余缓解压力的一种休闲方式。虽然有些用户也会添加陌生人为好友，但其目的却很少是为了发展人际关系，更多是为了获得相应的奖励资金，不断升级。因此，陌生人在这类游戏社交网站中发展出网络信任的可能性不大。这类互动游戏社区中还出现了这样的一种情况：熟人间的信任程度较高，而陌生人之间往往难以建立起信任，其原因可能就在于用户群体的高度异质性导致信任判断难度大大增加。类似的情况也存在于“腾讯 QQ”的空间

---

① Whitty, M.T., & Gavin, J. Age/Sex/Location: Uncovering the Social Cues in the Development of Online Relationships [J]. *CyberPsychology & Behaviour*, 2001, 4(5): 623 - 630.

游戏(例如,QQ 农场)中及"人人网"所提供的互动游戏社区中。这可能也是当前游戏社交网站普遍存在的现实问题之一。虽然用户数量极为庞大,但用户之间的黏合度却不高。

单人网页游戏社交网站的用户多以女性玩家为主,而多人联网合作游戏社交网站则以男性玩家为主。这种游戏类社交网站画面唯美、逼真,在游戏情节的设计上更能满足男性的"英雄"情结,成为男性玩家休闲娱乐的重要方式之一。用户可以根据自身喜好在这种游戏类社交网站中创造出来完全虚拟的角色,并随着游戏级别的增加而逐渐完善角色。例如,英雄联盟、梦幻西游、CF 及魔兽争霸(目前,dota 作战图景备受青睐)等广泛渗透于男性群体之中。在多人联网合作游戏中,玩家往往会基于对方的游戏级别、装备等结成联盟,并肩作战,完成游戏任务,共同升级。游戏级别、装备等是玩家实力的象征。游戏级别越高、装备越好的玩家越容易赢得游戏中其他玩家的信任,相对更容易与他人建立起合作关系。在游戏中,众多玩家之间极少进行与游戏无关的个人信息的交流。在共同利益目标的驱使下,玩家之间建立起来的信任纯粹是对虚拟角色"作战"能力的认可,很少会发展出其他方面的信任(例如,情感维度的信任)。通常,这类信任会随着游戏的结束而结束。

实际上,除了交流媒介的不同交流方式及定位外,交流媒介的其他属性可能也会对网络信任建构产生一定的影响。本研究仅从理论的视角论述了交流媒介的以上两种属性可能会对网络信任产生的影响,但却无法推断并测算出这两种属性将会对网络信任建构产生多大程度的影响。

小　　结

综上所述,"90 后"大学生被试的网络信任建构是个复杂曲折的过程,是诸多内在及外在因素相互作用的结果。不同因素在网络信任的不同发展阶段发挥不同程度的影响作用,而且这些因素的影响作用因人而异。本研究无意于探讨影响每个个体建构网络信任的具体因素,而只是从宏观的理论层面探讨了可能会对网络信任建构发挥影响作用的因素——人、情境及媒介。网络信任的主体是虚拟角色,而其背后的创建者就是网络信任的最大影响因素。本研究并未从心理学视角出发探讨个体的人格特征如何影响网络信任建构,而是尝试以社会学家戈夫曼的自我呈现理论为研究视角,详细论述施信者及被信者的角色形塑如何对网络信任建构产生影响。网络信任是现实信任在网络上的部分映射,其建构过程受现实情境因素与网络情境因素的共同作用。不过,两者的影响机制不同。前者通过长期作用于个体使其形成相对稳定的信任观念而发挥影响作用,后者则通过直接约束或影响个体的网络行为而发挥影响作用。此外,网络社交个体所使用的交流媒介因属性不同也会对网络信任建构产生一定的影响。在论述过程中,本研究并未穷尽所有因素的影响作用,而是以具体因素为例,分析该因素的影响作用。遗憾的是,由于本研究在此较少涉及实证研究,因而也就无法测算出不同因素的影响程度。

第五章　结　　论

第一节　主要研究结论

信任是个古老而又常新的话题。自人类社会出现以来,信任问题就一直存在于人类的各种关系之中。虽然信任有着悠久的历史,但实际上,直到 200 多年前,信任陌生人才成为人类的普遍行为。在此之前,谁帮助我们生存下来了,谁就赢得了我们的信任。后来,随着社会历史的发展,信任的内容及形式也随之发生变化。网络信任是伴随网络社会的来临而出现的一种新的信任形式,是古老信任问题的一个新分支。

网络信任是网络社会所特有的重要社会议题之一。在现实世界中,信任是影响社会发展及个人生活的重要因素;同样,在网络世界中,如果没有信任的存在,人与人之间就很难建立持久稳定的在线人际关系。在儒家传统文化背景下的人情面子社会中,信任是“稀缺品”;而在多种文化充斥其中的网络世界,信任就更像是易碎的“奢侈品”,不易获得,却极易破坏。相对于成熟的百年传统信任研究而言,网络信任还是个崭新的研究领域,很多问题亟待解决。鉴于此,本研究尝试以在“数字化”环境中成长起来的“90 后”大学生为例,以社会学、心理学及计算机科学等学科领域的相关理论为基础,从理论与实证两个方面探讨网络信任问题及青少年价值取向的变化,旨在对网络信任问题及青少年价值取向的变化形成较为深入的理解。回顾全文,本研究在该问题上得出以下研究结论:

第一,通过对有关信任及网络信任研究的追溯,本研究认为,与传统信任研究多学科专家学者的介入不同,网络信任研究主要集中于社会学、心理学及计算机科学领域。由于网络信任与信任本质上有着极大相似性,很多网络信任研究专家在研究过程中大量借鉴了有关信任研究的方法与结论。此前,学界对网络信任的研究聚焦于回答“网络信任是什么”这个静态问题。现在,研究焦点逐渐从网络信任这一概念转向“网络信任如何发展及为何如此发展”之类的动态问题。在西方研究占有话语权的情形下,国内学界研究多借鉴西方研究,普遍缺乏原创性,在研究视角及研究方法上或多或少存在缺陷。而这可能是未来研究中亟待突破的难点问题。

第二，本研究将“90后”大学生网络信任的基本构成要素界定为四个，分别是“谁信任谁”“何种信任”“何处信任”“为何信任”。就这点而言，网络信任与现实信任既存在共同点，也存在差异。两者之间最大的共同点就是两种信任均可被视为个体的某种心理状态，均建立于对个体或其所扮演角色的局部了解或熟悉之上。而两者之间最大的差异就在于关系主体及发生情境的变化。在现实世界中，信任关系的主体是切实存在的社会个体，发生情境是真实的社会场景；而网络信任关系的主体是由切实存在的社会个体在网络空间形塑出来的虚拟角色，发生情境是网络上的某个虚拟空间。“90后”大学生与其不同网络社交对象建构的网络信任明显呈现出“差序格局”的特点，这点与现实世界中的人际关系格局类似。因子分析结果显示，网络信任大致可以分为四类，其强度由高到低依次是亲人间的网络信任、朋友间的网络信任、熟人间的网络信任及社会性网络信任。

第三，本研究以“90后”大学生为例探讨了网络信任的动态建构过程，在理论分析的基础上结合实证调查结果，提出了与既有研究假设相反的观点，认为网络信任并非先验性存在，而是后天产物。网络信任是社交双方在互动中多次博弈的结果，在这个过程中不断涉及双方的认知与判断。其中，个体之间的相互依赖性及与信任相随的风险是网络信任发生的前提条件，而个体在互动过程中的熟悉是网络信任得以建立的基础。随着网络信任的建立，个体之间网络社交的深度与广度也会随之朝着更深、更广的方向发展，而这种发展反过来也促进了网络信任的进一步发展。研究发现，网络信任大致经历了建立关系、维持与深化（或破裂）等发展阶段，极少部分的网络信任有发展为现实信任的趋势。由于个体之间的差异性，网络信任每个发展阶段的转折点也因人而异。在网络社交的不同发展阶段，网络信任在维度及程度上表现出一定的差异性。

第四，本研究认为“90后”大学生的网络信任在其复杂曲折的发展过程中受到多种因素的制约和影响。本研究将影响因素聚焦于人、情境及交流媒介三个方面，在访谈的基础上尝试从这三个方面对该问题进行理论探讨与分析。研究发现，个体在网络空间的自我呈现会对网络信任建构产生影响。其中，角色属性的静态形塑主要在信任建构初期发挥影响作用；而交互过程中的动态形塑则在很大程度上充当了个体修正信任决策的依据。影响网络信任建构的情境因素可以归结为现实情境因素及网络情境因素两类，两者的影响机制不同。其中，前者通过长期作用于个体使其形成相对稳定的信任观念而发挥影响作用，后者则通过直接约束或影响个体的网络行为而发挥影响作用。在传播层面上，个体交互过程中所选择的交流媒介也会因交流方式及定位的差异而影响网络信任建构，导致不同交流媒介形成差异性显著的在线人际关系。其中，语音交流、视频交流等非言语信息丰富的交流方式不利于早期网络信任建构，而交流媒介服务功能的差异直接影响了个体所建构的网络信任的类型。

第二节 未来研究展望

网络信任是新兴的研究领域，虽然国外专家学者早已开始关注，并进行了一些理论探索与实证研究，但我国学界对该领域的研究还仅仅处于起步阶段。在西方研究占有话语权的情形下，国内学界研究多借鉴西方研究，缺少原创性本土研究。本研究也仅对网络信任的基础理论层面进行了探索与尝试，并未涉及应用实践层面的研究。现实与理想之间总是存在差距，虽然研究伊始研究者就制定了研究路线、规划了研究蓝图，但由于实际操作中种种条件的限制，使得本研究中难免存在不足之处。与百年的传统信任研究相比，本研究无论在理论架构还是论述上都显得非常稚嫩，对很多问题并未进行系统、深入研究，而这些问题也是本研究未来要关注的热点问题。

一、"90 后"大学生的时代特征

每个时代的人群身上都镌刻着时代特征，使他们可以与其他时代的人群区别开来。"90 后"大学生随着中国互联网的发展而成长，网络对他们的成长有着巨大的影响，在他们身上留下了深深的烙印。学界赋予"数字化"环境中成长起来的这一代人"N 世代""数字化一代"等多种称谓。学者们从现象及事实出发描述这一代人的时代特征，却极少上升到学理层面探讨网络对这一代人产生了怎样的影响。网络心理研究在国内尚处于空白，在国际上也罕见成熟、系统的研究。本研究虽然以"90 后"大学生为例，探讨网络社交中的信任问题，但受关注点所限，本研究以"90 后"大学生网络社交行为的探讨为主，较少涉及"90 后"大学生的时代特征。在后续研究中，研究者将尝试从网络环境和现实环境两方面探讨"90 后"大学生的时代特征，以弥补上述不足。

二、网络信任的建构过程

本研究仅在访谈的基础上结合理论分析大致勾勒出了网络信任的建构过程，并未详细描述网络信任每个发展阶段的转折点及特点。在后续研究中，本研究将尝试对访谈材料进行深入的质性分析，利用 QSR NVivo 质性分析软件编码并分析访谈材料，辅以案例分析，以明确界定网络信任每个发展阶段的特点及转折点。除此之外，研究者还将关注网络信任与网络社交之间的相互作用关系，开发网络信任量表，力争以量化研究的形式测算出网络信任不同阶段的信任程度。

三、网络信任的影响因素

网络人际信任在建构过程中受到诸多因素的影响,而本研究仅将影响因素局限于人、情境及交流媒介三方面,并未考虑其他可能产生影响作用的因素,且对该问题的论述主要聚焦于社会学领域,较少涉及心理学及计算机科学等学科的理论。整体而言,对该问题的论述尚不全面。例如,个体的哪些心理因素会影响到网络信任建构？这些因素会在多大程度上产生影响？这是未来在理论与实践层面需要继续探索与研究的课题。

四、未来网络信任研究的伦理问题

现在,网络信任已经进入国内外学者的研究视野,对网络关系及网络信任的研究正在逐渐增加。然而,却极少有文献在文中提及或专门论述研究中的伦理问题,即研究者如何在符合伦理道德的前提下以比较恰当合理的方式研究网络社交及网络信任关系的发展过程。网络社交关系及网络信任的发展与维系作为个人的隐私行为,研究者在研究诸如此类问题之时出于一些特殊的伦理考虑,应采取必要的措施,尽可能保障被试的合法权益不受侵害。在未来的研究中需要关注这些问题。

五、在线关系的未来

2003 年,网络社群研究先驱瑞欧德(Rheingold)出版了《聪明行动族:下一场社会革命》(*Smart Mobs: The Next Social Revolution*)一书。随着时间的流逝,世界发生了很大的变化,我们借以沟通、发展与维系人际关系的方式仍在朝着瑞欧德所预测的那个世界的方向发展。我们仍将继续在网络上建立与发展各种关系。网络已经成为我们日常生活的一部分,我们以更快的速度穿梭于网络世界与现实世界之间。但是,我们却不知道在线关系的未来在哪里？是走向兴盛还是走向衰败？这些问题都需要在未来的理论与实证研究中探索。

网络信任是网络世界的重要议题,是影响网络世界发展的重要因素。对于该问题的探索,不仅可以丰富现有的信任研究理论,发展新的网络社交理论,而且可以使我们更理智地看待人们的网络行为。本研究坚信,对于在线社交中信任关系的研究与探索,有助于指导网民建立良好的在线人际关系,提高民众对网络社会的认同度,更好地发挥网络世界对现实世界的补充作用,完善社会制度,构建诚信社会。

另外,本研究聚焦于探讨“90 后”大学生的网络社交行为,并以此为例分析了网络社交过程中普遍存在的社会性问题——信任,实际上是以此为切入点探讨“数字化”环境中成长起来的青年一代的社会生活价值取向及其不同于其他时代人群的独特之处。本研究并没有选取“90后”大学生学习中的问题作为研究主题，而是关注“90后”大学生学习之外的日常生活，剖析特定时代背景下大学生价值取向的变化。研究结论不仅为学生事务工作者制定学生管理制度提供了一定的理论与事实依据，而且为其他教育工作者在实践中引导“90后”大学生享受安全的网络生活奠定了良好的基础。本研究认为，教育研究不应该仅仅关注学生的学习，而且还更应该关注他们的日常生活。拥有正常日常生活的个体，才有可能发展成为一个拥有健全人格的健康个体。在这点上，本研究有着积极的教育意义。

主要参考文献

中文部分

1. (法) 阿尔弗雷德·格罗塞.身份认同的困境[M].王鲲,译.北京：社会科学文献出版社,2010.

2. (美) 埃利奥特·阿伦森.社会性动物[M].郑日昌,张珠江,等,译.北京：新华出版社,2002.

3. (美) 艾尔·巴比.社会研究方法(第11版)[M].邱泽奇,译.北京：华夏出版社,2009.

4. (美) 安东尼·吉登斯.现代性与自我认同[M].赵旭东,方文,译.北京：生活·读书·新知三联书店,1998.

5. (英) 安东尼·吉登斯.现代性的后果[M].田禾,译.南京：译林出版社,2000.

6. (美) 安德鲁·基恩.网民的狂欢——关于互联网弊端的反思[M].丁德良,译.海口：南海出版公司,2010.

7. 白春阳.现代社会信任问题研究[M].北京：中国社会出版社,2009.

8. 白淑英.网上人际信任的建立机制[J].学术交流,2003(3)：9－11.

9. 白淑英.网络互动中人际信任概念辨析[J].学术交流,2004(12)：119－122.

10. (法) 保罗·利科.承认的过程[M].汪堂家,李之喆,译.北京：中国人民大学出版社,2011.

11. (波兰) 彼得·什托姆普卡.信任：一种社会学理论[M].程胜利,译.北京：中华书局,2005.

12. (瑞典) 彼得·赫斯特洛姆.解析社会：分析社会学原理[M].陈云松,范晓光,朱彦,译.南京：南京大学出版社,2010.

13. (瑞典) 博·罗斯坦.政府质量：执政能力与腐败、社会信任和不平等[M].蒋小虎,译.北京：新华出版社,2012.

14. (美) 查尔斯·霍顿·库利.人类本性与社会秩序[M].包凡一,王源,译.北京：华夏出版社,1999.

15. 车文博.人本主义心理学[M].杭州：浙江教育出版社,2003.
16. 陈光磊,黄济民.青少年网络心理[M].北京：中国传媒大学出版社,2008.
17. 陈秋珠.赛博空间的人际交往——大学生网络交往与心理健康关系的研究[D].长春：吉林大学博士学位论文,2006.
18. (英) 达尔文.人类的由来(上册)[M].潘光旦,胡寿文,译.北京：商务印书馆,2003.
19. 丁道群.网络空间的人际互动：理论与实证研究[D].南京：南京师范大学博士学位论文,2003.
20. 丁道群.网络空间的自我呈现——以网名为例[J].湖南师范大学教育科学学报,2005(3)：97－100.
21. 丁道群,沈模卫.人格特质、网络社会支持与网络人际信任的关系[J].心理科学,2005(2)：300－303.
22. 杜艳飞.性别及学科与大学生网络人际信任的关系研究[J].中国校外教育,2011(2)：6.
23. (美) F.菲利浦・赖斯,金・盖尔・多金.青春期——发展、关系和文化(第11版)[M].陆洋,陈磊,陈菲,译.上海：上海人民出版社, 2009.
24. 费穗宇.青年社会交往心理学[M].北京：中国妇女出版社,1987.
25. 费孝通.乡土中国[M].北京：人民出版社,2008.
26. 风笑天.社会研究方法[M].北京：中国人民大学出版社,2005.
27. (美) 弗洛德・J.福勒.调查问卷的设计与评估[M].蒋逸民,等,译.重庆：重庆大学出版社,2010.
28. (德) 弗兰克・施尔玛赫.网络至死——如何在喧嚣的互联网时代重获我们的创造力和思维力[M].邱袁炜,译.北京：龙门书局, 2011.
29. 甘诺,许明柱.网络信任的社会学解读[J].南京财经大学学报,2007(5)：86－88.
30. (法) 古斯塔夫・勒庞.乌合之众：大众心理研究[M].杨程程,译.北京：中国三峡出版社,2011.
31. 韩红.交往的合理化与现代性的重构：哈贝马斯交往行动理论的深层解读[M].北京：人民出版社,2005.
32. 韩丽红.关于网络人际信任危机的探讨[J].西昌学院学报(社会科学版),2011(2)：111－112.
33. 韩泳.众声喧哗：网络时代的个人表达与公共讨论[M].桂林：广西师范大学出版社,2005.

34. 何明升,白淑英.网络互动：从技术幻境到生活世界[M].北京：中国社会科学出版社,2008.
35. 何明升,白淑英,等.虚拟世界与现实世界[M].北京：社会科学文献出版社,2011.
36. 胡蓉.网络人际交互中的信任问题研究[J].图书情报知识,2005(4)：98－101.
37. 黄厚铭.虚拟社区中的信任与认同[D].台北：台湾政治大学博士学位论文,2000.
38. 黄少华,陈文江.重塑自我的游戏——网络空间的人际交往[M].兰州：兰州大学出版社,2002.
39. 黄少华.网络空间的社会行为——青少年网络行为研究[M].北京：人民出版社,2008.
40. 黄少华.青少年网络人际信任及其影响因素研究[J].宁夏大学学报(人文社会科学版),2008(1)：152－156.
41. 贾玉新.跨文化交际学[M].上海：上海外语教育出版社,1998.
42. (美) Jerry M. Burger.人格心理学[M].陈会昌,等,译.北京：中国轻工业出版社,2009.
43. 蒋逸民.作为“第三次方法论运动”的混合方法研究[J].浙江社会科学,2009(10)：27－39.
44. 焦武萍.组织管理中的人际信任问题[J].陕西师范大学学报(哲学社会科学版),2006(s1)：87－88.
45. (美) 杰弗里·斯蒂伯.我们改变了互联网,还是互联网改变了我们[M].李昕,译.北京：中信出版社,2010.
46. 金盛华.社会心理学[M].北京：高等教育出版社,2005.
47. (美) 凯蒂·哈夫纳,马修·李昂.术士们熬夜的地方——因特网络传奇[M].戚小伦,李金沙,译.呼和浩特：内蒙古人民出版社,1997.
48. (美) 克里斯·布洛根,朱利恩·史密斯.信任代理[M].缪梅,译.北京：北方联合出版传媒(集团)股份有限公司 & 万卷出版公司,2011.
49. (美) 肯尼斯·S.博登斯,布鲁斯·B.阿博特.研究设计与研究方法(第6版)[M].袁军,等,译.上海：上海人民出版社,2008.
50. 乐国安,梁定勇.咨询心理学[M].天津：南开大学出版社,2002.
51. 雷雳.鼠标上的青春舞蹈——青少年互联网心理学[M].上海：华东师范大学出版社,2010.
52. 李春霞,吴永忠.网络交往与人的全面发展[J].自然辩证法研究,2000(12)：30－34.
53. 李果红.非言语行为对交际能力的影响[J].云南师范大学学报,2004(5)：35－39.

54. 李伟民，梁玉成.特殊信任与普遍信任：中国人信任的结构与特征[J].社会学研究，2002(3)：11-22.

55. 李翔昊.SNS浪潮——拥抱社会化网络的新变革[M].北京：人民邮电出版社，2010.

56. (美)林南.社会资本——关于社会结构与行动的理论[M].张磊，译.上海：世纪出版集团&上海人民出版社，2005.

57. 刘中起，朱玲怡.网际互动的特质与自我表达的实作思路[J].科学技术与辩证法，2002(6)：22-27.

58. 刘娟娟.印象管理及其相关研究述评[J].心理科学进展，2006(2)：309-314.

59. 罗家德，叶勇助.中国人的信任游戏[M].北京：社会科学文献出版社，2007.

60. 刘中起，风笑天."虚拟镜像中的真实"——网络人际互动者的自我呈现[J].安徽科技，2002(7)：47-48.

61. 刘金枚，王茂福.透视网络中的人际信任危机[J].经济与社会发展，2005(5)：136-138.

62. 刘丹鹤.赛博空间与网际互动——从网络技术到人的生活世界[M].长沙：湖南人民出版社，2007.

63. 刘向晖.互联网草根革命——Web2.0时代的成功方略[M].北京：清华大学出版社，2007.

64. 鲁兴虎.网络信任——虚拟与现实之间的挑战[M].南京：东南大学出版社，2003.

65. 卢斌.哲学视域下的网络社会交往[D].北京：中共中央党校博士学位论文，2011.

66. (美)罗伯特·D·帕特南.使民主运转起来[M].王列，赖海榕，译.南昌：江西人民出版社，2001.

67. (美)罗伯特·K.殷.案例研究：设计与方法[M].周海涛，李永贤，李虔，译.重庆：重庆大学出版社，2010.

68. 吕玉平.网络交往：信息时代的新交往观[J].理论观察，2000(4)：43-45.

69. (德)马克思，恩格斯.马克思恩格斯选集(第1卷)[M].中共中央马克思、恩格斯、列宁、斯大林著作编译局，译.北京：人民出版社，1995.

70. (德)马克思，恩格斯.马克思恩格斯全集(第3卷)[M].中共中央马克思、恩格斯、列宁、斯大林著作编译局，译.北京：人民出版社，2002.

71. (加)马歇尔·麦克卢汉.理解媒介：论人的延伸[M].何道宽，译.北京：商务印书馆，2000.

72. (美)马克·格兰诺维特.镶嵌——社会网与经济行动[M].罗家德，等，译.北京：社会科学文献出版社，2007.

73. (美) 马克·鲍尔莱因.最愚蠢的一代[M].杨蕾,译.天津:天津社会科学院出版社,2011.
74. (美) 迈克尔·施瓦布.生活的暗面:日常生活的社会学透视[M].汪丽华,译.北京:北京大学出版社,2008.
75. (美) 曼纽尔·卡斯特.网络社会的崛起[M].夏铸九,译.北京:社会科学文献出版社,2001.
76. (美) 曼纽尔·卡斯特.网络社会:跨文化的视角[M].周凯,译.北京:社会科学文献出版社,2009.
77. (美) 曼纽尔·卡斯特.千年终结[M].夏铸九,译.北京:社会科学文献出版社,2006.
78. (美) 曼纽尔·卡斯特.网络星河——对互联网、商业和社会的反思[M].郑波,吴炜,译.北京:社会科学文献出版社,2007.
79. 孟威.网络互动:意义诠释与规则探讨[M].北京:经济管理出版社,2004.
80. (英) 莫妮卡·T.惠蒂,(澳) 阿德里安·N.卡尔.网络爱情——在线关系心理学[M].何玉蓉,周昊天,译.北京:商务印书馆,2010.
81. (美) 欧文·戈夫曼.日常生活中的自我呈现[M].冯钢,译.北京:北京大学出版社,2010.
82. (美) 尼可拉斯·卡尔.浅薄——互联网如何毒化了我们的大脑[M].刘纯毅,译.北京:中信出版社,2010.
83. (美) 尼葛洛庞帝.数字化生存[M].胡泳,范海燕,译.海口:海南出版社,1997.
84. (美) 帕特·华莱士.互联网心理学[M].谢影,苟建新,译.北京:中国轻工业出版社,2001.
85. 潘琳,王正聪.网络环境中的人际信任研究[J].图书情报工作,2008(3):46-49.
86. 彭泗清.信任的建立机制:关系运作与法制手段[J].社会学研究,1999(2):53-66.
87. 彭聃龄.普通心理学[M].北京:北京师范大学出版社,2008.
88. (美)乔纳森·特纳.社会学理论的结构(下)[M].邱泽奇,等,译.北京:华夏出版社,2001.
89. (美) 乔纳森·布朗.自我[M].陈浩莺,等,译.北京:人民邮电出版社,2004.
90. 仇立平.社会学研究方法[M].重庆:重庆大学出版社,2008.
91. 上官子木.网络交往与社会变迁[M].北京:社会科学文献出版社,2010.
92. 沙莲香.社会心理学[M].北京:中国人民大学出版社,2002.
93. 史小芳.非言语行为与跨文化交际[J].哈尔滨学院学报,2010(4):123-125.

94. (美)斯蒂芬·李特约翰,凯伦·福斯.人类传播理论[M].史安斌,译.北京：清华大学出版社,2009.

95. 宋时全.转型期我国社会信任的表现及其重建途径[J].北京工业大学学报(社会科学版)，2005(3)：70－74.

96. (美)唐·泰普斯科特.数字化成长3.0[M].云帆,译.北京：中国人民大学出版社,2009.

97. 陶国富,王祥兴.大学生网络心理[M].上海：立信会计出版社,2004.

98. 陶国富.网络交往的泛化和精神文明的深化[J].社会科学,2001(6)：54－58.

99. 田虎伟.混合方法研究：美国教育研究中的新范式[J].高等教育研究,2006(11)：74－78.

100. 田学军.非言语信息在东西方课堂教学中的文化解读[J].沈阳师范大学学报(社会科学版),2006(6)：150－152.

101. 田学军.非言语信息交际功能研究[J].内蒙古农业大学学报(社会科学版),2008(3)：319－322.

102. 童星.网络与社会交往[M].贵阳：贵州人民出版社,2002.

103. 汪丹丹.大学生网络人际信任的研究[D].上海：华东师范大学硕士学位论文,2008.

104. 王飞雪,山岸俊男.信任的中、日、美比较研究[J].社会学研究,1999(2)：67－82.

105. 王绍光,刘欣.信任的基础：一种理性的解释[J].社会学研究,2002(3)：23－39.

106. 王晓霞.现实与虚拟社会：人际关系的文化探究[M].北京：中国社会科学出版社,2010.

107. 王毅杰,周现富.城市居民信任的差序格局[J].天府新论,2009(2)：102－106.

108. 王武召.社会交往论[M].北京：北京大学出版社,2002.

109. (美)威尔伯·施拉姆.传播学概论[M].陈亮,译.北京：新华出版社,1984.

110. (美)威廉·J.米切尔.比特之城——空间、场所、信息高速公路[M].范海燕,胡泳,译.北京：三联书店,1999.

111. (美)威廉·麦孤独.社会心理学导论[M].俞国良,雷雳,张登印,译.杭州：浙江教育出版社,1997.

112. (加)文森特·莫斯可.数字化崇拜：迷思、权力与赛博空间[M].黄典林,译.北京：北京大学出版社,2010.

113. 奚春华,朱京.青少年网络信任取向及其影响的实证研究[J].青年探索,2004(5)：14－17.

114. 谢宝婷.浅析网络互动内涵[J].社会,2002(7):40-42.

115. 谢英香.非言语信息在网络视频交流中的功能与尴尬处境[J].开放教育研究,2012(6):33-39.

116. 谢玉婷.社会信任的困境与基础——基于大学生资助政策实践的研究[D].上海:上海大学博士学位论文,2011.

117. 徐瑞青.论自我呈现[J].求是学刊,1994(4):8-13.

118. 薛薇.SPSS 统计分析方法及应用[M].北京:电子工业出版社,2009.

119. (英) 亚当·乔伊森.网络行为心理学:虚拟世界与真实生活[M].任衍具,魏玲,译.北京:商务印书馆,2010.

120. 严中华.关于信任与知识管理各过程的关系研究[J].科技管理研究,2003(4):23-27.

121. 颜春峰.论非言语信息在人际传播中的作用[J].南昌大学学报,1999(9):103-106.

122. 闫阳.跨文化交际中的非言语行为差异[J].河南工业大学学报(社会科学版),2008(4):84-86.

123. 杨宜音."自己人":信任建构过程的个案研究[J].社会学研究,1999(2):38-52.

124. 杨中芳,彭泗清.中国人人际信任的概念化:一个人际关系的观点[J].社会学研究,1999(2):1-21.

125. 游泓.情感与信任关系的社会学研究——一个信任关系结构方程模型的建构和验证[D].武汉:武汉大学博士学位论文,2009.

126. (荷兰) 约斯·德·穆尔.赛博空间的奥德赛:走向虚拟本体论与人类学[M].麦永雄,译.桂林:广西师范大学出版社,2007.

127. (美) 约翰·W.克雷斯威尔.研究设计与写作指导:定性、定量与混合研究的路径[M].崔延强,主译.重庆:重庆大学出版社,2007.

128. 张春兴.教育心理学[M].杭州:浙江教育出版社,1998.

129. 张建新,Bond,M.H.指向具体人物对象的人际信任:跨文化比较及其认知模型[J].心理学报, 1993(2):164-172.

130. 张莉.网络人际交往中的信任产生机制[J].重庆图情研究,2006(7):27-29.

131. 曾令辉.虚拟社会人的发展研究[M].北京:人民出版社,2009.

132. 翟本瑞.教育与社会:迎接资讯时代的教育社会学反省[M].台北:扬智文化事业股份有限公司,2000.

133. 赵水忠.数字化侵害：中国青少年网络问题报告[M].北京：中国社会科学出版社,2002.

134. 郑也夫,彭泗清,等.中国社会中的信任[M].北京：中国城市出版社,2003.

135. 郑也夫.信任论[M].北京：中国广播电视出版社,2006.

136. 郑秀恋.非言语行为与跨文化交际[J].浙江理工大学学报,2005(3)：99－101.

137. 朱京.青少年的网络人际信任特点分析[J].中国青年研究,2003(12)：8－11.

138. 朱京.网络信任的原则及对青少年网络活动的影响[J].社会,2004(8)：61－63.

英文部分

1. Abdul-Gader, A. The Impact of User Satisfaction on Computer-Mediated Communication Acceptance: A Causal Path Model [J]. *Information Resources Management Journal*, 1996, 9 (1): 17－26.

2. Ahn, T. K., & Ostrom, E. Social Capital and Collective Action[A]. Castiglione, D., & Wolleb, G. (Ed.) The Handbook of Social Capital[C]. New York: Oxford University Press, 2008: 70－100.

3. Alexander, J. E., & Tate, M. A. *Web Wisdom: How to Evaluate and Create Information Quality on the Web*[M]. Mahwah, NJ: Lawrence Erlbaum, 1999.

4. Alpern, K. D. What Do We Want Trust to Be? Some Distinctions of Trust[J]. *Business and Professional Ethics Journal*, 1997, 16(1－3): 29－46.

5. Altman, I., & Taylor, D. A. *Social Penetration: The Development of Interpersonal Relationships*[M]. New York: Holt, Rinehart and Winston, 1973.

6. Anderson, E., & Weitz, B. Determinants of Continuity in Conventional Industrial Channel Dyads[J]. *Marketing Science*, 1989, 8(4): 310－323.

7. Arkin, R. M. Self-presentation Style[A]. Tedeschi, J. T. (Ed.) Impression Management Theory and Social Psychological Research[C]. New York, USA: Academic Press, 1981: 311－333.

8. Baker, A. J. What Makes an Online Relationship Successful? Clues From Couples Who Met in Cyberspace[J]. *CyberPsychology & Behavior*, 2002, 5(4): 363－375.

9. Barber, B. *The Logic and Limits of Trust*[M]. New Brunswick, NJ: Rutgers University Press, 1983.

10. Bargh, J. A., Mckenna, K. Y. A., & Fitzsimons, G. M. Can You See the Real Me?

Activation and Exprcssion of the 'True Self' on the Internet[J]. *Journal of Social Issue*, 2002, 58(1): 33-48.

11. Bargh, J. A., & McKenna, K. Y. A. The Internet and Social Life[J]. *Annual Review of Psychology*, 2004, 55(1): 573-590.
12. Baym, N. K. The Emergence of Community in Computer-Mediated Interaction[A]. Jones, S. G. (Ed.) Cybersociety: Computer-Mediated Communication and Community [C]. Thousand Oaks, CA: Sage, 1995: 138-163.
13. Beck, U., Giddens, A., & Lash, S. *Reflexive Modernization*[M]. Cambridge, England: Polity Press, 1994.
14. Berger, C. R., & Calabress, R. J. Some Explorations in Initial Interaction and Beyond: Toward a Developmental Theory of Interpersonal Communication [J]. *Human Communication Research*, 1975, 1(2): 99-112.
15. Berger, C. R., Gardner, R. R., Parks, M. R., et al. Interpersonal Epistemology and Interpersonal Communication[A]. Miller, G. R. (Ed.) Explorations in Interpersonal Communication[C]. Beverly Hills, CA: Sage, 1976: 149-171.
16. Berger, C. R. Beyond Initial Interaction: Uncertainty, Understanding, and the Development of Interpersonal Relationships[A]. Giles, H., & Clair, R. St. (Ed.) Language and Social Psychology[C]. Oxford, UK: Basil Blackwell, 1979: 122-144.
17. Berger, C. R., & Douglas, W. Studies in Interpersonal Epistemology: Ⅲ. Anticipated Interaction, Self-Monitoring, and Observational Context Selection[J]. *Communication Monographs*, 1981(48): 183-196.
18. Bernath, M. S., & Feshbach, N. D. Children's Trust: Theory, Asssessment, Development, and Research Directions[J]. *Applied & Preventive Psychology*, 1995, 4(1): 1-19.
19. Berry, W. *Sex*, *Economy*, *Freedom and Community*[M]. New York: Pantheon, 1993.
20. Berscheid, E. Compatility, Interdepence and Emotion[A]. Ickes, W. (Ed.) Compatible and Incompatibal Relationships[C]. New York: Springer-Verlag, 1985: 143-161.
21. Bier, A. T., Sherblom, S. A., & Gallo, M. A. Ethical Issues in a Study of Internet Use: Uncertainty, Responsibility, and the Spirit of Research Relationships[J]. *Ethics and Behavior*, 1996, 6(2): 141-151.
22. Bitti, R. P. E., & Garotti, P. L. Nonverbal Communication and Cultural Differences: Issues for Face-to-face Communication over the Internet[A]. Kappas, A., & Krämer,

N. C. (Ed.) Face-to-Face Communication over the Internet[C]. New York: Cambridge University Press, 2011: 81 - 99.

23. Blois, K. J. Trust in Business to Business Relationships: An Evaluation of Its Status[J]. *Journal of Management Studies*, 1999, 36(2): 197 - 215.

24. Blomqvist, K. The Many Faces of Trust[J]. *Scandinavian Journal of Management*, 1997, 13(3): 271 - 286.

25. Bok, S. *Lying*[M]. New York: Pantheon, 1978.

26. Bokhorst, C. L., Bakermans-Kraneburg, M. J., Fearon, R. M. P., et al. The Importance of Shared Environment in Mother-Infant Attachment Security: A Behavioral Genetic Study[J]. *Child Development*, 2003, 74(6): 1769 - 1782.

27. Bonebrake, K. College Students, Internet Use, Relationship Formation and Personality Correlates[J]. *Cyberpsychology & Behavior*, 2002, 5(6): 551 - 557.

28. Bos, N., Olson, J., Gergle, D., et al. Effects of Four Computer-Mediated Communications Channels on Trust Development[Z]. In Conference on Human Factors in Computing System. Minneapolis, Minnesota, April, 20 - 25, 2002.

29. Bowlby, J. *Attachment and Loss (Vol. 1) Attachment*[M]. New York: Basici Books, 1969.

30. Bowlby, J. *Attachment and Loss (Vol. 2) Separation: Anxiety and Anger*[M]. New York: Basici Books, 1973.

31. Burgoon, J. K., & Walther, J. B. Noverbal Expectancies and the Evaluative Consequences of Violations[J]. *Human Communication Research*, 1990, 17(2): 232 - 265.

32. Butler, J. K., & Jr. Toward Understanding and Measuring Conditions of Trust: Evolution of a Conditions of Trust Inventory[J]. *Journal of Management*, 1991, 17(3): 643 - 663.

33. Byrne, D. *The Attraction Paradigm*[M]. New York: Acxademic, 1971.

34. Byrne, D. An Overview (and Underview) of Research and Theory within the Attraction Paradigm[J]. *Journal of Social and Personal Relationships*, 1997, 14(3): 417 - 431.

35. Cassell, J., & Bickmore, T. External Manifestations of Trustworthiness in the Interface [J]. *Communications of the ACM*, 2000, 43(12): 50 - 56.

36. Castelfranchi, C., & Tan, Y. H. The Role of Trust and Deception in Virtual Societies [EB/OL]. http://ieeexplore.ieee.org/stamp/stamp.jsp? tp = &arnumber = 927042.

[2011-12-21].

37. Castelfranchi, C., & Falcone, R. *Trust Theory: A Socio-Cognitive and Computational Model*[M]. Chichester: John Wiley & Sons Ltd., 2010.

38. Chan, D. K. S., & Cheng, G. H. L. A Comparison of Offline and Online Friendship Qualities at Different Stages of Relationship Development[J]. *Journal of Social and Personal Relationships*, 2004, 21(3): 305-320.

39. Chen, S. C., & Dhillon, G. S. Interpreting Dimensions of Consumer Trust in E-Commerce[J]. *Information Technology and Management*, 2003, 4(2-3): 303-318.

40. Chidambaram, L. Relational Development in Computer-Supported Groups[J]. *MIS Quarterly*, 1996, 20(2): 143-163.

41. Chopra, K., & Wallace, W. A. Trust in Electronic Environments[EB/OL]. http://ieeexplore.ieee.org/stamp/stamp.jsp? tp=&arnumber=1174902. [2011-12-21].

42. Cohen, A. K. *Deviance and Control*[M]. Englewood Cliffs, NJ: Prentice-Hall, 1966.

43. Collins, N. L., & Miller, L. C. Self-disclosure and Liking: A Meta-analytic Review[J]. *Psychological Bulletin*, 1994, 116(3): 457-475.

44. Comber, C., Colley, A., Hargreaves, D. J., et al. The Effects of Age, Gender and Computer Experience Upon Computer Attitudes[J]. *Educational Research*, 1997, 39(2): 123-133.

45. Conte, R., & Paolucci, M. *Reputation in Artificial Societies: Social Beliefs for Social Order*[M]. Boston, MA: Kluwer Academic Publishers, 2002.

46. Cooper, A., & Sporolari, L. Romance in Cyberspace: Understanding Online Attraction[J]. *Journal of Sex Education and Therapy*, 1997, 22(1): 7-14.

47. Corazzini, B. M. Trust as a Complex Multi-Dimensional Construct[J]. *Psychological Reports*, 1977, 40(1): 75-80.

48. Corritore, C. L., Kracher, B., & Weidenbeck, S. Online Trust: Concepts, Evolving Themes, A Model[J]. *International Journal of Human-Computer Studies*, 2003, 58(6): 737-758.

49. Costa, M., Dinsbach, W., Manstead, A. S. R., et al. Social Presence, Embarrassment and Nonverbal Behavior[J]. *Journal of Nonverbal Behavior*, 2001, 25(4): 225-240.

50. Coutu, D. L. Organization-trust in Virtual Teams[J]. *Harvard Business Review*, 1998, 76(3): 20-21.

51. Creswell, J. W. *Research Design: Qualitative and Quantitative Approaches*[M]. Thousand

Oaks, CA: Sage Publication, 1994.

52. Creswell, J. W. *Qualitative Inquiry Research Design-Choosing among Five Approaches* [M]. London: Sage Publication, 2007.

53. Creswell, J. W., & Plano Clark, V. L. *Designing and Conducting Mixed Methods Research*[M]. Thousand Oaks, CA: Sage, 2007.

54. Das, T. K., & Teng, Bing-Sheng. Between Trust and Control: Developing Confidence in Partner Cooperation Alliances[J]. *Academy of Management Review*, 1998, 23(3): 491 – 512.

55. Dasgupta, P. Trust as a Commodity[A]. Gambetta, D. (Ed.) Trust: Making and Breaking Coopercative Relations [C]. Oxford: Basil Blackwell, 1988: 49 – 72.

56. Derks, D., Bos, A. E. R., & von Grumbkow, J. Emoticons and Social Interaction on the Internet[J]. *Computers in Human Behavior*, 2007, 23(1): 842 – 849.

57. Derlega, V. J. & Chaikin, A. L. Privacy and Self-disclosure in Social Relationships[J]. *Journal of Social Issues*, 1977, 33(3): 102 – 115.

58. Derlega, V. L., Metts, S., Petronio, S., et al. *Self-Disclosure* [M]. London: Sage, 1993.

59. Deutsch, M. Trust and Suspicion [J]. *Journal of Conflict Resolution*, 1958 (2): 265 – 279.

60. Deutsch, M. Trust, Trustworthiness and the F Scale[J]. *Journal of Abnormal and Social Psychology*, 1960, 61(1): 138 – 140.

61. Deutsch, M. Co-operation and Trust: Some Theoretical Notes[A]. Jones, M. (Ed.) Nebraska Symposium on Motivation[C]. Lincoln: University of Nebraska Press, 1962: 275 – 319.

62. Dhaliwal, J. S., & Benbasat, I. The Use and Effects of Knowledge-based System Explanations: Theoretical Foundations and a Framework for Empirical Evaluation[J]. *Information System Research*, 1996, 7(3): 342 – 362.

63. Donahue, E., Robins, R., Roberts, B., et al. The Divide Self: Concurrent and Longitudinal Effects of Psychological Adjustment and Social Roles on Self-concept Differentiation[J]. *Journal of Personality and Social Psychology*, 1993, 64(5): 834 – 846.

64. Doney, P. M., & Cannon, J. P. An Examination of the Nature of Trust in Buyer-Seller Relationships[J]. *Journal of Marketing*, 1997, 61(2): 35 – 51.

65. Dunn, P. The Importance of Consistency in Establishing Cognitive-based Trust: A Laboratory Experiment[J]. *Teaching Business Ethics*, 2000, 4(3): 285 - 306.

66. Dutton, W. H. & Shepherd, A. Trust in the Internet: The Social Dynamics of an Experience Technology[R]. Oxford Internet Institute, Research Report, 2003(3).

67. Dutton, W. H., & Shepherd, A. Trust in the Internet as an Experience Technology[J]. *Information, Communication & Society*, 2006, 9(4): 433 - 451.

68. Eisenstadt, S., & Roniger, L. *Patrons, Clients and Friends* [M]. Cambridge: Cambridge University Press, 1984.

69. Erikson, E. H. *Childhood and Society* [M]. New York: W. W. Norton & Company, 1963.

70. Falcone, R., & Castelfranchi, C. Socio-Cognitive Model of Trust[EB/OL]. http://ebooks. narotama. ac. id/files/Encyclopedia% 20of% 20Information% 20Science% 20and% 20Technology% 20 (2nd% 20Edition)/Socio-Cognitive% 20Model% 20of% 20Trust. pdf. [2012 - 05 - 13].

71. Feldman, R. S., Devin-Sheehan, L., & Allen, V. L. Nonverbal Cues as Indicators of Verbal Dissembling [J]. *American Educational Research Journal*, 1978, 15 (2): 217 - 231.

72. Feng, J., Lazar, J., & Preece, J. Behavior and Information Technology[J]. *Academy of Information Technology*, 2004(4 - 5): 97 - 106.

73. Fernández-Dols, J. M., & Pilar, C. To Be Seen or Not to Be Seen: The Presentation of Facial Information in Everyday Telecommunications[A]. Kappas, A., & Krämer, N. C. (Ed.) Face-to-face Communication over the Internet [C]. New York: Cambridge University Press, 2011: 39 - 52.

74. Fichten, C. S., Tagalakis, V., Judd, D., et al. Verbal and Nonverbal Communication Cues in Daily Conversations and Dating[J]. *The Journal of Social Psychology*, 1992, 132(6): 751 - 769.

75. Flores, F., & Solomon, R. Rethinking Trust [J]. *Business and Professional Ethics Journal*, 1997, 16(1 - 3): 47 - 76.

76. Friedman, B., Kahn, P. H., Howe, D. C., et al. Trust Online[J]. *Communications of the ACM*, 2000, 43(12): 34 - 40.

77. Fulk, J., Schmitz, J. A., & Schwarz, D. The Dynamics of Context-Behavior Interactions in Computer-Mediated Communication [A]. Lea, M. (Ed.) Contexts of Computer-

Mediated Communication[C]. London: Harvester Wheatsheaf, 1992: 7－29.

78. Giddens, A. *The Consequences of Modernity* [M]. Stanford: Stanford University Press, 1990.

79. Goffman, E. *The Presentation of Self in Everyday Life*[M]. New York: Doubleday, 1959.

80. Good, D. Individuals, Interpersonal Relations and Trust[A]. Gambetta, D. (Ed.) Trust: Making and Breaking Coopercative Relations[C]. Oxford: Basil Blackwell, 1988: 31－48.

81. Grabner-Kräuter, S., & Kaluscha, E. A. Empirical Research in Online Trust: A Review and Critical Assement[J]. *International Journal of Human Computer Studies*, 2003 (58): 783－812.

82. Green, M. C. Trust and Social Interaction on the Internet[A]. Joinson, A. N., McKenna, K. Y. A., Postmes, T., et al. (Ed.) The Oxford Handbook of Internet Psychology[C]. New York: Oxford University Press, 2007: 43－51.

83. Green, M. C., & Brock, T. C. Trust, Mood and Outcomes of Friendship Predict Preferences for Real versus Ersatz Social Capital[J]. *Political Psychology*, 1998, 19(3): 527－544.

84. Handy, C. Trust and the Virtual Organization[J]. *Harvard Business Review*, 1995, 73(3): 40－50.

85. Hancock, J. T. Digital Deception: Why, When and How People Lie Online[A]. Joinson, A. N., McKenna, K. Y. A., Postmes, T., et al. (Ed.) The Oxford Handbook of Internet Psychology[C]. New York: Oxford University Press, 2007: 289－301.

86. Hardin, R. Conceptions and Explanations of Trust[A]. Cook, K. S. (Ed.) Trust in Society[C]. New York, NY, US: Russell Sage Foundation, 2001: 3－39.

87. Hardin, R. *Trust and Trustworthiness*[M]. New York: Russell Sage Foundation, 2002.

88. Hatfield, E., & Sprecher, S. *Mirror, Mirror ... The Importance of Looks in Everyday Life* [M]. Albany, NY: State University of New York Press, 1986.

89. Heim, M. The Erotic Ontology of Cyberspace[A]. Benedikt, M. (Ed.) *Cyberspace: First Steps*[M]. Cambridge, MA: MIT Press, 1992: 59－80.

90. Heimer, C. A. Solving the Problem of Trust[A]. Cook, K. S. (Ed.) Trust in Society [C]. New York, NY, US: Russell Sage Foundation, 2001: 40－88.

91. Higgins, E. T. Self-Discrepancy Theory: A Theory Relating Self and Affect[J]. *Psychologican Review*, 1987, 94(3): 1120－1134.

92. Holland, N. The Internet Regression, Free Association[EB/OL]. http://www. human-nature. com/free-association/Holland. html. [2012-10-10].

93. Holton, R. Deciding to Trust, Coming to Believe [J]. *Australasian Journal of Philosophy*, 1994, 72(1): 63-76.

94. Husted, B. The Ethical Limits of Trust in Business Relations [J]. *Business Ethics Quarterly*, 1988, 8(2): 233-248.

95. Ickes, W. Empathic Accuracy[J]. *Journal of Personality*, 1993, 61(4): 587-610.

96. Ickes, W., Stinson, L., Bissonnette, V., et al. Naturalistic Social Cognition: Empathic Accuracy in Mixed-sex Dyads [J]. *Journal of Personality and Social Psychology*, 1990(59): 730-742.

97. Ito, Y. *The Developemntal Psychology of Gender*[M]. New York: McGraw-Hill, 2000.

98. Jackson, L. A. Using the Internet for Training and Development[A]. Kossek, E., & Block, R. (Ed.) Managing Human Resource in the 21st Century: From Core Concepts to Strategic Choice[C]. Cincinnati, OH: South-Western, 1999.

99. Jackson, L. A., Ervin, K. S., Gardner, P. D., et al. Gender and the Internet: Women Communicating and Men Searching[J]. *Sex Roles*, 2001, 44(5-6): 363-379.

100. Jams, W. *The Principles of Psychology*[M]. Beijing: China Social Sciences Publishing House Chengcheng Books, Ltd., 1999.

101. Jarvenpaa, S. L., & Leidner, D. E. Communication and Trust in Global Virtual Teams [J]. *Organization Science*, 1999, 20(6): 791-815.

102. Johnson, D. G. Ethics Online, Shaping Social Behavior Online Takes More than New Laws and Modified Edicts[J]. *Communication of the ACM*, 1997, 40(1): 60-65.

103. Johnson-George, C., & Swap, W. C. Measurement of Specific Interpersonal Trust: Construction and Validation of a Scale to Assess Trust in a Specific Other[J]. *Journal of Personality and Social Psychology*, 1982, 43(6): 1306-1317.

104. Johnson, R. B., & Onwuegbuzie, A. J. Mixed Methods Research: A Research Paradigm Whose Time Has Come[J]. *Educational Researcher*, 2004, 33(7): 14-26.

105. Joison, A. N. Self-disclosure in Computer-Mediated Communication: The Role of Self-awareness and Visual Anonymity[J]. *European Journal of Social Psychology*, 2001, 31(2): 177-192.

106. Jones, E. E., & Pittman, T. S. Toward a General Theory of Strategic Self-Presentation [J]. *Psychological Perspective on the Self*, 1982(1): 231-262.

107. Kappas, A., & Krämer, N. C. Face-to-Face Communication over the Internet[C]. New York: Cambridge University Press, 2011.

108. Katz, J. E., & Aspden, P. A Nation of Strangers[J]. *Communications of the ACM*, 1997, 40(12): 81-86.

109. Kegan, D. L., & Rubenstein, A. H. Trust, Effectiveness and Organizational Development: A Field Study in R &D[J]. *Journal of Applied Behavioral Science*, 1973, 9(4): 495-513.

110. Koehn, D. Can and Should Businesses Be Friends with Each Other and with Their Stakeholders[J]. *Journal of Business Ethics*, 1998(17): 1755-1763.

111. Koehn, D. The Nature of and Conditions for Online Trust[J]. *Journal of Business Ethics*, 2003(43): 3-19.

112. Kollock, P. The Emergence of Exchange Structures: An Experimental Study of Uncertainty, Commitment, and Trust[J]. *American Journal of Sociology*, 1994, 100(2): 313-345.

113. Kramer, R. M. The Sinister Attribution Error: Paranoid Cognition and Collrctive Distrust in Organizations[J]. *Motivation and Emotion*, 1994, 18(2): 199-230.

114. Kraut, R., Scherlis, W., Mukhopadhyay, T., et al. Home Net: A Field Trial of Residential Internet Services[Z]. SIGCHI Conference on Human Factors in Computing Systems, New York, NY, USA: 1996.

115. Kraut, R., Patterson, M., Lundmark, V., et al. Internet Paradox: A Social Technology that Reduces Social Involvement and Psychological Well-being[J]. *American Psychologist*, 1998, 53(9): 1017-1031.

116. Kraut, R., Kiesler, S., Boneva, B., et al. Internet Paradox Revisited[J]. *Journal of Social Issues*, 2002, 58(1): 49-74.

117. Laurenceau, J. P., Barrett, L. F., & Pietromonaco, P. R. Intimacy as an Interpersonal process: The Importance of Self-disclosure, Partner Disclosure and Perceived Partner Responsiveness in Interpersonal Exchange[J]. *Journal of Personality and Social Psychology*, 1998(74): 1238-1251.

118. Lea, M., & Spears, R. Love at First Byte? Building Personal Relationships over Computer Networks[A]. Wood, J. T., & Duck, S. W. (Ed.) Understudied Relationships: Off the Beaten Track[C]. Newburry Park, CA: Sage, 1995: 197-233.

119. Lee, M. K. O., & Turban, E. A Trust Model for Consumer Internet Shopping[J].

International Journal of Electronic Commerce, 2001, 6(1): 75-91.

120. Leffler, A., Gillespie, D. L., & Conaty, J. C. The Effects of Status Differentiation on Nonverbal Behavior[J]. *Social Psychology Quarterly*, 1982, 54(3): 153-161.

121. Lerch, F. J., Prietual, M. J., & Kulik, C. T. The Turing Effect: The Nature of Trust in Expert System Advice[A]. Feltovich, P. J., Ford, K. M., & Hoffman, R. R. (Ed.) Expertise in Context: Human and Machine[C]. Cambridge, MA: MIT Press, 1997: 417-448.

122. Levi, M. A State of Trust[A]. Levi, M., & Braithwaite, V. (Ed.) Trust and Governance[C]. New York: Russell Sage Foundation, 1998: 77-101.

123. Lewicki, R. J., & Bunker, B. B. Trust in Relationships: A Model of Trust Development and Decline[A]. Bunker, B. B., & Rubin, J. Z. (Ed.) Conflict, Cooperation and Justice[C]. San Francisco, CA: Jossey-Bass, 1995: 133-173.

124. Lewicki, R. J., & Bunker, B. Developing and Maintaining Trust in Work Relationships [A]. Kramer, R., & Tyler, T. (Ed.) Trust in Organizations: Frontiers of Theory and Research[C]. Newburry, CA: Sage, 1996: 114-139.

125. Lewicki, R. J., & Stevenson, M. A. Trust Development in Negotiation: Proposed Actions and a Research Agenda[J]. *Business & Professional Ethics Journal*, 1997, 16(1-3): 99-132.

126. Lewis, J. D., & Weigert, A. Trust as a Social Reality[J]. *Social Forces*, 1985, 63(4): 967-985.

127. Luhmann, N. *Trust and Power*[M]. Chichester: John Wiley & Sons Ltd., 1979.

128. Manke, B., & Plomin, R. Adolescent Familiar Interactions: A Genetic Extension of Social Relationshs Model[J]. *Journal of Social and Personal Relationships*, 1997(14): 505-522.

129. Mann, C., & Stewart, F. *Internet Communication and Qualitative Research: A Handbook for Researching Online*[M]. London: Sage Publication, 2000.

130. Marshall, C., & Rossman, G. B. *Designing Qualitative Research*[M]. Thousand Oaks, CA: Sage Publication, 1996.

131. Mayer, R. C., Schoorman, F. D. & Davis, J. An Integrative Model of Organizational Trust[J]. *Academy of Management Review*, 1995, 20(3): 709-734.

132. McAllister, D. J. Affect- and Cognition- based Trust as Foundations for Interpersonal Cooperation in Organizations[J]. *Academy of Management Journal*, 1995, 38(1): 24-59.

133. McCoy, N. L., & Pitino, L. Pheromonal Influences on Sociosexual Behavior in Young Women[J]. *Physiology and Behavior*, 2002, 75(3): 367 - 375.

134. Mckenna, K. Y. A., & Bargh, J. A. Causes and Consequences of Social Interaction on the Internet: A Conceptual Framework [J]. *Media Psychology*, 1999, 1(3): 249 - 269.

135. Mckenna, K. Y. A., & Bargh, J. A. Plan 9 from Cyberspace: The Implications of the Internet for Personality and Social Psychology[J]. *Personality and Social Psychology Review*, 2000, 4(1): 57 - 75.

136. McKenna, K. Y. A, Green, A. S., & Gleason, M. J. Relationship Formation on the Internet: What's the Big Attraction[J]. *Journal of Social Issues*, 2002, 58(1): 9 - 31.

137. McKnight, D. H., Cummings, L. L., & Chervany, N. L. Intitial Trust Formation in New Organizational Relationships[J]. *The Academy of Management Review*, 1998, 23(3): 473 - 490.

138. McKnight, D. H., & Chervany, N. L. What is Trust? A Conceptual Analysis and an Interdisciplinary Model[Z]. Americas Conference on Information System. Long Beach, California, USA. 2000.

139. McKnight, D. H., & Chervany, N. L. While Trust in Cool and Collected, Distrust is Fiery and Frenzied: A Model of Distrust Concepts[Z]. Americas Conference on Information System. Boston, Maine, USA. 2001.

140. McKnight, D. H., & Chervany, N. L. What Trust Means in E-Commerce Customer Relationships: An Interdisciplinary Conceptual Typology[J]. *International Journal of Electronic Commerce*, 2002, 6(2): 35 - 39.

141. Mead, G. H. *Mind, Self and Society*[M]. Chicago: The University of Chicago Press, 1934.

142. Merriam, S. *Qualitative Research and Case Study Application in Education*[M]. San Francisco: Jossey-Bass, 1998.

143. Meyerson, D., Weick, K. E., & Kramer, R. M. Swift Trust and Temporary Groups [A]. Kramer, R. M., & Tyler, T. R. (Ed.) Trust in Organizations: Frontiers in Theory and Research[C]. Thousand Oaks, CA: Sage Press, 1996: 166 - 195.

144. Misztal, B. A. *Trust in Modern Societies: The Search for the Bases of Social Order*[M]. New York: Polity Press, 1996.

145. Moorman, C., Deshpandé, R., & Zaltman, G. Factors Affecting Trust in Market

Research Relationships[J]. *Journal of Marketing*, 1993, 57(1): 81 - 101.

146. Morse, J. M. Approaches to Qualitative-Quantitative Methodological Triangulation[J]. *Nursing Research*, 1991, 40(2): 120 - 123.

147. Mortensen, C. D. *Communication: The Study of Human Interaction*[M]. New York: McGraw-Hill, 1972.

148. Morton, L., Alexander, J., & Altmon, I. Communication and Relationship Definition [A]. Miller, G. R. (Ed.) Explorations in Interpersonal Communication[C]. Beverly Hills, CA: Sage, 1976: 105 - 125.

149. Muir, B. M. Trust in Automation Part Ⅰ: Theoretical Issues in the Study of Trust and Human Intervention in Automated Systems[J]. *Ergonomics*, 1994, 37(11): 1905 - 1922.

150. Nissenbaum, H. Securing Trust Online: Wisdom or Oxymoron[J]. *Boston University Law Review*, 2001, 81(3): 635 - 664.

151. Noll, A. M. Anatomy of A Failure: Picturephone Revisited[J]. *Telecommunications Policy*, 1992, 16(4): 307 - 316.

152. O'Conner, T. G., & Croft, C. M. A Twin Study of Attachment in Preschool Children [J]. *Child Development*, 2001, 72(5): 1501 - 1511.

153. Offe, C. How Can We Trust Our Fellow Citizens[A]. Warren, M. (Ed.) Democracy and Trust[C]. New York: Cambridge University Press, 1996: 42 - 87.

154. Olson, G. M., & Olson, J. S. Distance Matters[J]. *Human-Computer Interaction*, 2000, 15(2): 139 - 178.

155. O'Neill, O. A Question of Trust[EB/OL]. http://www. bbc. co. uk/radio4/Reith 2002/lectures. shtml. [2012 - 10 - 30].

156. Papadopoulou, P. Applying Virtual Reality for Trust Building E-Commerce Environments[J]. *Virtual Reality*, 2007, 11(2 - 3): 107 - 127.

157. Parks, M. R., & Roberts, L. D. Making MOOsic: The Development of Personal Relationships Online and a Comparison to Their Off-line Counterparts[J]. *Journal of Social and Personal Relationships*, 1998, 15(4): 517 - 537.

158. Parkinson, B., & Lea, M. Video-linking Emotions [A]. Kappas, A., & Krämer, N. C. (Ed.) Face-to-face Communication over the Internet[C]. New York: Cambridge University Press, 2011: 100 - 126.

159. Parsons, T. *Politics and Social Structure*[M]. New York: The Free Press, 1969.

160. Patterson, O. Liberty Against the Democratic State: On the Historical and

Contemporary Sources of American Distrust[A]. Warren, M. (Ed.) Democracy and Trust[C]. New York: Cambridge University Press, 1999: 151 - 207.

161. Pettit, P. The Cunning of Trust[J]. *Philosophy & Public Affairs*, 1995, 24(3): 202 - 225.

162. Preece, J. Empathic Communications: Balancing Emotional and Factual Communication [J]. *Interacting with Computers*, 1999, 12(1): 63 - 77.

163. Preece, J. Emapthy Online[J]. *Virtual Reality*, 1999, 4(1): 74 - 84.

164. Putnam, R. D. Bowling Alone: America's Declining Social Capital[J]. *Journal of Democracy*, 1995, 6(1): 65 - 78.

165. Raub, W., & Weesie, J. The Management of Matches: A Research Program on Solidarity in Durable Social Relation[J]. *Netherland's Journal of Social Science*, 2000(36): 71 - 88.

166. Rawlins, G. J. E. *Moths to the Flame: The Seductions of Computer Technology*[M]. Cambridge, MA: MIT Press, 1997.

167. Reicher, S. Social Influence in the Crowd: Attitudinal and Behavioral Effects of De-individuation in Conditions of High and Low Group Salience[J]. *British Journal of Social Psychology*, 1994, 23(4): 341 - 350.

168. Reis, H. T., & Shaver, P. Intimacy as an Interpersonal Process[A]. Duck, S., Hay, D., Hobfoll, S. E., et al. (Ed.) Handbook of Personal Relationships: Theory, Research and Interventions[C]. Chichester, UK: John Wiley & Sons, 1988: 367 - 389.

169. Rempel, J. K., Holmes, J. G., & Zanna. Trust in Close Relationships[J]. *Journal of Personality and Social Psychology*, 1985(49): 95 - 112.

170. Rice, R. E. Media Appropriateness: Using Social Presence Theory to Compare Traditional and New Organizational Media[J]. *Human Communication Research*, 1993, 19(4): 451 - 484.

171. Rice, R. E., & Love, G. Electronic Emotion: Socioemotional Content in a Computer Mediated Communication Network[J]. *Communication Research*, 1997(14): 85 - 108.

172. Rice, R. E., Shepherd, A., Dutton, W. H., et al. Social Interaction and the Internet: A Comparative Analysis of Surveys in the US and Britain[A]. Joinson, A. N., McKenna, K. Y. A., Postmes, T., et al. (Ed.) The Oxford Handbook of Internet Psychology[C]. New York: Oxford University Press, 2007: 7 - 30.

173. Ridgeway, C. L., Berger, J., & Smith, LeRoy. Nonverbal Cues and Status: An

Expectation States Approach [J]. *American Journal of Sociology*, 1985, 90 (5): 955 – 978.

174. Riegesberge, J., Sasse, M. A., & McCarthy, J. The Researcher's Dilemma: Evaluating Trust in Computer-Mediated Communication [J]. *International Journal of Human Computer Studies*, 2003, 58(6): 759 – 981.

175. Riegesberger, J., Sasse, M. A., & McCarthy, J. D. Trust in the Mediated Interaction [A]. Joinson, A. N., McKenna, K. Y. A., Postmes, T., et al. (Ed.) The Oxford Handbook of Internet Psychology [C]. New York: Oxford University Press, 2007: 53 – 69.

176. Ring, P. S., & van de Ven, A. H. Structuring Cooperative Relationships Between Organizations[J]. *Strategic Management Journal*, 1992, 13(7): 483 – 498.

177. Robteutscher, S. Social Capital and Civic Engagement: A Comparative Perspective [A]. Castiglione, D., van Deth, J. W., Wolleb, G. (Ed.) The Handbook of Social Capital[C]. New York: Oxford University Press, 2008: 208 – 240.

178. Rogers, C. *Client-centered Therapy*[M]. Boston: Houghton-Mifflin, 1951.

179. Rotenberg, K. J. Children's Cue Use and Strategies for Detecting Deception [A]. Rotenberg, K. J. (Ed.) Children's Interpersonal Trust: Sensitivity to Lying, Deception and Promise Violation[C]. New York: Springer-Verlag, 1991: 43 – 57.

180. Rotenberg, K. J. Same-sex Patterns and Sex Differences in the Trust-value Basis of Children's Friendship[J]. *Sex Roles*, 1986, 15(11 – 12): 613 – 626.

181. Rotenberg, K. J., & Morgan, C. J. Developemnt of a Scale to Measure Individual Differences in Children's Trust-value Basis of Friendship [J]. *Journal of Genetic Psychology*, 1995, 156(4): 489 – 502.

182. Rothstein, B., & Stolle, D. Political Institutions and Generalized Trust [A]. Castiglione, D., van Deth, J. W., Wolleb, G. (Ed.) The Handbook of Social Capital [C]. New York: Oxford University Press, 2008: 273 – 302.

183. Rotter, J. B. Generalized Expectancies for Interpersonal Trust [J]. *American Psychologist*, 1971, 26(5): 443 – 452.

184. Rotter, J. B. Interpersonal Trust, Trustworthiness and Gullibility [J]. *American Psychologist*, 1980(35): 1 – 7.

185. Rousseau, D. M., Sitkin, S. B., Burt, R. S., et al. Not so Different After All: A Cross-Discipline View of Trust[J]. *Academy of Management Review*, 1998, 23(3): 393 – 404.

186. Rubin, Z. Disclosing Oneself to a Stranger: Reciprocity and its Limits[J]. *Journal of Experimental Social Psychology*, 1975, 11(3): 233 - 260.

187. Sabel, C. F. Studied Trust: Building New Forms of Cooperation in a Volatile Economy [J]. *Human Relations*, 1993, 46(9): 1133 - 1170.

188. Sagarin, B. J., Rhoads, K., & Cialdini, R. B. Deceiver's Distrust: Denigration as a Consequence of Undiscovered Deception [J]. *Personality and Social Psychology Bulletin*, 1998(24): 1167 - 1176.

189. Sakai, A. Children's Sense of Trust in Significant Others Genetic verse Environmental Contributions and Buffer to Life Stressors[A]. Rotenberg, K. J. (Ed.) Interpersonal Trust During Childhood and Adolescence[C]. New York, USA: Cambridge University Press, 2010: 56 - 84.

190. Salam, A. F., Iyer, L., Palvia, P., et al. Trust in E-commerce[J]. *Communications of the ACM*, 2005, 48(2): 72 - 77.

191. Scanzoni, J. Social Exchange and Bahavioral Interdependence[A]. Burgess, R. L., & Huston, T. L. (Ed.) Social Exchange in Developing Relationships[C]. New York: Academic Press, 1979: 61 - 98.

192. Scharlott, B. W., & Christ, W. G. Overcoming Relationship-initiation Barriers: The Impact of a Computer-dating System on Sex Role, Shyness and Appearance Inhibitions [J]. *Computers in Human Behavior*, 1995, 11(2): 191 - 204.

193. Schneider, F. B. *Trust in Cyberspace* [M]. Washington, DC: National Academy Press, 1999.

194. Schultz, C. D. A Trust Framework Model for Situational Contexts [Z]. 2006 International Conference on Privacy, Security and Trust: Bridge the Gap Between PST Technologies and Business Services. New York, USA. 2006.

195. Seligman, A. *The Problem of Trust*[M]. Princeton, New Jersey: Princeton University Press, 2000.

196. Seigman, A. B. *The Problem of Trust* [M]. Princeton, USA: Princeton University Press, 2000.

197. Shannon, C. E., & Weaver, W. *The Mathematical Theory of Communication* [M]. Urbana: University of Illinois Press, 1949.

198. Shapiro, S. P. The Social Control of Impersonal Trust [J]. *American Journal of Sociology*, 1987, 93(3): 623 - 658.

199. Shapiro, J. S. Loneliness: Paradox or Artifact[J]. *American Psychologist*, 1999(54): 782-783.

200. Sheppard, B. H., & Sherman, D. M. The Grammars of Trust: A Model and General Implications[J]. *Academy of Management Review*, 1998, 23(3): 438-458.

201. Shikishima, C., Hiraishi, K., & Ando, J. Genetic and Environmental Influences on General Trust: A Test of a Theory of Trust with Behavioral, Genetic and Evolutionary Psychological Approaches[J]. *Research in Social Psychology*, 2005(22): 48-57.

202. Short, J., Williams, E., & Caristie, B. *The Social Psychology of Telecommunication* [M]. London: John Wiley and Sons, 1976.

203. Simmel, G. *The Sociology of Geory Simmel* (*Wolff, K. H., Trans*) [M]. New York: The Free Press, 1964.

204. Simmel, G. *The Philosophy of Money*[M]. London: Routledge, 1950.

205. Slouka, M. *War of the Worlds: Cyberspace and the High-tech Assault on Reality*[M]. New York: Basic Books, 1995.

206. Spears, R., & Lea, M. Social Influence and the Influence of the "Social" in Computer-Mediated Communication [A]. Lea, M. (Ed.) Contexts of Computer-Mediated Communication[C]. London: Harvester Wheatsheaf, 1992: 30-65.

207. Sproull, L., & Kiesler, S. Reducing Social Context Cues: Electronic Mail in Organizational Communication[J]. *Management Science*, 1986, 32(11): 1492-1512.

208. Sproull, L., & Kiesler, S. *Connections, New Ways of Working in the Networked Organization*[M]. Cambridge, MA: MIT Press, 1991.

209. Steinfield, C. Computer-Mediated Communication in Organizational Settings: Emerging Conceptual Frameworks and Directions for Research[J]. *Management Communication Quarterly*, 1992, 5(3): 348-365.

210. Storck, J., & Sproull, L. Through a Glass Darkly: What Do People Learn in Videoconferences[J]. *Human Communication Research*, 1995, 22(2): 197-219.

211. Sztompka, P. *Trust: A Sociological Theory* [M]. Cambridge: Cambridge University Press, 1999: ix.

212. Taejin Jung, Hyun Sunyong, & Steven Mcclung. Motivations and Self-Presentation Strategies on Korean-based: Cyworld Weblog Format PersonalHoepages [J]. *CyberPsychology & Behavior*, 2007, 10(1): 24-30.

213. Tang, J. C., & Isaacs, E. Why Do Users Like Video? Studies of Multimedia-Supported

Collaboration[J]. *Computer Supported Cooperative Work*, 1993(1): 163 - 196.

214. Tapscott, D. *The Digital Economy: Promise and Peril in the Age of Networked Intelligence*[M]. New York: McGraw Hill, 1996.

215. Tetlock, P. E., & Manstead, A. S. R. Impression Management versus Intrapsychic Explanations in Social Psychology: A Useful Dichotomy[J]. *Psychological Review*, 1985, 92(1): 59 - 77.

216. Tidwell, L. C., & Walther, J. B. Computer-Mediated Communication Effects on Disclosure, Impressions and Interpersonal Evaluations: Getting to Know One Another a Bit at a Time[J]. *Human Communication Research*, 2002, 28(3): 317 - 348.

217. Tuomela, M., & Hofmann, S. Simulating Relational Social Normative Trust, Predictive Trust and Predictive Reliance Between Agents[J]. *Ethics and Information Technology*, 2003, 5(3): 163 - 176.

218. Turkle, S. *Life on the Screen: Identity in the Age of the Internet*[M]. London: Weidenfeld & Nicolson, 1995.

219. Urban, G. L., & Sultan, F. Placing Trust at the Center of Your Internet Strategy[J]. *Sloan Managenment Review*, 2000, 42(1): 39 - 48.

220. Uslaner, E. M. Social Capital and the Net[J]. *Communications of the ACM*, 2000, 43(12): 60 - 64.

221. Uslaner, E. M. Trust, Civic Engagement and the Internet[J]. *Political Communication*, 2004, 21(2): 223 - 242.

222. Uslaner, E. M. Trust and Corruption[A]. Lambsdorf, J. G., Taube, M., & Schramm, M. (Ed.) Corruption and the New Institutional Economics[C]. London: Routledge, 2004: 76 - 92.

223. Uslaner, E. M. Trust as a Moral Value[A]. Castiglione, D., van Deth, J. W., Wolleb, G. (Ed.) The Handbook of Social Capital[C]. New York: Oxford University Press, 2008: 101 - 121.

224. Utz, S. Social Information Processing in MUDs: The Development of Friendships in Virtual Worlds[EB/OL]. http://www.behavior.net/job/v1n1/utz.html. [2011 - 11 - 15].

225. Vries, P. d. Social Presence as a Conduit to the Social Dimensions of Online Trust[A]. Jsselsteijn, W. I., Kort, Y. d., Midden, C., et al. (Ed.) Persuasive Technology[C]. Berlin: Springer, 2006: 55 - 59.

226. Wallace, P. *The Psychology of the Internet*[M]. Cambridge: Cambridge University Press, 2001.

227. Walther, J. B., Anderson, J. F., & Park, D. Interpersonal Effects in Computer-Mediated Interaction: A Meta-Analysis of Social and Antisocial Communication[J]. *Communication Research*, 1994, 21(4): 460-487.

228. Walther, J. B. Anticipated Ongoing Interaction Versus Channel Effects on Relational Communication in Computer-Mediated Interaction [J]. *Human Communication Research*, 1994, 20(4): 473-501.

229. Walther, J. B., & Burgoon, J. K. Relational Communication in Computer-Mediated Interaction[J]. *Human Communication Research*, 1992, 19(1): 50-88.

230. Walther, J. B. Computer-Mediated Communication: Impersonal, Interpersonal and Hyperpersonal Interaction[J]. *Communication Research*, 1996, 23(1): 3-43.

231. Walther, J. B., & D'Addario, K. P. The Impacts of Emoticons on Message Interpretation in Computer-Mediated Communication [J]. *Social Science Computer Review*, 2001, 19(3): 323-345.

232. Walther, J. B. Group and Interpersonal Effects in International Computer-Mediated Collaboration[J]. *Human Communication Research*, 1997, 23(3): 1-43.

233. Walther, J. B. Impression Development in Computer-Mediated Interaction[J]. *Western Journal of Communication*, 1993, 57(4): 381-398.

234. Walther, J. B. Interpersonal Effects in Computer-Mediated Interaction: A Relational Perspective[J]. *Communication Research*, 1992, 19(1): 52-90.

235. Walther, J. B. Relational Aspect of Computer-mediated Communication: Experimental Observations over Time[J]. *Organizational Science*, 1995, 6(2): 186-203.

236. Walther, J. B., Slovacek, C. L., & Tidwell, L. C. Is a Picture Worth Thousand Words? Photographic Images in Long-term and Short-term Computer-Mediated Communication [J]. *Communication Research*, 2001, 28(1): 105-134.

237. Walther, J. B., & Tidwell, L. C. Nonverbal Cues in Compute-Mediated Communication and the Effect of Chronemics on Relational Communication [J]. *Journal of Organizational Computing*, 1995, 5(4): 355-378.

238. Walther, J. B. Visual Cues in Computer-Mediated Communication: Sometimes Less Is More[A]. Kappas, A., & Krämer, N. C. (Ed.) Face-to-face Communication over the Internet[C]. New York: Cambridge University Press, 2011: 17-39.

239. Wang, Y. D., & Emurian, H. H. An Overview of Online Trust: Concepts, Elements and Implications[J]. *Computers in Human Behavior*, 2005, 21(1): 105 - 125.

240. Weckert, J. Trust in Cyberspace[A]. Cavalier, R. J. (Ed.)The Impact of the Internet on Our Moral Lives [C]. Albany, USA: University of New York Press, 2005: 95 - 120.

241. Weiser, E. B. The Function of Internet Use and Their Social and Psychology Consequences[J]. *Cyberpsychology & Behavior*, 2001, 4(6): 723 - 743.

242. Wellman, B., Haase, A. Q., Witte, J., et al. Dose the Internet Decrease, Increase or Supplement Social Capital [J]. *American Behavioral Scientist*, 2001, 45 (3): 436 - 455.

243. Wellman, B., & Gulia, M. Virtual Communities as Communities: Net Surfers Don't Ride Alone[A]. Smith, M. A., Kollock, P. (Ed.) Communities in Cyberspace[C]. New York: Routledge, 1999.

244. Whittaker, S., & O'Conaill, B. The Role of Vision on Face-to-Face and Mediated Communication [A]. Finn, K. E., & Wilbur, S. B. (Ed.) Video-Mediated Communication[C]. Mahwah, NJ: Lawrence Erlbaum, 1997: 23 - 49.

245. Whitty, M. T. Cyber-flirting: Playing at Love on the Internet [J]. *Theory and Psychology*, 2003, 13(3): 339 - 357.

246. Whitty, M. T., & Gavin, J. Age/Sex/Location: Uncovering the Social Cues in the Development of Online Relationships[J]. *CyberPsychology and Behaviour*, 2001, 4(5): 623 - 630.

247. Williams, J. P. Youth-Subcultural Studies: Sociogical Traditions and Core Concepts [J]. *Sociology Compass*, 2007, 1(2): 572 - 593.

248. Wollebaek, D., & Selle, P. Participation and Social Capital Formation: Norway in a Comparative Perspective[J]. *Scandinavian Political Studiew*, 2003, 26(1): 67 - 91.

249. Wrightsman, L. S. Personality and Attitudinal Correlates of Trusting and Trustworthy Behaviours in a Two-person Game[J]. *Journal of Personality and Social Psychology*, 1966, 4(3): 328 - 332.

250. Wrightsman, L. S. *Assumptions About Human Nature: Implications for Researchers and Practitioners*[M]. Thousand Oaks, CA, USA: Sage Publications, Inc., 1992.

251. Yamagishi, T., & Kikuchi, M. Trust, Guiilibility and Social Intelligence[J]. *Asian Journal of Social Psychology*, 1999, 2(1): 145 - 161.

252. Young, L. C., & Wilkinson, I. F. The Role of Trust and Co-operation in Marketing Channels: A Preliminary Study[J]. *European Journal of Marketing*, 1989, 23(2): 109-122.

253. Yousafzai, S. Y., Pallister, J. G., & Foxall, G. R. A Proposed Model of E-trust for Electronic Banking[J]. *Technovation*, 2003, 23(11): 847-860.

254. Zaheer, A., McEvily, B., & Perrone, V. Does Trust Matter? Exploring the Effects of Interorganizational and Interpersonal Trust on Performance[J]. *Organization Science*, 1998(9): 141-159.

255. Zand, D. E. Trust and Managerial Problem Sovling[J]. *Administrative Science Quarterly*, 1972, 17(2): 229-239.

256. Zucker, L. G. Production of Trust: Institutional Sources of Economic Structure[A]. Staw, B. M., Cummings, L. L. (Ed.) Research in Organizational Behavior[C]. Greenwich, CT: JAI Press, 1986(8): 53-111.

后　记

本书是我在华东师范大学博士学位论文的基础上修改而成的。时隔五年，重拾旧文，百感交集。丽娃河畔读书的那些日日夜夜，弥足珍贵。在人生中最美好的青春年华里一路披荆斩棘追逐五彩斑斓梦想的经历已经深深镌刻进生命之中，成为我最值得回味的记忆。

本书得以出版，首先，要感谢我的博导华东师范大学吴刚教授。感谢老师的知遇之恩，让我有机会徜徉在学术殿堂之中；感谢老师对我“不务正业”的纵容，使我从论文的选题到写作都可以“随心所欲”。从资料搜集到最后成文，老师帮助我“站在巨人的肩膀上”，领略诸多流派学术巨匠的风采。而今，书稿初成，老师与我讨论论文的情形一幕幕鲜活地浮现在脑海中。值此，向老师敬上最诚挚的谢意，感谢老师八年来对我的栽培，也感谢老师拨冗为本书作序。

其次，要感谢我的硕导扬州大学冯锐教授。感谢老师带我窥探奇妙的学术世界。冯老师“画地为牢”，关了我三年“禁闭”。这样的求学经历练就了我心无旁骛只做一件事的恒心，也练就了我于喧嚣尘世中享受孤独与寂寞的毅力。老师的“圈养式”培养为我日后的成长打下了坚实的基础，让我能够坚守住最初的执着与内心的宁静。在此，也向老师道一声谢，感谢老师十一年来对我的关心。

最后，感谢松江区教育局陈小华局长、付炳建副局长、吴超峰副局长、王利敏老师，松江区教育学院钱秋萍院长、董秀龙副院长、谢吉平副院长、王洪明主任、何佩军主任及松江区教育基金会张金其老师、余晓春老师、王峥老师等各位领导在本书出版过程中给予的大力支持与鼓励。此外，在本书的出版过程中，上海教育出版社的宁彦锋博士、杜金丹老师等对书稿提出了许多建设性的修改建议，确保了本书的质量。为此，谨向各位领导及老师表示衷心的感谢。

网络信任是网络社会所特有的重要社会议题之一，是维系持久、稳定在线人际关系的前提。国外不少学者涉猎了此方面的研究，并有不少重要突破。然囿于各种因素，网络人际信任在国内至今还是个崭新的研究领域，鲜有人涉足，这当中的许多根本性问题仍有待解决。为此，笔者仍将继续努力，也恳请各位专家学者不吝赐教。

谢英香
2018 年 4 月 29 日

图书在版编目(CIP)数据

网络信任 ：在线社交心理与行为/谢英香著.—
上海：上海教育出版社，2018.7
ISBN 978-7-5444-8366-7

Ⅰ.①网… Ⅱ.①谢… Ⅲ.①互联网络-心理交往-
社会心理学 Ⅳ.①C912.62

中国版本图书馆 CIP 数据核字(2018)第 094385 号

责任编辑 宁彦锋 杜金丹
封面设计 郑 艺

网络信任：在线社交心理与行为
谢英香 著

出版发行	上海教育出版社有限公司
官　网	www.seph.com.cn
地　址	上海永福路 123 号
邮　编	200031
印　刷	上海叶大印务发展有限公司
开　本	787×1092 1/16 印张 12.75
字　数	242 千字
版　次	2018 年 7 月第 1 版
印　次	2018 年 7 月第 1 次印刷
书　号	ISBN 978-7-5444-8366-7/G·6924
定　价	38.00 元

如发现质量问题，读者可向本社调换 电话：021－64377165